Ruth Jensen
Das Herz ist ein Affe
Dasein und Wahrheit im Verständnis
der Kulturen in China und im Abendland

Ruth Jensen

Das Herz ist ein Affe

Dasein und **Wahrheit**
im Verständnis der Kulturen
Chinas und des Abendlandes

Dr. med. Ruth Jensen
Fachärztin für Innere Medizin

Medizinstudium in Berlin, bis zum 4. Semester gleichzeitig Mathematik und Musik. Zehn Jahre Stipendium der Deutschen Forschungsgemeinschaft. Arbeitete in der physiologischen Chemie und Physiologie. Anfangs der konventionellen Medizin eng verbunden, kamen allmählich Zweifel an deren Allgemeingültigkeit auf. In dieser Situation Begegnung mit dem Welt- und Menschenbild Rudolf Steiners, dessen Grundvoraussetzung die naturwissenschaftliche Denkweise ist, die den Menschen wieder in den Mittelpunkt der Forschung stellt. Verzicht auf Hochschullaufbahn und Forschungslabor. Danach Arbeit in eigener Praxis – bis heute – und über einige Jahre in eigener Klinik. Arbeiten über Karzinom, Herz-Transplantation, Wetterfühligkeit bzw. Umweltschäden, künstliche Radioaktivität und ihre Folgen.

Quellenhinweis
Bertold Brecht aus: Gesammelte Werke. © Suhrkamp Verlag, Frankfurt am Main 1967, » Legende von der Entstehung des Buches Taoteking« S. 660–663. Der Abdruck erfolgte mit freundlicher Genehmigung des Suhrkamp Verlages.

© 1997 Novalis Verlag AG Schaffhausen
Alle Rechte vorbehalten
Umschlag: Ulrika Hampl, Typografik Schaffhausen
unter Verwendung einer Zeichnung von Francesco Giorgi,
Grundriß der Kathedrale von Chartres
Druck: Meier Schaffhausen
ISBN 3-7214-0683-4

Inhaltsverzeichnis

Vorwort — 8

Einleitende Bemerkungen — 18
Einige Besonderheiten der chinesischen Sprache und Schrift — 18
Zum chinesischen Textmaterial und zur Art des Übersetzens — 22

I. Gegensätze – früher und heute — 32
Moderne Einstellungen, frühe Entdeckungen im alten China — 32
Verunsicherung in China — 39
Menschenbild und Medizin — 42
Medizinische Kunst in China — 44
   Die Puls-Diagnose — 45
   Anmerkungen zur Akupunktur — 47

II. Die Chinesen und ihre Pentatonik — 49
Einige Erzählungen und Überlieferungen — 53
Die vier Himmelsrichtungen, Yin/Yang und TAO — 57
TAO und die Pentatonik — 58

III. Warum wurde die heutige Naturwissenschaft in Europa »erfunden« und nicht in China? — 62
Kontroverse Auffassungen — 62
   China hat keine Naturwissenschaft hervorgebracht — 62
      Verwirrende Zeitberechnungen — 63
      Rudimente eines qualitativen Zeitbewußtseins im Westen — 66
   China hat die Naturwissenschaft hervorgebracht — 67
      Naturwissenschaftliche Zwischenphase — 69
      Selbstmörder aus Irrtum — 72
      China auf dem Weg in die Moderne — 75
Abriß über den Weg westlicher Naturwissenschaft — 77
   Naturwissenschaft und Mathematik — 80
   Zwei Gesichter westlicher naturwissenschaftlicher Forschung — 83
      Perfektes reduktionistisches Denken: Die Schöpfung
      der neuen Herren — 83
      Die Prothesen-Medizin – Künstliches Leben — 84

Und China?	86
Das Symposium in London und sein Umkreis	88
Denkt die heutige Wissenschaft falsch?	90
Die Anderen	91
Der Zoologe Adolf Portmann	91
Der Neurologe Eccles	92
Der Biochemiker Erwin Chargaff	93
Die Gesprächsrunde um Werner Heisenberg	95
Abdrücke der zentralen Ordnung in der Materie	97
Woran schloß Steiner an?	99
Heraklit	99
Aristoteles	100
Hugo von St. Victor	100
Paracelsus	101
Die Goetheanisten	103
Die Konstitution des Menschen nach E. Kretschmer	107
Der Vergleich	109
Hsing: Physischer Leib	109
Ching: Lebensleib	111
P'o: Empfindungsleib/Empfindungsseele	115
Das Herz ist ein Affe	118
Über die Liebeskunst der Chinesen	121
Ch'i	124
Drei-Erwärmer: Der durchichte Mensch	130
Hun	134
Die »Verbindungen«	138
Ein wesentlicher Unterschied zwischen Chinesen und Europäern	138
Von der Quinte zur Terz	142
Und China?	144
Anmerkungen zur »Moderne« in Europa	147
Der konstitutionelle Unterschied des Menschen zwischen Pentatonik- und Terzenzeitalter	148
Sinneswahrnehmung und Terzenerleben	150
Chinesen im Westen	153
Konstitutioneller Wandel heute im Westen	153
IV. Das Umschmelzen des Selbst in Ost und West	155
Herz-Denken	155
Jeder Mensch bekommt ein neues Herz	159
Das feurige und das lebendige Element des Herzens	160
Womit denkt der Mensch?	161

Das Umschmelzen des Selbst in China	164
Denken ohne Gegenstand	164
Das Herz ist Schauplatz der Einweihung	166
Das Umschmelzen des Selbst im Abendland	167

V. Meister Chang: Die Überwindung des Yin – der Kampf um das Ich — 170

Einleitung	170
Meister Chang: der (chinesische) Text	171
Textbetrachtung	173
Meister Changs Erlebnisse in seiner dunklen Klause	173
Wer ist der rätselhafte Mensch neben Meister Chang?	175
Das neue Herz	176
Wu und Wo	177
Die Auseinandersetzung beginnt sogleich heftig	179
Meister Changs Lachen	180
Wer ist »Jener«?	182
Ein Gleichnis	185
Zwei Freunde	185
Noch einmal Wu- und Wo-Ich	188
Freundschaftliche Beratungen	190

VI. Die eine Öffnung »geheimes Kräftefeld« — 193

Meister Lis Marionettengleichnis	193

Anhang — 210

Anmerkungen	210
Bibliographie	223
Abkürzungen	223
Chinesische Werke	223
Westliche Werke und Übersetzungen	224

Vorwort

China beherbergt eine der ältesten Kulturen der Erde. Dieses fernöstliche Land verschloß sich bis vor fast 200 Jahren gegenüber der Welt und war nicht bereit, sich fremden Kulturen zu öffnen. Die chinesische Mauer ist dafür ein reales Symbol. Obwohl im Laufe der Zeit immer wieder erstaunliche geniale Zeugnisse einer hohen Kulturentwicklung bekannt wurden, floß erst etwa in den letzten hundert Jahren aus anfänglichen Rinnsalen von Informationen ein Strom, welcher die ganze Fülle des Geistesgutes dieses so phantasiereichen, erfinderischen und kunstsinnigen Volkes offenbarte, und dessen Quellen noch lange nicht erschöpft zu sein scheinen. Dann übten die Weisheiten des alten Chinas eine faszinierende Wirkung auf die westlichen Zivilisationen aus. Entsprechend umfangreich – auch verwirrend – gestaltet sich die Rezeptionsliteratur. Verwirrend vor allem deshalb, weil nicht unterschieden wurde zwischen den drei in China herrschenden großen Weltanschauungsströmungen: dem Buddhismus, Konfuzianismus und Taoismus. Welche der drei zeigt den wahren Geist Chinas?

Unserer Überzeugung nach drückt sich im Taoismus die geistige Grundstimmung Chinas klar aus. Daher zogen wir taoistische Texte zur Grundlage unserer Arbeit heran. In ihnen tauchen geistige Strömungen auf, die in den Horizont eines alten spirituellen Weltbildes zu stellen sind, jedoch ebenso eine im heutigen Sinne moderne Denkhaltung zeigen, in der Ansätze zur Entwicklung einer Naturwissenschaft ablesbar sind. Doch welche Art von Naturwissenschaft? Wäre sie unserer heutigen vergleichbar? Wohl nicht! Man blieb ganz eindeutig überkommenen Traditionen treu. Dieser Tendenz zum Bestehenden begegneten wir auf verschiedenen Gebieten immer wieder. Sie ist Ausdruck des chinesischen Wesens, das einerseits wie gefesselt in alten Traditionen verbleibt, andererseits gleichsam kometenhaft ganz moderne Denkhaltungen hervorbringt. Diese Phänomene zu deuten, mag eine erste Antwort sein auf die berechtigte Frage, warum angesichts der Fülle von Veröffentlichungen ein weiteres Buch erforderlich ist.

Jedoch die Begründung kann nicht in e i n e m Schritt erfolgen. Denn während der Entstehung dieser Arbeit zeigte sich, daß ein schichtenweises Vorgehen innerhalb des Stoffes ratsam war, um an den Kern der Fragestellungen zu gelangen. Der Abendländer, mehr einem linearen Denken zugetan, sollte sich auf dieses zunächst befremdliche Vorgehen des Abtragens von Schichten einlassen, weil er sich auf diese Art und Weise immer verständnisvoller dem Wesen der chinesischen Kultur und der bildhaften Ausdrucksweise ihrer Texte nähert. Erst allmählich wird sichtbar, was sich hinter den – auf den ersten Blick – so einfachen Sätzen verbirgt: Sie sind vielschichtig in Übergängen verknüpft, gleichsam wie ein Bild von einem Vorder-, Mittel- und Hintergrund lebt.

Im Verlauf der Arbeit kristallisierten sich vor allem zwei zentrale Fragen heraus:

1. Wir erfahren von genialen technischen Erfindungen, die in China weitaus früher gemacht wurden als im Abendland. Weshalb ist dennoch auf seinem für die Entwicklung einer modernen Wissenschaft so fruchtbaren Boden keine eigenständige Naturwissenschaft gewachsen?

2. Die zweite, zunächst als völlig abseitig erscheinende Frage: Warum beharrt China, das sich längst westlichen Einflüssen geöffnet hatte, bis heute auf einer offensichtlich früheren Zeiten entstammenden Fünf-Ton-Musik, der Pentatonik, wenngleich in den Großstädten längst westlicher Discobetrieb üblich geworden ist?

Nach der Skizzierung der Fragestellungen soll zunächst in Kürze berichtet werden, wie aus diesen Fragen ein Buch wurde. Diese Schilderung ist für das Gesamtverständnis nicht unerheblich.

Im Verlauf der Arbeit zeigte sich, daß die vom Sinologen Georg Zimmermann teils neu übersetzten taoistischen Texte entscheidende Grundlage für die Gedankenführung des Autors waren. Er und ich gingen von sehr unterschiedlichen, ja geradezu entgegengesetzten Voraussetzungen aus. Ich hatte einen weit längeren Weg zurückzulegen, bis es möglich war, dieses Buch zu schreiben.

Ursprünglich war ich von der alleinigen Berechtigung unserer Schulmedizin überzeugt. Alles, was sich außerhalb dieses Rahmens abspielte, war für mich unwissenschaftlich. Der Hinweis meines Lehrers Gustav von Bergmann darauf, daß Kenntnis dessen, was Heilung tatsächlich ist, außerhalb »unserer« Medizin zu finden sein könnte, war Anlaß und Ansporn, »außerhalb« zu suchen. Diese entscheidenden Gespräche legten den Grundstein, daß aus der vorher so streng wissenschaftlich (aber einseitig) Arbeitenden ein nach vielen Seiten aufgeschlossenerer Mensch wurde.

Ein ganz persönliches Erlebnis mit einem mir nahestehenden Schwerkranken war erster Anlaß, außerhalb der offiziellen Lehrmeinung mich mit den therapeutischen Angaben Steiners zu befassen, dessen Name mir bisher unbekannt war. Ich beobachtete, wie mein Patient, trotz der ungünstigen Prognose, nachdem er mit Medikamenten, die dem medizinischen Konzept Steiners entnommen waren, behandelt wurde, über Jahrzehnte fast gesund und leistungsfähig blieb. Offensichtlich gab es Therapiemöglichkeiten, die »unsere« Medizin ignorierte!

Rudolf Steiner (1861–1925), der Naturwissenschaften studiert hatte, inaugurierte medizinische Anschauungen, die mich anfangs schockierten und längere Zeit davon abhielten, ihnen ernsthaft zu folgen. Nach einigen Jahren, während derer ich eine Reihe seiner *nicht* medizinischen Bücher studiert hatte, nahm mein Mißtrauen ab, und ich verstand, daß Steiner ein umfassendes Welt- und Menschenbild zeichnete. Es baute nicht nur auf einer naturwissenschaftlichen Denkweise auf, sondern legte klar, daß der sichtbare menschliche Organismus ein Ausdruck ist von sinnlich nicht wahrnehmbaren Wachstumsprozessen, von seiner Seele und seinem Ich.

Fazit: Ich griff nach meiner Facharzt-Ausbildung ein neues medizinisches Studium auf, brach die vorher selbstverständlich geplante Universitätslaufbahn ab und gab mein – von der Deutschen Forschungsgemeinschaft zur Verfügung gestelltes – Labor zurück.

Auch hatte mich China nie interessiert! Obwohl mir immer wieder Kollegen begegneten, welche mir die hochinteressante chinesische Medizin nahezubringen trachteten. Eines Tages wurde ich aufgefordert, mich an einem internationalen Symposium in Lausanne, das von »Outsidern« der Medizin besucht wurde, zu beteiligen. Hier lernte ich chinesische Ärzte kennen, die ihr umfassendes medizinisches Wissen präsentierten. Die Art, wie von ihnen mit Meridianen (das Wort war mir völlig neu) und Nadeln »umgegangen« wurde und was sie therapeutisch erreichten, beeindruckte mich sehr. Trotzdem blieb mir der Zugang zu dieser fremden Welt verschlossen. Verblüfft hörte ich chinesische Bezeichnungen wie: Ching oder P'o oder die Leber ist Holz. Der berühmte Sinologe Richard Wilhelm hatte Anfang des Jahrhunderts P'o als Körperseele bezeichnet. Wie ist das zu verstehen? Können sich zwei so fremde Elemente direkt miteinander verbinden? Wie ist es überhaupt möglich, Begriffe des asiatischen Kulturkreises ohne den Versuch, sie für uns zu klären, unserem Leben einzugliedern? Ist dies überhaupt sinnvoll? Sind nicht ganz andere Wirklichkeiten und Seinsvorstellungen als die unsrigen Hintergrund dieser fremdartigen Bezeichnungen? Andererseits muß in einem Jahrtausende alten, medizinischen Konzept, das auch heute – trotz westlicher Einflüsse – nach wie vor in China gilt, eine wirkungsmächtige Substanz liegen. Nur für China – oder kann diese Substanz tatsächlich auch für das Abendland bedeutungsvoll sein? Meine Neugierde war geweckt, und ich ließ mich auf eine Seminararbeit ein, bei der ich den Sinologen Georg Zimmermann kennenlernte. Er berichtet nun direkt über sich:

Eine ganz andere Annäherung an China erfuhr ich (Georg Zimmermann). Seit etwa dem zehnten Lebensjahr entwickelte sich in mir ein immer größeres Interesse an Geographie und an fremden Völkern, was sich mehr und mehr auf China konzentrierte. Durch den Besuch der Waldorfschule und von meinen Eltern wurde mir von früh an das Werk Steiners nahegebracht. Mein besonderer Hang zur chinesischen Kultur bewirkte, daß ich in der Schule als »Kaiser von China« geneckt wurde. Den Anregungen meines Vaters verdankte ich als Vierzehnjähriger, daß ich Bücher über China zu lesen bekam, und ein gutes Jahrzehnt später konnten die mitunter Jahrtausende alten Schriften in Originalsprache studiert werden. Meine längeren Aufenthalte in Taiwan vertieften das bis dahin Erworbene, vor allem durch den intensiven Kontakt mit einem taoistischen Meister, der mich als Schüler aufnahm. Mit dem, was ich dort lernte, stand ich in Europa isoliert da, mir fehlte der Anschluß zum Geistesleben des Abendlandes. Angeregt durch ein Seminar bei Ruth Jensen, stellte sich die gesuchte Verbindung für mich her, umgekehrt erhielt Jensen durch meine Arbeiten an taoistischen Texten eine endgültige Motivation, sich mit dem chinesischen Geistesleben auseinanderzusetzen. So entschlossen wir uns zu einer gemeinsamen Arbeit, deren Grundlage die von mir beigebrachten taoistischen Schriften waren. Zahlreiche Neuübersetzungen entstanden, auch aus gemeinsamen Übersetzungsbemühungen, um Feinheiten herauszuschälen.

Ursprünglich meinten wir, einige wichtige Komplexe, wie beispielsweise TAO, Drei-Erwärmer, Ching und P'o, einzeln betrachten zu können. Diese Illusion mußte rasch begraben werden. Es zeigten sich allzuviele Verbindungen zu verschiedensten Bereichen, die eine Darstellung des gesamten Menschenbildes erforderten. Überlegend, wie das Problem zu lösen sei, erinnerte sich Ruth Jensen an eine bestimmte Stelle bei Steiner über TAO. Dabei entdeckte sie eine andere Aussage über den Zusammenhang der Konstitution, die mit einem unterschiedlichen Intervall-Erleben im Laufe der Menschheitsentwicklung verbunden ist. Dieser Aspekt, der unseres Wissens bisher in der China-Forschung nicht beachtet wurde, führte zu erstaunlichen Ergebnissen. So ergab sich eine unvorhergesehene Erweiterung der Arbeit. Sie wurde aber auch weit schwieriger, als wir anfangs annahmen.

Beispielsweise werden in den Texten einige chinesische Ansichten behandelt, die mit denjenigen anderer Kulturströmungen verwandt sind. Einige finden wir auch in unserer eigenen, sogar noch bis in die Moderne hinein. Sie werden gelegentlich gestreift; es war wichtig, einige typisch chinesische Auffassungen herauszuschälen. Nach jahrelangen Vorarbeiten fügten sich die Schichten der einzelnen Problemkreise zu einem Ganzen.

Ausgangspunkt der Arbeit

Die chinesische Sprache greift gerne zu Bildern. Beispielsweise spielen sich seelische Vorgänge in den »Innengemächern« ab: Yang, das Feurige, das dem Ich immanent ist, Ch'i, das Luftartige, das dem Element der Seele verwandt ist. In unsere begriffliche Sprache übersetzt, scheinen die Inhalte häufig mit Darlegungen Steiners übereinzustimmen. Diese Feststellung, die einen Vergleich und die Frage nach dem Unterschied herausforderte, stand am Beginn unserer Arbeit.

Die divergenten Wege der Kulturen von Ost und West müssen mit einem *grundsätzlichen* Unterschied zusammenhängen. China hat seit frühesten Zeiten ein von geistigen Impulsen geleitetes, kulturprägendes Weltbild, so verdeckt und dekadent es auch heute erscheinen mag. Der sinnlichen Anschauung sind Wahrheiten großer, einem mythischen Bewußtsein entstammender Visionen einer übersinnlichen Seinswelt einverwoben. Im Vordergrund des Interesses stehen die aus dieser Seinswelt stammenden Kräfte von Yin und Yang und deren Wirksamkeit im Erdenbereich. Die Erdenwelt selbst wird kaum untersucht, wenngleich sich heute, durch aufgezwungenes westliches Denken, die ursprüngliche Auffassung verwischt hat.

In China wird, jedenfalls im Inneren des Landes, an der einstimmigen Pentatonik, die in der frühen Neuzeit im zivilisierten Abendland von der polyphonen Terzenmusik abgelöst wird, festgehalten. Dieses konservative Element tritt uns im Gegensatz zur höchst beweglichen gesprochenen Sprache auch in der seit Jahrtausenden fest umrissenen Schrift entgegen.

Im Gegensatz zum Osten entwickelte sich im europäischen Raum um das 15. Jahrhundert herum eine geistige Strömung, die gerade an der Untersuchung stofflicher Substanzen interessiert ist. Allmählich trat das Interesse für eine sinnlich nicht wahrnehmbare Welt, die vorher akzeptiert wurde, mehr und mehr in den Hintergrund. So entstand im Laufe der Jahrhunderte ein positivistisches Weltbild, das *nur* physisch Sichtbares und Meßbares akzeptiert. Der Triumph der Wissenschaften, allen voran der Naturwissenschaft, sich als bedeutender Kulturfaktor der zivilisierten Welt zu präsentieren, hat zahlreiche Ursachen. Eine dieser Ursachen, welche ganz besonders förderlich war, einen so hohen Stellenwert zu erringen, war der blinde Glaube, die Wissenschaft wirke immer und in jedem Einzelfall für den gedeihlichen Fortschritt der Menschheit. Hierauf vor allem begründete sich ihre geistige Führerschaft für die moderne Welt.

Die Menschen der Gegenwart jedoch wenden sich von diesem Glauben ab. Dem liegt die Erfahrung zugrunde, daß gerade jene so hoch eingeschätzten Wissenschaften mit ihren überwältigenden Möglichkeiten ihre eigenen, heute offen zu Tage tretenden Folgen übersehen. Immer lauter wird die Frage gestellt: Wie kann sich die Menschheit vor der allmächtig erscheinenden Wissenschaft und deren Aktivitäten in Sicherheit bringen?

Doch nicht nur die fühlbare Bedrohung durch wissenschaftliches Handeln scheint hier den alten Konsens aufzubrechen, sondern noch eine weitere Tatsache. Es zeichnet sich immer deutlicher ab und wird auch von führenden Vertretern der Wissenschaft längst offen ausgesprochen, daß man trotz aller Höchstleistungen nicht imstande war, jene großen Rätselfragen des menschlichen Daseins, von denen gerade der einzelne Mensch bewegt wird, überhaupt berührt, geschweige denn geklärt zu haben.

Gegenüber den Daseinsfragen stehen viele wie vor einer Nebelwand, und man ahnt, daß jene gerade nicht im Forschungsfeld der Wissenschaft liegen, nicht im Bereich der Sinneswelt, sondern in den der sinnlichen Wahrnehmung zunächst nicht zugänglichen Sphären zu finden sind.

Mit diesen unbeantworteten, grundlegenden Fragen hängt es gewiß zusammen, daß sich viele Ärzte zunehmend von einer menschenfremd gewordenen Medizin abwenden. Durch die Unsicherheit der Ärzte entsteht eine Art geistiges Vakuum, und daher ist es nicht verwunderlich, daß die westliche Welt in den letzten Jahren mit asiatischen, besonders chinesischen medizinischen Anschauungen und Praktiken überflutet wird. So werden die Lösungen der Rätselfragen des Lebens, die gerade in diesem Beruf eine entscheidende Rolle spielen, im alten asiatischen Weisheitsgut gesucht.

Der Verdienst Steiners liegt nun darin, daß er diese heute offenliegenden und so bedrückenden Tatsachen der modernen Zivilisation vor 100 Jahren voraussah. Er erkannte, daß sich aus der so einseitigen Entwicklung eines alles beherrschenden materialistischen Weltbildes ein Katastrophenzwang ergeben würde (der sich dann auch in zwei Weltkriegen vollzog), wenn nicht neben dem aus der sinnlichen Beobachtung gewonnenen Weltbild die Anerkennung und Erforschung übersinnlich geordneter Seinszustände treten würde. Denn nur so stehe dem Menschen die *ganze* Wirklichkeit der Welt zur Verfügung. Steiner plädierte dafür, daß man mit den bisher gewonnenen wertvollen Erkenntnismethoden der Wissenschaften, welche Exaktheit und Objektivität heißen, nun die über die Natur hinausweisenden Gesetzmäßigkeiten erforschen müsse. Und nur als Wissenschaft, so Steiner, sei die Erkenntnis des Übersinnlichen zeitgemäß. Er begründet eine Anschauung der Welt, die, ob sie sich auf die Wahrnehmung der sinnlich oder nicht sinnlich wahrnehmbaren Welt bezieht, die Wahrnehmung voraussetzt, *ehe* ein Begriff des Wahrgenommenen gebildet wird.[1] So gehört Steiner zu jenen Forschern, die beide Wirklichkeitsbereiche zu verbinden trachten. Die Auffassung Chinas, physisch-sinnlich Wahrnehmbares kaum zu beachten und die des Westens, nur diesen Bereich gelten zu lassen, ist je-

---

1 Jedem von uns wird bei einer gewissen Eigenbeobachtung auffallen, wie rasch – geradezu reflexartig – wir Wahrgenommenes – auf allen Gebieten! - mit Begriffen versehen.

weils ein Torso; durch die Auffassung Steiners wird daraus erst ein Ganzes.

Hier sei erwähnt, was Steiner einmal über die von ihm begründete Geisteswissenschaft äußerte: »Unter Anthroposophie verstehe ich eine wissenschaftliche Erforschung der geistigen Welt, welche die Einseitigkeiten einer bloßen Naturerkenntnis ebenso wie diejenige der gewöhnlichen Mystik durchschaut, und die, bevor sie den Versuch macht, in die übersinnliche Welt einzudringen, in der erkennenden Seele erst die im gewöhnlichen Bewußtsein und in der gewöhnlichen Wissenschaft noch nicht tätigen Kräfte entwickelt, welche ein solches Eindringen ermöglichen.« (GA 35, S. 66)

Diese Auffassung Steiners kann ein spirituelles naturwissenschaftliches Weltbild genannt werden. Dadurch, daß Seelisch-Geistiges in das Menschen- und Weltbild miteinbezogen wird, erst dadurch wird es vollständig. Werden nun die alten spirituellen Begriffe »übersetzt« mit Hilfe der neuen – was bis zu einem gewissen Grade möglich ist –, so wird eine Verständigungsgrundlage des Westens mit dem Osten ermöglicht.

Offensichtlich waren die Menschen in vorhistorischen Zeiten Chinas – und gewiß nicht nur dort – fähig, ohne Vorbereitung physisch-sinnlich nicht Wahrnehmbares zu schauen. In historisch erfaßbaren Zeiten jedoch war dazu eine entsprechende Schulung erforderlich, die den Menschen »innerhalb seines eigenen Hauses zum Herren« machte, bzw. die »das ihm zur Verfügung gestellte Pferd« beherrschen lehrte. Das kann, mit anderen Worten ausgedrückt, ein Einweihungsweg genannt werden.

Im Taoismus werden keine Spekulationen oder Hypothesen über eine geistige Welt beschrieben, sondern Erfahrungen. Insofern besteht eine Verwandtschaft zu den Bestrebungen Steiners. Auch er lehnt Spekulationen und Hypothesen über eine höhere geistige Welt ab und akzeptiert nur ihre Beobachtung, die erst einem durch entsprechende geistige Schulung erweiterten Bewußtsein möglich ist.

Derartige, weit über ihre Zeit hinausweisende, Bestrebungen wurden im 13. Jahrhundert in der Einweihungsstätte um Meister Li gepflegt, die im letzten Kapitel behandelt wird. Die andere, retardierende, Tendenz im Kulturleben Chinas wurde in bezug auf die Pentatonik bereits erwähnt. Nun ist ein auffallendes Phänomen, daß diese Art der Musik fast gleichzeitig mit dem Auftreten dominierender naturwissenschaftlicher Denkweise in Europa verschwindet. Zwei diametral entgegengesetzte Erlebnisbereiche scheinen miteinander verknüpft zu sein, sie hängen auf das Engste mit konstitutionellen Geheimnissen des Menschen zusammen. China hat nach unseren heutigen Kenntnissen das differenzierteste Wissen über die Konstitution des Menschen. Auf dieser Grundlage beruht die Kunst der Pulsdiagnose und der Akupunktur. Jedoch ist diese Auffassung über den Aufbau des Menschen vom naturwissenschaftlichen Standpunkt aus nicht erklärbar. Hier soll im ersten Ansatz eine Antwort zur Diskussion gestellt werden.

Ein Kernpunkt unserer Arbeit ist: darzulegen, daß vorwiegend in dem Seelenteil, der in China mit P'o bezeichnet wird, das Konstitutionsgeheimnis verborgen liegt, das zu zwei wesensverschiedenen Kulturströmungen geführt hat.

Noch ein anderer Bereich soll gestreift werden, der den grundsätzlichen Unterschied zwischen östlicher und westlicher Mentalität beleuchtet.

Wer würde im Abendland den Zusammenhang zwischen Denken und Gehirn bezweifeln? Liegen doch zahlreiche Untersuchungen vor, die dies beweisen. Das Zentrum für Nerven und Hauptsinnesorgane liegt im Gehirn, und in der westlichen Welt wird es heute allgemein als zentrale Schaltstelle – wie eine Art Computer –, als regulierendes Agens aller körperlichen Funktionen angesehen. Das Gehirn wird sogar als Maßstab für den Todesmoment des Menschen gesetzt und nicht mehr wie früher das Herz.[1] Wenn diese »Konstruktion« des Menschen, wie es im Westen heute allgemein üblich ist, akzeptiert wird, so ergibt sich ganz natürlich die Vorrangstellung des Gehirns.

So wird jeder Gebildete im westlichen Teil des Globus auf die Frage, womit der Mensch denkt, antworten: mit dem Gehirn. Der Chinese dagegen antwortet: mit dem Herzen; für ihn entspricht nur ein minderwertiges Denken dem Gehirn. Erstaunlicherweise haben beide Recht. Die heute geltende positivistische Naturwissenschaft beruht tatsächlich auf einem Denken, dessen Organgrundlage das Gehirn ist. In China gilt das Herz-Denken als höchstes, kann es doch stufenweise bis zur »Geistklarheit des Herzens« führen, dem Ziel taoistischer Initiation.

---

1   Wenn keine elektrischen Ströme des Gehirns im EEG (Elektroenzephalogramm) mehr nachweisbar sind, wird der Mensch für tot erklärt. Dieser Zeitpunkt ist für Transplantationen deshalb günstig, weil andere Organe noch relativ frisch und gut brauchbar für sie sind.

Aber nicht nur die Chinesen räumen dem Herzen eine Vorrangstellung im Biologischen sowie im Seelisch-Geistigen ein; die gleiche Auffassung finden wir auch in Europa im 20. Jahrhundert bei Steiner. Sind diese Angaben nur wesenlose Behauptungen? Doch bereits die anatomische Struktur des Herzmuskels weist auf seine besondere Bedeutung hin. Er ist der einzige Muskel, der zwei sonst im Organismus streng voneinander getrennte Muskelarten in sich vereinigt. Die eine ist bewußt zu betätigen, noch nicht für den heutigen Menschen im Herzen, die andere funktioniert unbewußt. Durch diesen heute allgemein bekannten Befund offenbart sich etwas von den Geheimnissen des Herzens. Die Chinesen rechnen das Herz zu den Sinnesorganen, und es ist der »Ort«, an dem sich äußere Wahrnehmungswelt und inneres Erleben begegnen.

Abschließend ist zu vermerken, daß dieses Buch eine Vorbereitung ist zu einem weiteren Band, »Die Leber ist Holz«. Es ist eine okkulte Verschlüsselung des umfassenden Weltbildes Chinas, in dessen Mittelpunkt der Mensch steht.

Einleitende Bemerkungen

Einige Besonderheiten der chinesischen Sprache und Schrift

Der Charakter eines Volkes schlägt sich in seiner Sprache, die es spricht und schreibt, prägnant nieder. Grundlage unseres Buches sind chinesische Texte, die oft über tausend Jahre alt sind. Deshalb möchten wir das Wesen der chinesischen Sprache und Schrift kurz charakterisieren.

Diese Texte konfrontieren uns nicht nur mit einer uns fernliegenden Denkweise, sondern auch mit einer Sprache und Schrift, die ganz anderen Gesetzmäßigkeiten als den uns geläufigen folgt. Gewiß unterscheiden sich auch in unseren Sprachen das Geschriebene und Gesprochene, doch immerhin kann man etwas Geschriebenes ohne weiteres in Gesprochenes umwandeln, indem man es vorliest. Das ist vor allem mit einem älteren chinesischen Text schlicht unmöglich, weil der Hörer den Text, hat er ihn nicht schon einmal gesehen, einfach nicht versteht, denn im Text stehen kurz und prägnant Schriftzeichen nach Schriftzeichen, die akustisch meist nicht eindeutig wiedergegeben werden können. Diese Schwierigkeit kommt dadurch zustande, daß es zwar fast unendlich viele Schriftzeichen gibt – über 50 000 (!) –, von denen allerdings *nur* ca. 4 000 im täglichen Gebrauch sind, für die aber lediglich etwa 1 200 unterscheidbare gesprochene Silben zur Verfügung stehen. Daher hat fast jede Silbe mehrere Bedeutungen, manche viele. Der Hörer kann beispielsweise nicht wissen, ob mit dem gesprochenen »shih« nun »Zeit«, »Stein«, »Zehn«, »Tatsache« oder etwa »Sonnenfinsternis« gemeint ist.[1] Daher ist ein chinesisches Wort erst durch seine graphische *und* akustische Form eindeutig bestimmt, wobei die graphische sogar noch das größere Gewicht hat.[2] Deshalb kann es in einem Gepräch in moderner Umgangssprache gelegentlich vorkommen, daß man ein gesprochenes Wort als Schriftzeichen in die Luft malen muß, um es dem Gespräch-

---

1   Ein Chinese hat sich den Spaß gemacht, folgende Geschichte zu schreiben, die sich ausspricht: »Shih-shih Shih-shih shih shih shih, shih shih shih.« Zu Deutsch: »Als Herr Shih vom ›Steinhaus‹ auf den Markt ging, aß er zehn Löwen.«

spartner verständlich zu machen. Dies zu lesen ist, stellt man sich den komplizierten Aufbau der Zeichen vor, eine beachtliche Leistung! Einen unschätzbaren Vorteil bieten die Schriftzeichen dadurch, daß man sie in jedem Dialekt, ja sogar in Japanisch oder Koreanisch lesen kann. Dadurch ist es auch möglich, einen über 2000 Jahre alten Text zu lesen und zu verstehen – ohne allerdings zu wissen, wie der Schreiber damals seinen Text ausgesprochen hatte –, denn die Schrift hat sich über eine so lange Zeit kaum mehr verändert.

Schlägt man ein traditionelles chinesisches Buch auf, dann erinnert ein erster Blick an eine Filigranarbeit, die kästchenartig wirkt. Dieser Eindruck kommt dadurch zustande, daß die einzelnen Schriftzeichen blockartig aufgetürmt sind. Die senkrechten Zeilen folgen von rechts nach links aufeinander. Ältere Texte sind gewöhnlich weder durch Satzzeichen noch in Abschnitte gegliedert, daher muß man sich selbst zusammensuchen, wo ein Satz beginnt und endet. Da die einzelnen Zeichen unveränderlich sind, können sie je nach Stellung im Satz sozusagen alle Funktionen – Substantiv, Verb, Adverb etc. übernehmen. Einzige Hilfe bieten die von den Chinesen »leer« genannten Wörter mit Bedeutungen wie »weil«, »daher«, »obschon«, aber auch solche, die das Ende einer Aussage andeuten, das vorausgehende Wort hervorheben usw. Durch die Unveränderlichkeit der Zeichen ist ebenso wenig eine Konjugation oder Deklination möglich wie eine Ein- oder Mehrzahlendung. Wann sich die ganze eben gelesene Geschichte abgespielt hat, wird erst klar, wenn Wörter wie »gestern«, »bereits« oder »noch nicht« erscheinen. Häufig fehlt

---

2 In sehr abgeschwächter Form trifft dies auch auf das Französische zu mit seinen vielen unausgesprochenen Konsonanten am Wortende (gesprochen ist z. B. »il chante« und »ils chantent« nicht zu unterscheiden); oder im Englischen: was heißt »bow«? »Verbeugung«, »sich verbeugen« oder »Bogen«? Im Mittelalter soll es auch jedem Franzosen klar gewesen sein, daß er in einem Gasthof »Au Lion D'Or« (Zum goldenen Löwen) auch übernachten kann, denn das Geprochene kann man auch als »Au lit on dort« (Im Bett schläft man) verstehen. Besonders auffällig zeigt sich diese größere Gewichtung des Schriftzeichens, wenn wir zum Vergleich das Japanische betrachten, das ebenfalls weitgehend mit den aus China übernommenen Schriftzeichen geschrieben wird. Sieht ein Chinese zwei Schriftzeichen, die »Tokio« bedeuten, so weiß er augenblicklich, was gemeint ist. Artikuliert man aber »Tokio«, so sagt ihm das gar nichts, weil für ihn diese Stadt »Tung-ching« heißt. Einem Japaner sagt der Name Mao Tse-tung nichts, er kennt nur einen »Moo Taku-too«.

das Subjekt eines Satzes, entweder, weil man schon weiß, wovon die Rede ist, oder dem Schreiber es nicht wichtig ist, wer etwas tut oder womit etwas geschieht. So kann beispielsweise das Wort »ch'ü« (Grundbedeutung = weggehen) heißen: »er / sie / wir / man geht / gehen weg / ging(en) weg«, »das Weggehen«, »weggegangen«, »vergangen« etc.

Durch die völlige Unveränderbarkeit der chinesischen Wörter braucht nichts Überflüssiges gesagt zu werden, wie etwa in dem deutschen Satz »Du kamst gestern«, worin die Vergangenheitsform überflüssig ist, weil »gestern« sowieso schon vergangen ist, ebenso die Personalendung, wenn schon »du« gesagt wird. Dadurch ist die chinesische Sprache sehr präzise und im besten Sinne modern; durch die bildhaften alten Schriftzeichen, die oft ein ganzes Bedeutungsfeld umspannen, bleibt sie mit der Vergangenheit verbunden. Hier tritt uns eine Diskrepanz entgegen, der wir noch öfter begegnen werden.

Die Chinesen selbst haben nur eine Grammatik entwickelt, die sich nahezu in der Feststellung erschöpft, daß es »volle« Wörter gibt – solche, die eine Bedeutung haben – und »leere« mit nur grammatikalischer Funktion (»deshalb«, »weil«, Aussageschluß etc.). Allerdings gibt es, wie in jeder Sprache, bestimmte Gesetzmäßigkeiten, die aber nicht bei den unregelmäßigen Verben, einer Möglichkeitsform oder Zeitenfolge zu suchen sind, sondern in einer strengen Syntax und der Gliederung und feinen Nuancierung durch die »leeren« Wörter. Anstelle von Grammatiken, die allgemeine Sprachregeln aufstellen, schufen die Chinesen umfangreiche Wörterbücher, worin sie Wort um Wort erklärten und mit zahllosen Textbeispielen belegten, sowie immer wieder neue Kommentierungen ihrer klassischen Texte. Auf der Grundlage dieser Wörterbücher und Kommentare haben erst westliche Philologen in mitunter umfangreichen Grammatiken die allgemeinen Gesetzmäßigkeiten des Chinesischen herausgearbeitet.

So allgemein gehalten die chinesische Sprache sein kann, ist sie andererseits auch äußerst präzise und konkret. Man kann nicht einfach einen Bruder haben, sondern entweder einen jüngeren oder einen älteren, worin sich eine Sozialordnung widerspiegelt. Weiß man nicht, ob der Bruder älter oder jünger ist, so behilft man sich ganz einfach damit, daß man vom »älter-jüngeren Bruder« spricht, d. h. man bildet aus zwei Wörtern eines. Entsprechend heißen die Eltern: »Vater-Mutter«. Ebenso kann man nicht einfach von »tragen« sprechen, sondern von »tan« (an einer Stange über der Schulter tragen), »pei« (auf dem Rücken tragen), »t'i« (in den Armen tragen) etc.

Das häufig benutzte Wort »wu«, das meist mit »Ding« übersetzt wird, kann uns zeigen, wieviel die Sprache, die ein Volk spricht, über dieses aussagt; gleichzeitig weist es auf die Problematik von Übersetzungen hin. Denn tatsächlich kann »wu« nicht einfach »Ding« oder »Gegenstand« sein, darauf gibt schon das Schriftzeichen einen Hinweis, weil es das bedeutungsgebende Zeichenelement »Rind« enthält. Viele der Zeichen, die mit diesem Element geschrieben werden, bezeichnen entweder verschiedene Rinderarten oder Tätigkeiten, die mit dem gezüchteten Rind zusammenhängen, wie das Pflügen, eine Herde hüten, (an einem Strick) führen. Es wäre demnach präziser, »Wesen«, »Geschöpf« oder »Mitgeschöpf« zu übersetzen. Unsere Annahme wird dadurch bestärkt, daß es auch »Menschen-wu«, d. h. Persönlichkeiten, »Bewegungs-wu«, Tiere, und »wachsende wu«, Pflanzen, gibt. Alles, was auf der Welt überhaupt als einzelnes existiert, faßt man mit der Bezeichnung »wan-wu«, den »zehntausend Wesen oder Dingen«, zusammen.

War das Bewußtsein im älteren China, als diese Bezeichnungen entstanden, eventuell ein ganz anderes als das unsrige von heute? Wir stellen uns diesem »wan-wu« als einer differenzierten, kaleidoskopartig ausgebreiteten Welt gegenüber, innerhalb der wir einzelne Gruppen, Menschen, Tiere, Pflanzen, leblose Gegenstände unterscheiden und registrieren. Damals durchdrangen für das Empfinden der Menschen die beiden Urkräfte Yin und Yang in unterschiedlicher Weise alles, was sich ihnen am Himmel und auf der Erde zeigte. Sogar die Menschen selbst fühlten sich von denselben Kräften durchdrungen, nahmen selbst am ganzen Geschehen als »Mitgeschöpfe« teil, wodurch sie sich eher von »Mit-ständen« als von Gegen-ständen umgeben sahen und der Gegensatz zwischen Subjekt und Objekt verwischt wurde.

Zum Schluß noch ein Beispiel für die Bildhaftigkeit der chinesischen Sprache:

»Bezeichnungen sind etwas für den allgemeinen Gebrauch. Man sollte nicht allzu viel darauf geben. Menschlichkeit und Gerechtigkeit waren den alten Königen Raststätten. Man kann in einer Raststätte eine Nacht verbringen, aber nicht dauernd darin wohnen. Läßt man sich oft dort blicken, dann werden die Forderungen immer größer.

Die höchsten Menschen des Altertums nahmen die Menschlichkeit als ihre Reiseroute und die Gerechtigkeit als ihre Gasthäuser, um in die Weiten (die Leere) der freien Muße zu wandern. Sie nährten sich vom Felde der schlichten Einfachheit und standen im Garten, der keine Pacht kostet. – Freie Muße heißt Nicht-Handeln, mit schlichter Einfachheit ernährt man sich leicht, keine Pacht bedeutet keinen Abbruch erleiden. – Das nannten die Alten eine Wanderung, auf der man das Wahre pflückt.« (Chuang-tzu, Kap. 14)

Zum chinesischen Textmaterial und zur Art des Übersetzens

Ein Großteil der von uns benutzten und verarbeiteten chinesischen Schriften wurde noch nie ins Deutsche bzw. überhaupt in eine andere Sprache übersetzt. Das betrifft vor allem die taoistische Literatur, von deren uns heute vorliegendem Zustand wir deshalb ein Bild geben wollen.

Das chinesische Volk kann bis heute als ungeschlagener Weltmeister im Schreiben und Drucken von Büchern angesehen werden. Daß sehr viele Bücher auch bis heute erhalten geblieben sind, ist zwei Faktoren zu verdanken: Man hatte in China schon im achten Jahrhundert begonnen, in Holzschnitt-Technik zu drucken, dem schriftlich Niedergelegten wurde seit eh und je eine fast heilige Achtung entgegengebracht, während man bei uns erst seit neuerer Zeit großen Wert auf das Konservieren von Kulturgütern legt. Trotzdem sind in zahllosen Kriegswirren und Bibliotheksbränden sehr viele Schriften verloren gegangen. Manche Bücher und Sammlungen entgingen gerade nur knapp ihrem Untergang bzw. wurden einer breiteren Öffentlichkeit wieder zugänglich gemacht, indem sie in neuerer Zeit, meist durch fotomechanisches Verfahren, neu aufgelegt wurden.

Eine solche Sammlung ist das »Tao-tsang«, das am Beginn des 16. Jahrhunderts zusammengestellt und gedruckt wurde. Diese taoistische Anthologie besteht aus einem Korpus von ca. 1 100 Bändchen und enthält über 1 400 einzelne Texte, die nach einer schier unergründlichen Anordnung zusammengestellt sind. Von dieser Sammlung bestanden im Jahre 1923 gerade noch zwei Exemplare, die dann von der Commercial Press in Shanghai als Faksimile-Drucke neu herausgegeben wurden.

(Dieser Neudruck wurde weniger wegen des Inhalts vorgenommen, sondern als ein Liebhaberobjekt hergestellt, weil es sich um ein Beispiel schöner alter Holzdrucke handelte.) Das bedeutet, daß erst von diesem Zeitpunkt an überhaupt eingehende taoistische Studien betrieben werden konnten.

Eine weitere Sammlung taoistischer Schriften ist das »Tao-tsang chi-yao«, das vor allem für Texte, die nach der Drucklegung des »Tao-tsang« geschrieben wurden, wichtig ist, aber auch eine stattliche Anzahl von Texten enthält, die schon im »Tao-tsang« zu finden sind. Diese Sammlung, die aus mehreren hundert Texten besteht, wurde von taoistischen Kreisen im letzten Jahrhundert zusammengestellt und gedruckt. Allgemein zugänglich wurde sie aber erst durch einen taiwanesischen Reprint 1971. Weitere kleinere Sammlungen oder Einzelwerke liegen in Form solcher fotomechanischer Neuauflagen vor, teilweise mit handschriftlichen Interpunktionen und Ergänzungen oder Randbemerkungen aus der Vorlage geschmückt. Auf manche wertvolle Texte bin ich (G. Z.) auch durch Kontakte mit zeitgenössischen Taoisten in Taiwan mehr oder weniger zufällig gestoßen.

Bei vielen dieser Schriften ist man mit der Schwierigkeit konfrontiert, daß sie durch mehrfaches Abschreiben oftmals mit Fehlern behaftet und außerdem nicht selten durcheinandergebracht sind. Das Verständnis wird überdies dadurch erschwert, daß man meistens vergeblich irgendwelche Satzzeichen oder eine Gliederung in Absätze darin sucht. Das mag mit ein Grund dafür sein, daß der Taoismus bisher relativ wenig erforscht worden ist. Daß es nur von wenigen dieser Werke interpunktierte, textkritische Ausgaben gibt, wie sie von allen Klassikern des Altertums und den konfuzianischen Philosophen vorliegen, hat seinen Grund darin, daß diese Schriften von einer breiteren Öffentlichkeit gar nicht beachtet wurden. An chinesischen Universitäten begann man sich erst dafür zu interessieren, nachdem sich eine westliche und japanische Taoismusforschung in größerem Rahmen bemerkbar gemacht hatte.

Da ich (G. Z.) zwar einen beträchtlichen, aber dennoch nur den kleineren Teil der relevanten taoistischen Literatur durchgearbeitet habe, kann man die Textauswahl in dieser Hinsicht als zufällig bezeichnen. Dennoch sind wir der Ansicht, daß es sich um bedeutsame Texte handelt, werden doch deren Verfasser in taoistischen Kreisen zu den bedeutendsten Persönlichkeiten gerechnet.

Eine solche Persönlichkeit ist Chang Po-tuan, Meister Chang, auf dessen Einweihungsweg wir im vorletzten Kapitel eingehen. Er lebte von 983–1083, erreichte also das stattliche Alter von 100 Jahren. Auf ihn soll das Werk »Ch'ing-hua pi-wen« (»Geheime Schrift des Ch'ing-hua«) zurückgehen. Das ist allerdings schon deshalb unwahrscheinlich, weil dort an mehreren Stellen *über* Meister Chang berichtet wird. Es ist möglich, daß diese Stellen später eingefügt wurden. Gemäß einem der drei vorangestellten einleitenden Schriftstücke wurde diese Schrift in drei Tagen niedergeschrieben – damit könnte auch eine Art dreistufige Eingebung oder Initiation von drei »Tagewerken« gemeint sein. Der Text, wie er uns heute in vier mitunter beträchtlich voneinander abweichenden Editionen vorliegt (je eine davon im »Tao-tsang« bzw. »Tao-tsang chi-yao«), ist ganz gewiß nicht in drei Tagen niedergelegt worden, denn er ist alles andere als aus einem Guß. Oftmals treten abrupte Stilwechsel auf, so daß der Text wie durcheinandergeschüttelt anmutet. Die heute bestehenden Drucke fußen wohl auf ungezählten Abschriften; eine der vier Editionen hat den Text insofern bereinigt, als sie vielerorts unklare Passagen einfach wegläßt. Vieles deutet darauf hin, daß diese Schrift ursprünglich nur für einen engen taoistischen Schülerkreis bestimmt war, so etwa ein großer alchemistischer Teil, der mitunter nahezu unverständlich ist, weil er offenbar mündlich überliefertes Wissen voraussetzt. Aus diesem Grund bringt der Verfasser im Vorwort seine Bedenken zum Ausdruck, aber er habe es dennoch gewagt, dieses Buch niederzuschreiben. Er habe es tun müssen, weil die Irrlehren zu sehr überhand genommen hätten, und falls er ein Unrecht dadurch begangen hätte, erwarte er ergeben des Himmels Strafe. Ich habe eine Übersetzung des gesamten Textes hergestellt, wobei ich aufgrund der vier Editionen versuchte, den Text soweit möglich zu rekonstruieren (noch nicht veröffentlicht). Aus diesem Werk bringen wir die Übersetzung eines Kapitels, das wir ausführlich behandeln. Aufgrund der literarischen Form und der im großen und ganzen einfachen und eindeutigen Sprache ist anzunehmen, daß diese Passage des Werkes weitgehend der Originalform entspricht; die vier Editionen weisen hier auch nur unwesentliche Abweichungen auf. Dieser Teil liegt hier wohl erstmals in Übersetzung vor.

Ein weiterer bedeutender Taoist ist Li Tao-ch'un, über dessen Leben allerdings noch weniger bekannt ist als über das Chang Po-tuans; wir konnten nicht mehr ermitteln, als daß er im 13. Jahrhundert gelebt haben muß und einen Schülerkreis um sich versammelt hatte. Seine »Gespräche« und das ihm zugeschriebene Werk »Sammlung ›mittlere Harmonie‹«, dem wir Meister Lis »Marionettengleichnis« entnommen haben, sind in den beiden großen taoistischen Sammlungen zu finden.

Ein mit großer gedanklicher Schärfe geschriebenes Werk ist das »Kuan-yin-tzu«, das ebenfalls in die beiden taoistischen Sammlungen aufgenommen ist. Ihm verdanken wir eine in ihrer Art einmalige Seelen- und Erkenntnislehre. Dem deutschen Sinologen Hans Steiniger ist eine auszugsweise Übersetzung unter dem Titel »Hauch- und Körperseele und der Dämon bei Kuan-Yin-Tzu«, Leipzig 1953, zu verdanken, die allerdings nicht mehr als einen ersten Einblick in das Werk vermitteln kann. Nach der Legende soll sich Lao-tzu, der im Taoismus unumstritten am meisten verehrte Meister, im hohen Alter gen Westen gewandt haben, der Himmelsrichtung, die mit dem Tode in Zusammenhang gebracht wird. Da begegnete er dem Grenzwächter Kuan-Yin-tzu. Dieser erkannte den Meister, der sich zum Sterben anschickte, und bat ihn, kurz bevor er auf seinem Ochsen für immer westwärts verschwinden wollte, seine Weisheiten niederzuschreiben. So soll das Werk von Lao-tzu, das »Tao-te-ching« mit 81 Sprüchen entstanden sein. Es ist nach der Bibel das weltweit meist übersetzte Buch, dessen Entstehung nach neueren Forschungen in die Zeit vom achten bis zum vierten Jh. v. Chr. gesetzt wird.

Beide Beteiligten dieser Begegnung sind Weise, die im nachchristlichen Taoismus eine Vergöttlichung erfahren haben, und beide sind historisch nicht belegbar; sowohl Lao-tzu (»Alter Meister«) wie Kuan-Yin-tzu sind Ehrbezeichnungen, ihre eigentlichen Namen werden mit Li Erh und Yin Hsi angegeben. Kuan heißt Paß, Tor, Übergang, Yin ist ein Familienname und tzu, »Meister«, ist ein Titel, der jeder bedeutenden Persönlichkeit, vor allem des Altertums, angehängt wird. Somit ist er also der »Meister Yin am Paß«. Da kuan auch als Übergang zwischen der vergänglichen Daseinswelt und der ewigen Welt des Geistes benutzt wird, kann Kuan-Yin-tzu auch als der Meister des Übergangs von »Hüben und Drüben« aufgefaßt werden.[1]

---

1 Brecht hat diese Sage in seinem Gedicht »Legende von der Entstehung des Buches Taoteking auf dem Weg des Laotse in die Emigration« eindrücklich verarbeitet.

Legende von der Entstehung
des Buches Taoteking
auf dem Weg des Laotse
in die Emigration

Als er siebzig war und war gebrechlich,
Drängte es den Lehrer doch nach Ruh.
Denn die Güte war im Lande wieder einmal schwächlich,
Und die Bosheit nahm an Kräften wieder einmal zu.
Und er gürtete den Schuh.

Und er packte ein, was er so brauchte:
Wenig. Doch es wurde dies und das.
So die Pfeife, die er immer abends rauchte,
Und das Büchlein, das er immer las.
Weißbrot nach dem Augenmaß.

Freute sich des Tals noch einmal und vergaß es,
Als er ins Gebirg den Weg einschlug.
Und sein Ochse freute sich des frischen Grases,
Kauend, während er den Alten trug.
Denn dem ging es schnell genug.

Doch am vierten Tag im Felsgesteine
Hat ein Zöllner ihm den Weg verwehrt:
»Kostbarkeiten zu verzollen?« – »Keine.«
Und der Knabe, der den Ochsen führte,
          sprach: »Er hat gelehrt.«
Und so war auch das erklärt.

Doch der Mann in einer heitren Regung
Fragte noch: »Hat er was rausgekriegt?«
Sprach der Knabe: »Daß das weiche Wasser in Bewegung
Mit der Zeit den mächtigen Stein besiegt.
Du verstehst, das Harte unterliegt.«

Daß er nicht das letzte Tageslicht verlöre,
Trieb der Knabe nun den Ochsen an.
Und die drei verschwanden schon um eine schwarze Föhre,
Da kam plötzlich Fahrt in unsern Mann,
Und er schrie: »He, du! Halt an!

Was ist das mit diesem Wasser, Alter?«
Hielt der Alte: »Interessiert es dich?«
Sprach der Mann: »Ich bin nur Zollverwalter,
Doch wer wen besiegt, das interessiert auch mich.
Wenn du's weißt, dann sprich!

Schreib mir's auf! Diktier es diesem Kinde!
So was nimmt man doch nicht mit sich fort,
Da gibt's doch Papier bei uns und Tinte.
Und ein Nachtmahl gibt es auch: ich wohne dort.
Nun, ist das ein Wort?«

Über seine Schulter sah der Alte
Auf den Mann: Flickjoppe. Keine Schuh.
Und die Stirne eine einzige Falte.
Ach, kein Sieger trat da auf ihn zu.
Und er murmelte: »Auch du?«

Eine höfliche Bitte abzuschlagen,
War der Alte, wie es schien, zu alt.
Denn er sagte laut: »Die etwas fragen,
Die verdienen Antwort.« Sprach der Knabe: »Es wird
                                      auch schon kalt.«
»Gut, ein kleiner Aufenthalt.«

Und von seinem Ochsen stieg der Weise.
Sieben Tage schrieben sie zu zweit.
Und der Zöllner brachte Essen (und er fluchte nur noch leise
Mit den Schmugglern in der ganzen Zeit).
Und dann war's soweit.

Und dem Zöllner händigte der Knabe
Eines Morgens einundachtzig Sprüche ein.
Und mit Dank für eine kleine Reisegabe
Bogen sie um jene Föhre ins Gestein.
Sagt jetzt: kann man höflicher sein?

Aber rühmen wir nicht nur den Weisen,
Dessen Name auf dem Buche prangt!
Denn man muß dem Weisen seine Weisheit erst entreißen.
Darum sei der Zöllner auch bedankt:
Er hat sie ihm abverlangt.

(B. Brecht)

Mit Sicherheit stammt diese Schrift (Tao-te-ching) nicht von der legendären Persönlichkeit des Altertums, sondern man hat ihr diesen Titel gegeben, um ihr ein großes Gewicht zu verleihen. Sie ist nicht einfach zu datieren. Es ist allerdings anzunehmen, daß sie kaum vor dem achten Jahrhundert und sicher nicht viel später als 1000 n. Chr. geschrieben wurde.

Das Werk, das als die bedeutendste klassische Schrift der chinesischen Medizin gilt, ist das »Huang-ti nei-ching«, meist einfach »Nei-ching« genannt. Huang-ti, der Gelbe Kaiser, bezeichnet eine mythische Herrschergestalt, die im 26. Jh. v. Chr. gelebt haben soll. Das Werk ist in Dialogform abgefaßt: der Gelbe Kaiser läßt sich darin von seinem medizinischen Berater Ch'i Po belehren. Nei-ching bedeutet »Inneres Buch«, was kaum mehr zu bedeuten hat als etwa »Buch I«, denn es muß auch ein Wai-ching (»Äußeres Buch«, ein »Buch II«) existiert haben, das aber verloren gegangen ist. Das »Nei-ching« wurde in seiner heutigen Fassung von Wang Ping 762 zusammengestellt und kommentiert. Von einigen Kapiteln ist nicht auszuschließen, daß sie Wang selbst geschrieben hat, andere Teile lassen sich in früheren Werken wiederfinden, und manches reicht ursprünglich wohl weit in vorchristliche Zeit zurück. Das Werk umfaßt die beiden Bände »Su-wen« (fundamentale Fragen), den bedeutenderen, und »Ling-shu« (numinoser Drehpunkt). Trotz gewiß vieler Ergänzungen, die Wang vorgenommen hat, ist das Werk alles andere als systematisch. Für das heutige Verständnis ist befremdlich, daß dieses Werk der Medizin zugeordnet wird. Es muß berücksichtigt werden, daß zur Entstehungszeit des »Nei-ching« Kosmologie und Astronomie der Medizin zugerechnet worden sind.

Eine sorgfältige Systematisierung des gesamten Textmaterials nahm einer der bedeutendsten Ärzte, Chang Chieh-pin (1563–1640), in seinem »Lei-ching« (Gliederung nach Kategorien des Klassikers Nei-ching, dat. 1624) vor, indem er alles Zusammengehörige unter bestimmten Kategorien vereinte, so daß sich eine völlig neue, aber folgerichtige Anordnung ergab. Den Text selbst ließ er unverändert, fügte aber eine eigene, ausführliche Kommentierung bei. – Eine größere Arbeit hat Heinz Klein über Changs Leben und Werk mit vielen Übersetzungen verfaßt unter dem Titel »Die Esoterik der Medizinphilosophie Chinas«, Göttingen, 1986.

Vom »Nei-ching« gibt es sehr viele gut brauchbare, kommentierte Ausgaben, auch in der Volksrepublik sind Übertragungen in die moderne Umgangssprache vorgenommen worden.

Ungeachtet auch solcher wertvoller Hilfen wird der Übersetzer oft vor das unlösbare Problem gestellt, keine entsprechenden deutschen Wörter zur Verfügung zu haben. Dieses Problem stellt sich besonders bei Begriffen übersinnlichen Inhalts, wie z. B. »Ch'i«. Vielfach wurde es mit dem altertümlichen Wort »Odem« wiedergegeben, das im allgemeinen nur aus der Schöpfungsgeschichte bekannt ist; man kann es auch je nach Kontext mit »Kraft«, »Lebenskräfte« oder »Atmosphäre« übersetzen, womit man aber nur einen Teil seines Bedeutungsumfangs trifft. In letzter Zeit wird es mehr und mehr mit »Energie« wiedergegeben, was aber leicht falsche Assoziationen wachruft. Wenn beispielsweise vom Pulsieren des Ch'i durch den menschlichen Körper gesprochen wird, können heute in Übersetzungen Ausdrücke wie »Energiebahnen«, »Energiezentren« erscheinen – das Bild eines Kraftwerks und von Hochspannungsleitungen liegt nicht allzu fern. Noch schwieriger wird die Sache mit Wörtern, die im Leser, für den diese Texte bestimmt waren, ganz bestimmte Assoziationen wachriefen, die es bei uns einfach nicht gibt. Steht da z. B. »Metall«, so muß man wissen, daß dieses eines der fünf chinesischen Elemente oder »Wandlungsphasen« ist, und im Text könnten »Tod«, »Westen«, »Lunge«, »Atmung« etc., all das, was für diesen Leser mit dem Element »Metall« in enger Beziehung steht, mit gemeint sein. Hinzu kommt noch die häufig auftretende sprachliche Unbestimmtheit, die in der Übersetzung Ergänzungen unumgänglich macht, weil sie im Deutschen schlicht nicht nachvollziehbar ist. (Siehe Anhang, Kapitel »Zum chinesischen Textmaterial und der Art des Übersetzens«.)

Der Leser kann mit vollem Recht die Frage stellen, warum wir vornehmlich taoistisches Textmaterial beiziehen. Denn tatsächlich handelt es sich vielfach um Schriften, die von wenigen für wenige geschrieben worden sind, und so könnte er zur Meinung kommen, diese Texte seien, wenn sie doch so schlecht überliefert sind, auch kulturunwirksam gewesen.

Nun genossen bis in die T'ang-Dynastie (618–907) taoistische Adepten und Meister am Kaiserhof und bei der Gebildeten-Aristokratie bedeutendes Ansehen. Das begann sich während der Sung-Dynastie (960–1279) allmählich zu ändern, als sich die tonangebenden Gelehrten zu den konfuzianischen Klassikern des Altertums zurückwandten und diese überlieferten Lehren von allem eingeströmten buddhistischen und taoistischen Gedankengut reinigen wollten. Das führte über die Jahrhunderte zu einer weitgehenden Ignorierung des Taoismus, die auch von den im zwanzigsten Jahrhundert entstandenen Universitäten beibehalten wurde, so daß man bis in die Mitte unseres Jahrhunderts vom Taoismus nur noch dessen volksreligiöse Ausformung sah, eine Synthese aus verschiedensten Traditionen. Und mit diesem »Aberglauben« beschäftigte sich kein Gebildeter. Von der westlichen Sinologie wurde diese Haltung übernommen.

Die Tradition, die ich (G. Z.) als »Meditations-Taoismus« bezeichnen möchte, verlangte von ihren Schülern eine geistige, meditative Schulung, und die konkreten Inhalte wurden von Meister zu Schüler geheim und persönlich weitergegeben; heute ist sie nur noch ein dünner Faden. Indessen beginnt man sich in der Volksrepublik vor allem in Kreisen der chinesischen Medizin auf der Suche nach geistigen Inhalten erneut für diese Texte zu interessieren. Andererseits fand auch durch das Entstehen einer eigenständigen westlichen und japanischen Taoismusforschung an den chinesischen Universitäten eine Neuorientierung statt.

Beim Zurückverfolgen der Tradition des »Meditations-Taoismus« kann man schließlich auch zu den Quellen der volksreligiösen Ausformung gelangen. Weil sich diese Tradition im Abseits von staatlichen Sanktionen fortentwickelte und dadurch politische Machtkomponenten fehlten, konnte sie sich auch reiner entfalten. Doch jede Geheimschule ruft auch Scharlatane auf den Plan. Es sind uns genügend Schriften bekannt, die zunächst sehr geheimnisvoll klingen, aus denen aber schwer ein einleuchtender Sinn zu gewinnen ist und die seit dem letzten Jahrhundert gelegentlich auch von westlicher, halbverstandener Pseudowissenschaftlichkeit durchsetzt sind oder dem Schüler ganz persönliche Vorteile versprechen. Dabei fällt es nicht immer leicht, die Möchtegerne von den wahrhaften Meistern zu unterscheiden.

Schließlich hatte der Taoismus stets die Tendenz, jegliche geistigen Strömungen in sich aufzunehmen und zusammenzuführen. Daher wurde seit etwa dem neunten Jahrhundert die Überzeugung der prinzipiellen Wesensgleichheit der drei bedeutendsten Geistesströmungen Chinas, des Taoismus, Konfuzianismus und Buddhismus, vertreten. Das Bekenntnis zu dieser Vorstellung bringt es mit sich, daß wir in bezug auf den Taoismus von einer gewaltigen Synthese des chinesischen Geisteslebens schlechthin sprechen können. Auf der Stufe seiner volksreligiösen Form zeigt sich diese Synthese darin, daß wir hier einem nahezu unüberblickbaren Pantheon begegnen, worunter die alten Weisen und Heiligen des chinesischen mythischen Altertums, Schutzpatrone, Buddhas, Bodhisattvas etc. zu finden sind. Auf der Stufe des »Meditations-Taoismus« finden wir in den entsprechenden Schriften einen Bilderreichtum, der seinesgleichen sucht. Er reicht von Aussprüchen aus dem alten Orakel- und Weisheitsbuch I-ching (I Ging) bis zur ganzen alchemistischen Sphäre, von den Ideen über die fünf Elemente oder »Wandlungsphasen« hin zu Aussprüchen, wie sie in den buddhistischen Sutren und Shastren zu finden sind. Zwar sind diese Texte der Geheimschulung von wenigen für wenige geschrieben worden, stellen aber gewissermaßen eine Komprimierung des chinesischen Geisteslebens dar.

I. Gegensätze – früher und heute

Moderne Einstellungen, frühe Entdeckungen im alten China

China hatte nicht nur frühzeitig ein hohes kulturelles Niveau, sondern es wurden auch spektakuläre Entdeckungen, Berechnungen und technische Hochleistungen vollbracht, die Jahrtausende oder Jahrhunderte vor denjenigen Europas liegen. Als allmählich, seit über 200 Jahren, davon Nachrichten in den Westen drangen, lösten sie höchste Bewunderung aus. Gleichzeitig tauchte die Frage auf, wieso diese ursprünglichen Fähigkeiten, die eine naturwissenschaftliche Entwicklung erwarten ließen, nicht zu einer Hochblüte naturwissenschaftlicher Denkweise geführt haben. Im Folgenden bringen wir einige Beispiele dafür.

Chinesen bieten, besonders, wenn man ihre charakteristischen Eigenschaften bedenkt, geradezu ideale Voraussetzungen zum Gelingen wissenschaftlicher Arbeiten.

Sie sind nicht nur wissensdurstig, sondern haben auch eine exakte Beobachtungsgabe für alle Naturvorgänge: Das zeigt sich zum Beispiel an Beschreibungen von Pflanzen oder an präzisen Angaben über Krankheiten etc. Erstaunlicherweise hatten Ärzte trotz der hochentwickelten medizinischen Kunst nur ein geringes Ansehen. Das ist auch deshalb erstaunlich, weil gerade in der Medizin und Pharmakologie wohl am meisten Systematik und exakte Beobachtung betrieben worden sind.[1] Aber ein Gebildeter befaßte sich im allgemeinen nicht mit Medizin – man wurde Beamter.

Ebenso haben Chinesen einen ausgeprägten systematischen Geist und geradezu eine Sammelwut für alles einmal Niedergeschriebene. Davon bringen wir weiter unten konkrete Beispiele. Ihre Neugierde ist auch

---

[1] Das große Werk »Su-wen«, dessen Inhalt im 8. Jahrhundert zusammengestellt worden ist und dem wir viele Angaben entnommen haben, vermittelt reiches Beobachtungsmaterial, das in heutigen medizinischen Berichten überhaupt keine Rolle mehr spielt. Entsprechend seinem Titel »Grundlegende Fragen« wird die Verflechtung des Menschen mit Erde und Kosmos behandelt!

bereit, neue Auffassungen und Ideen zu betrachten und zu erwägen. Diese Eigenschaft führte dazu, daß man sich zwar gegenseitig zu überzeugen versuchte, seine Meinungen vertrat, aber dennoch diejenigen anderer gelten ließ. Ernste Auseinandersetzungen hatten meist politische oder wirtschaftliche Hintergründe.

Andererseits hörte die sonst übliche Toleranz völlig auf, wenn am Mißregime der Kaiser und ihrer intriganten Umgebung Kritik geübt wurde. Die Zeiten, als Kaiser große Weise waren, reichen sicherlich – mit gewissen Ausnahmen – in legendäre Zeiten zurück. Szu-ma Ch'ien (145 – ca. 80 v. Chr.), der die Kaiser kritisierte, wurde nicht nur verbannt, sondern auch kastriert. Nach Absitzen seiner Strafe trieb er Geschichtsstudien und ist zum bedeutendsten Historiker Chinas geworden.

Beispiel einer recht modernen Einstellung ist die Institution des Beamtenprüfungswesens. Der Ursprung dieses Systems, das die Beamtenschaft aufgrund der Bildung rekrutierte, ungeachtet der Herkunft der Kandidaten, geht bis in die ersten vorchristlichen Jahrhunderte zurück. Bis zur Sung-Dynastie (960–1279) hatte es sich so weit entwickelt, daß nur noch sehr wenige ein Amt bekleideten, die nicht durch die äußerst strengen Prüfungen herausgefiltert worden waren. Diese Staatsexamina wurden schriftlich vorgenommen. Die Klausurarbeiten bekam der Examinator in Abschrift, ohne Namen des Kandidaten, damit er nicht etwa seine Handschrift erkenne! (Wie zeitnah!) So hatte jeder Beamte einen hohen Bildungsstand. Er mußte sich sehr genau in der konfuzianischen Sozial- und Staatsethik, in Geschichte und Politik auskennen, fähig sein, in überzeugender Weise Abhandlungen zu schreiben und Gedichte zu verfassen. Und doch gelang die gute Absicht, Chancengleichheit zu erreichen und eine Begabtenauswahl unabhängig vom sozialen Stand zu treffen, realiter nicht. Die Knaben armer Familien mußten auf dem Feld arbeiten, während diejenigen der wohlhabenderen sich von klein auf in die klassischen Schriften vertiefen mußten. So wuchsen sie frühzeitig in eine traditionelle humanistische Bildung hinein und hatten so doch wieder einen Vorsprung. Denn gerade durch die humanistische Bildung konnte man zu höchstem Ansehen gelangen[1]. Damit war dieser fort-

---

1 Vergleichbare Verhältnisse gab es auch in Europa, die Entwicklung zur naturwissenschaftlichen Denkweise wurde dadurch nicht behindert.

schrittliche Impuls zum Scheitern verurteilt, ebenso die Pflege naturwissenschaftlichen Denkens im Keim erstickt.

Im Laufe der Jahrhunderte wuchs sich das Beamtenwesen, wie Needham sagt, zum bürokratischen Feudalismus aus und verhinderte den Durchbruch (zur Naturwissenschaft; d. Verf.), wie er in Europa stattfand« (Vorwort Temple). Das folgende Wortspiel wurde ursprünglich für diese mächtige Institution geprägt: »It isn't important what you know, but whom you know« (Unwichtig ist, was Du weißt, wichtig ist, wen Du kennst; Übersetzung vom Verf.)

Im Gegensatz jedoch zu diesen starren, Entwicklung verhindernden Strukturen wird im klassischen Buch Chuang-tzu[1] (380–310 v. Chr.), also vor rund 2400 Jahren, ein Herrscher geschildert, der sich wie ein moderner Manager-Typ ausnimmt![2]

Ein solcher machthungriger Alleskönner ist jedem Zeitungsleser des 20. Jahrhunderts bekannt. Zwar werden keine Götterkräfte mehr angerufen, sondern es werden Genmanipulationen, Organtransplantationen vorgenommen, zur Verbesserung der Natur, die nicht hergibt, was praktisch und nützlich scheint. Es wäre ein ernst-amüsantes Spiel, den Sinn des folgenden Passus genauer auf die Moderne hin zu übertragen.

»Huang-ti war schon 19 Jahre lang der Himmelssohn (also Kaiser; der Verf.) gewesen, und seine Befehle hatten die Welt beherrscht. Er hatte von einem Meister erfahren, der auf einem heiligen Berge war. Er suchte ihn auf und sprach: ›Ich (Wo) habe gehört, daß der Meister beim höchsten Tao angelangt ist. Darf ich nach dem höchsten Tao-ching fragen, denn ich möchte gerne das Ching[3] von Himmel und Erde fassen, um den Feldfrüchten Gedeihen zu geben, damit die Menschen genährt würden. Auch möchte ich Yin und Yang beherrschen, so daß sie allen Lebewesen gemäß erfolgen. Wie kann man das tun?‹ Der Meister antwortete:

---

1   Es sei auf eine hoch interessante, deutschsprachige Veröffentlichung eines modernen chinesischen Taoisten deutscher Staatsangehörigkeit hingewiesen. 1982 erschien von Sche-Yen Chien ein kulturkritischer Vergleich zwischen Chuang-tzu und Humbold, Fink, Habermas u.a.. Dr. Chien ist gerade dabei dieses Buch »Das Herz ist ein Affe« ins Chinesische zu übersetzen.
2   Dieser Bericht und seine Fortsetzung wird uns noch im Kapitel über Meister Chang beschäftigen, denn durch ihn wurde von G. Zimmermann die differenzierte Benutzung des Wortes Ich entdeckt.
3   Ching: Lebenskräfte.

›Was du zu fragen begehrst, bezieht sich auf der Dinge Stoff; was du zu beherrschen begehrst, bedeutet der Dinge Untergang. Seit du die Welt regierst, regnet es, noch bevor sich die Wolken geballt haben; die Blätter fallen von den Bäumen, noch bevor sie gelb geworden sind; der Schein von Sonne und Mond ist übermäßig, so daß alles wüst wird. Du Spitzfindiger, der du die Herzen der Menschen besäuselst, bist es nicht wert, daß man mit dir über das höchste Tao spricht.‹«

Es gab Gelehrte, die durch Nebenverdienst sich ihren Lebensunterhalt erarbeiteten, deren Ruf Schüler anzog, und so entstanden private, wissenschaftliche oder philosophische Zirkel. Außerdem gab es die kaiserliche Akademie mit einem großen Stab von Gelehrten, aber diese hatte nichts mit einem freien Wissenschaftsbetrieb zu tun. Die Geschichte der ersten Universität in unserem Sinne, der Peking-Universität, beginnt im Jahre 1898. Erst 1912, nach dem Fall des Kaiserhauses, verdient sie diesen Namen.

Ein Weltbild westlicher Prägung, das nur gelten läßt, was zähl-, wäg- und meßbar ist, wäre ein Verstoß gegen den Himmel und gegen das Reich gewesen. Zwangsläufig würden Vertreter derartiger Anschauungen zu Staatsverrätern, über die schwerste Strafen verhängt worden sind. Ein derartiger Verstoß, zwar nicht gegen den Himmel, aber gegen kirchliche Dogmen wurde in Europa begangen, und auch er wurde mit schwersten Strafen geahndet. Warum hatte China nicht die Kraft, neuen Gedanken den Weg zu bahnen und gegen Überlebtes Widerstand zu bieten?

Bereits 700 v. Chr. wurde durch genaue Messungen des Sonnenstandes ein Kalender entwickelt, der im 13. Jahrhundert die Berechnung des Jahres auf genau 365,2424 Tage ermöglichte. (In Europa legte 1582 die gregorianische Kalenderreform das Jahr auf 365, 2425 Tage fest!)

Beispiele früher chinesischer Erfindungen, die noch aus vorchristlicher Zeit stammen, sind die Worfelmaschine und die Drillmaschine – beides an sich nicht sehr komplizierte Geräte, aber von ungeheurem Nutzen für die Landwirtschaft. Entsprechende Geräte wurden in Europa erst im Verlauf der Neuzeit entwickelt.

Mit der Worfelmaschine konnte der Spreu vom Korn ziemlich effizient getrennt werden. Man brachte das Getreide durch einen Trichter hinein. Darauf fiel es durch einen durch Rotation von Hand oder mit Fußpedalen betriebenen Ventilator, durch dessen Gebläse die Spreu hinausgeblasen wurde; das gereinigte Getreide fiel aus der Maschine (vgl. Needham, Vol. IV, Part 2, S. 151 ff.).

Die Drillmaschine ermöglichte ein gleichmäßiges, reihenweises Aussäen. Eine Art kleine Pflugscharen ritzten die Erde einige Zentimeter auf, und in diese Furchen fiel das Saatgut gleichmäßig ein. Das Gerät wurde von Zugtieren gezogen und von einem Mann geführt. Damit war ein wesentlich schnelleres Aussäen und vor allem eine bedeutende Ertragssteigerung möglich.

Die technisch perfekte Regulierung der großen, wilden, das Reich durchziehenden Flüsse, die heute noch jeden westlichen Ingenieur in Erstaunen setzt, war nur möglich aufgrund der Anerkennung enger Verflechtungen irdischer und kosmischer Gesetzmäßigkeiten. Daraus ergab sich folgerichtig die Berücksichtigung der günstigsten Saat- und Erntezeiten, die wiederum die höchstmögliche Ausnutzung der Fruchtbarkeit des Bodens ermöglichte.

Schon seit dem vierten Jahrhundert wurde in industriellem Ausmaß gegossen. Bereits in vorchristlicher Zeit wurden Bronzeglocken hergestellt.

Bereits 100 v. Chr. wurde das weichgebrannte chinesische Porzellan mit Brenntemperaturen von 1300 °C entwickelt.

Um 100 n. Chr. entstanden umfassende handgeschriebene Wörterbücher. Eines der frühesten und bedeutendsten ist das »Shuo-wen chieh-tzu« (Erklärung der Schrift und Erläuterung der Zeichen). Jedes der über 9000 Schriftzeichen wird einzeln erklärt und auch seine Bedeutung in Zusammensetzungen mit weiteren Zeichen gegeben. Sein letzter Nachfahre ist das »Chung-wen ta tzu-tien« (Großes Wörterbuch der chinesischen Sprache) von 1962, das auf rund 17 000 eng bedruckten Seiten fast 50 000 Zeichen aufführt.

Gewiß wurden schon im klassischen Griechenland und im Hellenismus systematische Werke geschaffen, wie zum Beispiel die Encyclopädie von Alexandria, mit mehreren Millionen Schriftrollen, die das gesamte Wissen enthalten sollten. Doch erst im frühen Mittelalter gibt es in Europa Werke, die auch systematisch der Bedeutung und Etymologie einzelner Wörter und Ausdrücke nachgehen (z. B. die zwanzig Bücher umfassende Etymologie des spanischen Bischofs Isidor von Sevilla, 600–630 verfaßt).

Fast gleichzeitig, ca. 100 n. Chr., wurde das Papier erfunden, wodurch man einen wesentlich billigeren Schriftträger als etwa Seide und einen praktischeren als Holz- oder Bambustafeln hatte.

Das Papier hat sich über einen Zeitraum von über tausend Jahren von China über Asien und Nordafrika bis nach Europa verbreitet. In Bagdad stellt man seit etwa 800, in Marokko ab 1100 und in Spanien kurz danach Papier her. Die erste deutsche Papierfabrik wurde 1390 n. Chr. von Ulman Stromer gegründet.

In China wurde die Holzdruckkunst im 8. Jahrhundert erfunden. In Ägypten wird im 13., in Holland im 14. Jahrhundert gedruckt, in Mitteleuropa erst im 15. Jahrhundert nach Gutenbergs einschneidenden Verbesserungen 1445.

Ein Beispiel für den praktischen Sinn der Chinesen ist der Abakus, der bereits in vorchristlicher Zeit entwickelt worden ist. Er ist im Prinzip nichts anderes als ein Zählrahmen mit aufgereihten Holzkugeln, den man hierzulande den Kindern gibt.[1] In China hatte noch bis vor kurzem jeder Schalterbeamte einen solchen »Taschenrechner« in Gebrauch. 1946 fand in Tokio zwischen einem Japaner mit Abakus und einem Amerikaner mit einer damaligen Rechenmaschine ein Wettkampf statt, den der Japaner sowohl bezüglich der Geschwindigkeit, als auch der Fehlerquote gewann (Needham, Vol. III, S. 75).

Anfang des 3. Jahrhunderts hat der berühmte Arzt Hua T'o große Bauch- und Rückenoperationen durchgeführt. Leider ist das in Wein gelöste Narkotikum nicht überliefert worden. Er war der erste, der sich für ein systematisches Körpertraining zur Gesunderhaltung einsetzte. Seine Anweisungen, die damals ziemlich verbreitet waren, klingen für heutige Ohren recht bekannt. Meinte er doch, der Mensch müsse seine Muskeln genügend trainieren, sonst seien sie wie Türangeln, die ungebraucht einrosten würden. Hingegen sind seine medizinischen Schriften alle verloren. Als Leibarzt des wegen seiner Grausamkeit berüchtigten Heerführers und Herrschers Ts'ao-Ts'ao fiel er in Ungnade, weil dieser einmal mit seiner medizinischen Kunst unzufrieden war. Als er zum Tode verurteilt wurde, soll er den Gefängniswärter gebeten haben, seine

---

1 Der Abakus wird auch heute noch auf Bahnhöfen in Rußland verwandt. Wie froh wäre mancher Fahrgast an unseren kleinen Bahnhöfen, wenn es noch einen Abakus gäbe, er müßte nicht dem zeitraubenden Kampf des Beamten mit dem komplizierten Computer zusehen!

Schriften aufzubewahren; doch dieser fühlte sich der Aufgabe nicht gewachsen, und so soll sie Hua T'o verbrannt haben. Mit seinem Tod fand auch eine weitere Entwicklung der Chirurgie ein Ende.

Schon seit vorchristlicher Zeit wurden, wenn auch selten, Sektionen durchgeführt. Man war aber nicht daran interessiert, wie wir heute, etwas über die einzelnen Organe zu erfahren, sondern man suchte danach, ob das Herz drei oder mehr Ausgänge hatte, denn man nahm an, der einfache Mensch habe drei, der höher entwickelte sieben! Diese Ausgänge wurden also gesucht! Nur vereinzelte Male wurden von Ärzten Leichen seziert, um die inneren Organe zu studieren. So soll es Mitte des 11. Jahrhunderts – zur Blütezeit der naturwissenschaftlichen Phase – mit ca. 70 Leichen von Hingerichteten geschehen sein. Einige Zeit später wurden nochmals die Leichen Hingerichteter seziert und aufgrund dessen eine Art anatomischer Atlas hergestellt, der jedoch bald vergessen wurde und schließlich verloren ging.

Wie ein erratischer Block ragt der Arzt Wang Ch'ing-jen (1768–1831) in der Geschichte der chinesischen Medizin hervor. Er kam zu der Überzeugung, daß er erst dann richtig Diagnosen stellen und therapieren könne, wenn er die einzelnen Organe genau kenne. Um zu diesen Kenntnissen zu kommen, machte er sich eine 1798 grassierende Epidemie zunutze, als so viele Menschen dahinstarben, daß die zahllosen Leichen gar nicht recht begraben wurden, um möglichst viele Sektionen durchzuführen. Leber und Herz, so schreibt er, seien meist schon von den Hunden herausgerissen gewesen. Anfangs hätte er sich stets mit zugeklemmter Nase an die Arbeit gemacht, doch sein Wissensdurst war so groß, daß er sich nicht von dem ekelhaften Gestank zurückschrecken ließ. Eine weitere für das damalige China wohl exklusive Ansicht Wangs war, daß der Mensch nicht, wie allgemein angenommen, mit dem Herzen, sondern mit dem Gehirn denkt (vgl. Wong und Wu, »History of Chinese Medicine«, S. 199f. und »Chung-kuo i-shih-huo wen-hsüan« – Biographische Auslese aus der chinesischen Medizingeschichte –, S. 72ff.)

Es fällt auf, daß immer nur die Leichen entweder von Hingerichteten oder im Falle Wangs diejenigen aus einem Massengrab seziert wurden. Das hat seinen Grund in der bis heute noch allgemein bestehenden Haltung einer Unantastbarkeit des menschlichen Körpers. Deshalb lassen sich – heute noch – nur mit Schwierigkeiten Spenderorgane, besonders soeben Verstorbener, finden. Außer in Hongkong, dort scheint ein Handel mit Leichenorganen zu blühen.

Nicht einmal im 20. Jahrhundert wurde Sektionen eine solche Bedeutung beigemessen wie im Westen; hier wurde die Diagnose an der Leiche zum Kriterium, ob sie am Lebenden richtig gestellt war.

Verunsicherung in China

Dem heutigen China, überflutet vom westlichen Denken, dürfte meist nur schattenhaft sein eigenes ursprüngliches Weltanschauungskonzept bewußt sein. So entstehen kaum zu bewältigende seelische Spannungen. Die durch den Marxismus zwangsweise eingeführte materialistische Denkart hat zu einer Verunsicherung und Verleugnung eigener hochstehender Kulturwerte geführt. Hinzu kommen Umweltprobleme als üble Mitgift westlichen Einflusses. Beklommen sehen wir zu, wie sich auf allen Gebieten unsere eigenen Fehler wiederholen. Doch trotz des Einbruchs westlicher Zivilisation und Technik lebt in Taiwan altes traditionelles Verhalten teilweise noch heute unberührt weiterhin fort. Infolgedessen entsteht ein lähmender Zwiespalt zwischen alten kulturprägenden Elementen und der fremdbleibenden, westlich-rationalen Denkweise. Es tritt eine Diskrepanz auf, die sich in einem allgegenwärtigen Slogan aus der Zeit der großen Kulturrevolution in den 60er Jahren ausdrückt: »Großer Vorsitzender Mao, Du bist die Sonne in unseren Herzen«. Wo bleibt hier das materialistische Denken?

Diese seelische Zerrissenheit wird in dem weitverbreiteten Buch »Pekingmenschen« (Zhang Xin-xin und Sang Ye) in anschaulichen Bildern des Alltagslebens geschildert. Es werden Interviews mit meist einfachen Leuten wiedergegeben, die ihre Schicksale und aktuellen Probleme schildern. So nimmt der Leser selbst teil daran, wie sich einzelne, individuell modifiziert, mit dem Regime arrangieren. Aber hintergründig, verschwommen glimmen Reminiszenzen an alte Traditionen auf, die jedoch nach außen geleugnet werden.

Wo aber ist die Kraft zu einem neuen Denken? Sind es wenige oder doch viele, die es suchen? Sind es Akademiker, die den Aufstand auf dem »Platz des himmlischen Friedens« 1989 wagten? War das nur ein Aufbäumen gegen das politische Regime, oder haben sie ein tieferes Ziel? Erstreben sie ein neues Denken – und welches?

Gleiche Probleme werden in dem faszinierenden Buch eines deutschen Botschafters, der seit 1936 China kennt, beschrieben: »China von innen gesehen« (Erwin Wickert, S. 491f.). Der dort zitierte Brief einer 23jährigen Chinesin ist ein erschütterndes Dokument, wie sehr die heutige Jugend einen Ausweg aus ihrem Dilemma sucht und nicht findet.

»Ich bin dreiundzwanzig Jahre alt, ich habe also gerade begonnen, das Leben zu erfahren. Doch seine Reize und Geheimnisse faszinieren mich nicht. Als ich sehr jung war, war ich voller schöner Hoffnungen und Träume über das Leben im neuen China. Meine Eltern und ein Großvater waren Mitglied der kommunistischen Partei. Ich war sicher, daß ich dem Kommunismus treu sein und Parteimitglied werden würde ... Ich neigte leidenschaftlich dazu, mich selbst aufzugeben und berauschte mich daran. Ich schrieb in mein Tagebuch lange Absätze voll revolutionären Elans und richtete mich in Wort und Taten nach revolutionären Helden.«

Sie beschreibt ihre Verwirrung über die Gewalttätigkeit der Kulturrevolution. Sie mußte die Schule verlassen, da die Mutter, von der sie anscheinend getrennt lebte, ihr kein Geld mehr schickte. Sie wurde nicht in die Jugendliga aufgenommen, weil sie einen Funktionär kritisiert hatte. Sie liebte den Sohn eines alten Funktionärs, der von den Radikalen verfolgt wurde.

»Ich bemühte mich zutiefst, die Sorgen, die er wegen seines Vaters hatte, zu mildern. Ich konnte mir überhaupt nicht vorstellen, daß er mir den Rücken kehren und mich verlassen könnte, als sein Vater nach dem Sturz der Viererbande rehabilitiert wurde ...

Um eine Antwort auf die Frage nach dem Sinn des Lebens zu bekommen, beobachtete ich die Menschen und die Gesellschaft in meiner Umgebung. Ich begann Bücher zu lesen: Hegel, Darwin, Owen, Balzac ... Mein einziger Trost war die Literatur.

Man sagt, unsere Zeit mache Fortschritte, und die Dinge besserten sich. Ich kann diese gewaltigen Schritte aber nicht erkennen. Auch die uns tragende gemeinsame Grundlage, die angeblich alle unsere Anstrengungen lohnen werde, kann ich nicht sehen. Warum wird der Weg, den wir gehen, immer schmaler? Ich bin verzweifelt. Ich habe einmal eine katholische Kirche besucht und an der Messe teilge-

nommen. Ich habe daran gedacht, mir das Haar abzuschneiden und eine buddhistische Nonne zu werden. Ich habe daran gedacht, mir das Leben zu nehmen …
Wenn Sie den Mut haben, diesen Brief zu veröffentlichen, würden alle Jugendlichen in China erfahren, was ich denke und fühle. Ich glaube, ihre Gedanken und Gefühle stimmen mit meinen überein…«.
Auf diesen Brief erhielt die Jugendzeitschrift 70 000 Leserzuschriften, von denen sie dreihundert veröffentlichte. Aus einem redaktionellen Schlußbericht ging hervor, daß viele Absender ebenso verzweifelt waren wie Pan Xiao.«

Westliches, in China eingedrungenes, naturwissenschaftliches Denken ist der Hintergrund dieser erschütternden Dokumente. Sollte der Zwiespalt, der sich in diesen Beispielen äußert, eine wesenhaft bedingte Eigenschaft der Chinesen sein? Verfolgt man ihren Weg bis heute, so drängt sich dieser Verdacht auf. Denn seit frühesten Zeiten ist eine Diskrepanz zwischen retardierenden Elementen und modern anmutenden technisch-wissenschaftlichen Fähigkeiten zu beobachten. Sie drückt sich auch während einer naturwissenschaftlichen Interimsphase in der Einstellung zweier taoistischer Meister aus. Zwar wurde ihr Wirken damals von der Öffentlichkeit nicht wahrgenommen, aber ob es damit auch unwirksam war? Meister Lis geistige Haltung hätte direkt in eine moderne, spirituelle Naturwissenschaft hineinführen können. Meister Chang dagegen bleibt dem retardierenden, traditionsgebundenen Strom verbunden. So repräsentieren diese Persönlichkeiten den divergierenden Charakter Chinas. Meister Li und seine Schüler personifizierten radikal einen neuen Zeitgeist, der verzerrt im Verhalten der T'ang-Kaiser zutage trat. Über beide wird erst in den Schlußkapiteln berichtet, denn es treten allzuviele Vorstellungen und Begriffe auf, die zuerst etappenweise verständlich gemacht werden müssen, ehe man versuchen kann, die Worte Meister Lis und Meister Changs zu entschlüsseln. In dem Zwiespalt, dessen Repräsentanten diese beiden Meister sind, mag das Rätsel verborgen sein, das so viele China-Kenner beschäftigt, warum China bis heute keine eigenständige Naturwissenschaft hervorgebracht hat.

Menschenbild und Medizin

Als Auftakt unserer Betrachtungen soll in groben Umrissen das Menschenbild Chinas und des Westens skizziert werden. Das in China uralten Traditionen entstammende Bild des Menschen ist auch heute noch untergründig wirksam und gewiß Mitverursacher heutiger Zerrissenheit.

In China besteht seit alters her die Auffassung, daß der Mensch irdische Manifestation der kosmischen Kräfte des Ur-Yang und -Yin ist. Die 12 Lü sind irdische Repräsentanten kosmischer Sphärenharmonien, sie bestehen aus je sechs Yin und sechs Yang und prägen harmonikale Gesetze dem Menschen ein. So ist der Mensch ein von Musik durchtöntes Wesen. Im Himmel wirkt die Urkraft Yang – das Schöpferische, Gestaltende, Durchwärmende; in der Erde die Urkraft Yin – das Empfangende, Duldende, Nährende. Beide haben in unterschiedlichen Bereichen ihre physische Matrize, Yin in allem Flüssigen, Yang in flutender Wärme, dazwischen webt das atmende Ch'i. Der Mensch steht also zwischen Himmel und Erde und bildet mit Yin und Yang zusammen das dritte Glied der »Drei Mächte« (san-ts'ai). Er ist Wirkungsfeld und Mittler übersinnlicher Kräfte und deren physischer Verankerungen; an beiden Urkräften hat er gleichermaßen teil[1]. Das wird anschaulich in dem Schriftzeichen für König (wang), dem ursprünglich höchsten Herrscher auf Erden, ausgedrückt. Dieses Zeichen besteht aus drei waagerechten Linien übereinander, die in der Mitte durch eine Senkrechte miteinander verbunden werden. Vom König als höchstem Repräsentanten der Menschen wird er-

---

1 Yin mit weiblich und Yang mit männlich zu identifizieren, ist eine unzulässige Simplifizierung. Beide, Yin und Yang, sind gleichwertige Himmelskräfte; in der Zuordnung von Yin zum Dunklen darf nichts Abwertendes gesehen werden. Nach chinesischer Auffassung gibt es weder reines Yin noch reines Yang. Es ist ebenso unsinnig, von oben ohne unten zu sprechen, wie allein von Yin oder Yang! Beide wirken abhängig von der jeweiligen Situation, z. B. des menschlichen Organismus, zusammen, also mehr oder weniger Yin in Yang oder umgekehrt.
Wie eine Bestätigung des eben Ausgeführten ist der anatomische Befund zweier sexualspezifischer Organe: des Uterus (Gebärmutter) und der Prostata (Vorsteherdrüse). Als ich in der Pathologie arbeitete, hatten wir Assistenten es oft schwer, den Studenten Uterus oder Prostata zu demonstrieren. Entweder bekamen wir Sektionsmaterial von dem einen oder dem anderen Organ. Aber da beide mikroskopisch identisch sind, nahmen wir eben, was wir hatten! So hat mancher Student im Mikroskop für Uterus gehalten, was aber Prostata war oder umgekehrt!

wartet, daß er die »Drei Mächte« zusammenhält. Und wenn er seinen Verpflichtungen als Herrscher nicht gebührend nachkommt, reagiert der Himmel mit Katastrophen. Dann sind die Untertanen berechtigt, ihm sein vom Himmel gegebenes Mandat zu entreißen. Das heißt: den Befehl (des Himmels) umändern (ge-ming), was übrigens bis heute das gängige Wort für Revolution ist.

Bis heute wird in China der gesunde bzw. kranke Mensch nicht nach dem Zustand seiner physischen Organe beurteilt wie im Westen, sondern nach den regulären oder gestörten Kräfteeinwirkungen von Yin und Yang, die sich in einem für die heutige westliche Medizin fremden Krankheitsverständnis äußern.

Infolgedessen gibt es keine Organbegrenzungen in unserem Sinne, sondern die Reichweite der »Organe« kann über den ganzen Menschen gehen; deshalb können sich Akupunkturpunkte beispielsweise für die Niere oder Milz am Fuß oder auch am Kopf befinden.

In China wird das Dasein vor der Empfängnis häufig erwähnt; das wahre Ich lebt über Äonen fort, die Reinkarnation war und ist eine weithin anerkannte Tatsache.

In krassem Gegensatz dazu steht das heute allgemein anerkannte Menschenbild des Westens. Der zellulär aufgebaute Mensch wird als ein von Vererbungs- und Umwelteinflüssen determiniertes Wesen angesehen, dessen einmaliges Leben von Geburt und Tod begrenzt ist, außer im kirchlich bestimmten Christentum, das in der nachtodlichen Phase zur Reinigung der Seele das Fegefeuer anerkennt. Über das Schicksal der Seele bestehen unterschiedliche Auffassungen, die jedoch nie den Gedanken an eine Reinkarnation beinhalten. Die heute als Reanimationserlebnisse der Seele bekannt gewordenen Fakten werden als Hinweis ihres Weiterbestehens gewertet (R. A. Moody, »Leben nach dem Tod«). Die Frage des Woher oder Wohin wird trotzdem nicht gestellt. Der gegensätzliche Standpunkt zeigt sich auch deutlich in medizinischen Ansichten, für die die anatomische Begrenzung der Organe selbstverständliche Grundlage ist.

Diese Vorstellung eines kästchenartigen, physisch begrenzten Organaufbaus wird bereits Schulkindern an Plastikmodellen des Menschen eingeprägt und verstärkt, wenn Medizinstudenten Sektionen durchführen. Die an der Leiche gewonnenen Vorstellungen über Lage und Begrenzung der Organe etc. übertragen sich auf die Einstellung des Arztes, mit der er später dem lebenden Kranken gegenübersteht. Trotzdem wird, ohne es zu beachten, die Wirksamkeit eines Nicht-Sichtbaren heute anerkannt, zum Beispiel in der Inkubationszeit, vor Ausbruch von Infektionskrankheiten. Allmählich hat sich auch die Auffassung eingeschlichen, daß es 15 bis 25 Jahre dauern kann, bis ein bösartiger Tumor physisch manifest wird.

Scheinbar hat die Entdeckung der Hormone vor ca. 70 Jahren den Wirkungskreis der Organe weit über ihre Grenzen hinaus erweitert. Jedoch grundsätzlich wird nur anerkannt, wenn ihre *Stoffe* labormäßig nachweisbar sind. Hierin zeigt sich wiederum der Gegensatz westlicher und östlicher Einstellung; die einen akzeptieren erst etwas als real existierend, wenn *Substanzen* nachweisbar sind, für die anderen ist die Wirksamkeit von *Kräften* im oder beim Aufbau des Menschen das Entscheidende. Daher wird gar nicht nach Stoffen gesucht; die Aufgabe ist ja vielmehr, gestörte Gleichgewichte zwischen Yin und Yang herauszufinden.[1]

Wenn wir hier aphoristisch über das Menschenbild von Ost und West berichtet haben, so ist dies scheinbar eine Beschreibung von außen. Dieses Außen ist jedoch Ausdruck einer inneren Haltung, wie der Mensch angesehen und seine Wertigkeit beurteilt wird. Dafür sind die im Folgenden behandelten diagnostisch-therapeutischen Methoden für sich selbst sprechende Beispiele.

Medizinische Kunst in China

Nirgends auf der Welt gibt es unseres Wissens eine ähnlich differenzierte Kenntnis des menschlichen Organismus wie in China.

Seit altersher haben sich zwei medizinische Untersuchungsmethoden, unbeeinflußt von unterschiedlichen Geschichtsphasen, bis heute erhalten. Bevor wir über diese zwei Methoden berichten, muß angeschaut werden, mit welchen Vorstellungen der Arzt dem Patienten gegenüber-

---

[1] Diese Einstellung hat sich heute in China, besonders an den Universitäten, bis zu einem gewissen Grade geändert.

tritt. Im Patienten sieht er die Manifestationen der »Himmels«-kräfte Yin und Yang, die ihren Urgrund im höchsten schöpferischen Prinzip, dem TAO, haben. Im »I-ching« heißt es: »Einmal Yin, einmal Yang ist TAO.«

Yin wird dem Dunklen, Kalten und Wäßrigen, Yang dem Lichten, Hellen, Feurigen zugeordnet. Im klassischen medizinischen Sammelwerk aus dem Altertum, dem »Su-wen« heißt es: »Das Wasser ist yinhaft, das Feuer yanghaft« (Kap. 5).

Yin und Yang werden als gleichwertige Kräfte mit verschiedenen irdischen Wirkungsbereichen aufgefaßt, deren Störungen der Arzt wieder in ihr reguläres Gleichgewicht zurückführen muß.

Ob beide Untersuchungsmethoden, von denen hier gesprochen werden soll, zur gleichen Zeit entstanden sind, ist heute nicht mehr zu ermitteln; man kann vermuten, daß die klinische jünger ist. Sie wird nach einem genauen Schema ausgearbeitet, das vier Hauptpunkte enthält: Schauen, Hören, Fragen und Betasten. Das Fragen bezog sich auf die genaue Geschichte der Familie, die eigenen Lebensumstände, Gewohnheiten etc. Es wurden nicht nur die eigenen Krankheitsneigungen, sondern auch die der Familie und das soziale Umfeld, also der physische Aspekt und der menschliche irdische Umkreis berücksichtigt (siehe Anmerkung 1 im Anhang).

Die Puls-Diagnose

Die andere Untersuchungsmethode ist in der Welt einmalig, es ist die hohe Kunst der Puls-Diagnose, deren Befunde kaum einen physischen Bezug haben; der getastete Puls ergibt Hinweise auf gestörte Wirkungsintensitäten von Yin und Yang und deren zugehörigen Organbereichen. Wenngleich im modernen China westliche, auf naturwissenschaftlicher Methode beruhende klinische Untersuchungen auch zur Selbstverständlichkeit geworden sind, so bleibt die Puls-Diagnose eine der wichtigsten Untersuchungsarten traditioneller Medizin, die auch heute an den Universitäten fest integrierter Bestandteil ist.

An beiden Handgelenken wird der Handpuls (Arteria radiales) mit drei Fingern gefühlt, einmal oberflächlich, einmal mit etwas mehr Druck in der Tiefe. Daraus ergeben sich zwölf Pulse, die den zwölf chinesischen

Organen[1] entsprechen. Zunächst wird allgemein das Verhältnis von Puls zu Atmung berücksichtigt.

Ein wichtiges Kriterium zur Beurteilung der Pulsqualität ist ihre Abhängigkeit vom Jahreszeitenrhythmus. So soll beim Gesunden im Frühling der Puls »oberflächlich« (wörtlich: an der Wasseroberfläche dahintreibend) sein, »wie ein Fisch, der sich in den Wellen tummelt« (»Suwen«, Kap. 17). Stimmt ein konkreter Puls damit nicht überein, ergeben sich daraus schon erste Krankheitshinweise. Jeder der zwölf Pulse wird einzeln untersucht; dabei unterscheidet man bis zu 28 unterschiedliche Qualitäten, die mit bildhaften Ausdrücken charakterisiert werden: glitschig, eilig, hastig, hohl, hart, winzig, klein etc.[2]

Innerhalb der Jahreszeiten herrschen im Winter Yin, im Sommer Yang; damit ergibt sich bereits beim Gesunden ein allmählicher, charakteristischer Intensitätswechsel des Pulses im Fortgang des Jahres. Beim Kranken werden die Verhältnisse noch weit komplizierter. Im Abendland wird vorwiegend die Anzahl der Pulsschläge gemessen, im Osten ist sie nur von sekundärer Bedeutung. Es gilt ja, Yin und Yang, ihre unterschiedlichen Facetten bzw. ihr gestörtes Gleichgewicht, fühlend zu ertasten; dieses jedoch ist nicht in Zahlen auszudrücken. Warum sollte der Puls gezählt werden?

Die zwölf Organe, die jeweils mehr Yin bzw. Yang zugeordnet sind, werden durch die sogenannten Meridiane[3] untereinander verbunden.

Die Puls-Diagnose ermöglicht auch zu unterscheiden, wie und ob die zwölf »Organe« von der regulären Yin/Yang-«Durchdrungenheit« abweichen.

---

1   Sie alle mit Namen aufzuführen, ohne sie zu erklären, wäre zu uninteressant. Eine Erklärung zu geben, würde bedeuten, ein Buch schreiben zu müssen!
2   Welch ungeheuer feines, uns gar nicht nachvollziehbares Tastgefühl drückt sich darin aus!
    Steiner spricht von einer »handwerksmäßigen, schlächtermäßigen Art«, wie heute der Puls geprüft wird: »Man sollte bei dem Puls tatsächlich sich versenken können in dasjenige, was als Weltenrhythmus von dem Sonnenhaften ausgeht« (R. Steiner, GA 316, 24. 4. 24).
3   Das Wort Meridian ist eine westliche Wortschöpfung, sie ist ein klassisches Beispiel, wie durch Übersetzung irrige Vorstellungen erweckt werden können, die nichts mit dem Gemeinten zu tun haben. Das chinesische Wort für die an der Körperoberfläche zu treffenden Verbindungsströme heißt wörtlich die Kette eines Gewebes; dazwischen ist sozusagen der ganze Körper als Schuß eingewoben. Interessanterweise bedeutet dasselbe Wort (ching nicht zu verwechseln mit Ching =

Anmerkungen zur Akupunktur

Untrennbar mit der Puls-Diagnose ist die Therapie über die Meridiane, die Akupunktur, verbunden. Sie ist für einen heutigen westlichen Arzt, der nur das Universitätsstudium durchgemacht hat, völlig unbegreiflich. Und doch nimmt ihre Verbreitung laufend zu; sogar in jeder Heilpraktikerschule werden wenigstens ihre Anfangsgründe gelehrt. Die Akupunktur funktioniert, auch ohne daß sie verstanden wird. Sie auf elektrische Hautwiderstände zu reduzieren, simplifiziert das Phänomen und erhebt eine Begleiterscheinung zur Ursache.

Das komplizierte, vernetzte System der Kräfteströme von Yin und Yang ist verbunden mit den 12 Meridianen, die ebenso nicht anatomisch vorzustellen sind. Es heißt, in ihnen »fließt« Yin- oder Yang-Ch'i[1], der vorübergehend während der Krankheit zwischen beiden hin- und herwechseln kann. Es handelt sich also um relativ kühle Yin- oder warme Yang-Durchströmungen. Vergleichsweise kann man an die Schaumkronen von Meereswellen denken, einmal – Yin – an einem nördlichen, das andere Mal – Yang – an einem südlichen Meer. Diese Meridiane verbinden nicht nur alle 12 inneren Organe miteinander, sie durchziehen den Menschen auch außen von Kopf bis Fuß. Von der Haut aus kann über die sogenannten Akupunkturpunkte, von denen es einige hundert gibt, gezielt auf das gesamte Organsystem therapeutisch-regulierend eingewirkt werden. Die Wirkungskräfte aller Organe finden sich auf der Haut[2], beispielsweise können Leberpunkte[3] am Fuß oder Gallenpunkte am Kopf

---

Lebenskraft) auch »klassische Schrift«: solche klassischen Schriften – dazu werden auch die buddhistischen Sutren und die Bibel mitgezählt – geben sozusagen die Kettfäden, in die sich ein sinnvolles »vom Himmel gewolltes« Leben einweben läßt. Das Wort Meridian dagegen zwingt das Bild von Linien oder elektrischen Leitungen geradezu auf. Wer je eine der im Westen gängigen Akupunkturtafeln gesehen hat – in China gab es sie ursprünglich gar nicht –, kann sich des Eindrucks nicht erwehren, daß der Mensch von Kopf bis Fuß senkrecht von Leitungen durchzogen wäre.

1 Ch'i ist den Atmungsprozessen im umfänglichsten Sinne verwandt (siehe Kap. »Ch'i«).
2 Steiner gibt in Vorträgen von 1911 (GA 128, S. 118) an, daß auf der Haut alle Systeme des menschlichen Organismus vertreten sind.
3 Wieviele Menschen bekommen nach bestimmten, oft schlechten Fetten kleine, aber ärgerliche Herpesbläschen, die im Gesicht an Magen- oder Leberakupunkturstellen entstehen. Für den Arzt kann dies ein Hinweis für bisher versteckte Organfunktionsstörungen sein.

sein. Wieviele Menschen mögen jahrelang Kopfschmerztabletten geschluckt haben: Durch eine Akupunkturbehandlung oder ein Gallenmedikament wäre mancher von Tablette und Kopfschmerz befreit! Ob der therapeutische Weg der Akupunktur für uns stets gültig oder richtig ist, soll hier freilich nicht diskutiert werden.

Selbstverständlich wird über die Akupunktur sekundär auch die Atmung beeinflußt, denn in den Meridianen fließt ja Yin- bzw. Yang-Ch'i. Diese therapeutische Einwirkung über das Unbewußte des Kranken wird durchaus erstrebt; jedoch bewußte Atemübungen zur Bewußtseinswandlung – wie beispielsweise in Indien – durchzuführen, war und ist in China nicht üblich. Hieraus spricht insofern eine moderne Seelenhaltung, als eine Weiterführung und Entwicklung des »Selbst« bzw. des Ich durch den Willen[1] angestrebt wird.

Diese Art der Diagnose kann grundsätzlich jeder erlernen. Allerdings nur in der Weise, wie man zum virtuosen Geigenspieler wird. So hat mir (G. Z.) der Chefarzt einer traditionellen chinesischen Klinik in Tai-chung erklärt: Nach jahrzehntelanger Übung besteht Hoffnung zur Virtuosität. Die Pulsdiagnose ist also im wahrsten Sinne eine Kunst; eine Kunst, die sich der Arzt erüben muß.

Die mit der Puls-Diagnose verbundenen Vorstellungen könnten mit einem festen traditionsgebundenen Gerüst von spirituellem Charakter verglichen werden. Und doch bietet China heute das unruhige, chaotische Bild eines Volkes, dessen innere Richtschnur verlorengegangen ist. Dafür haben wir einige Zeugnisse aus dem Land selbst gebracht: »Peking-Menschen« und der Brief von Pan Xiao.

Eine unerwartete Beleuchtung erfährt das chinesische Wesen nun durch die bis heute in China lebendige pentatonische Musik. Warum wird so beharrlich an ihr festgehalten? Die Beantwortung dieser Frage wird auch klären, warum trotz herausragender technisch-wissenschaftlicher Taten einzelner auf dem Boden Chinas keine naturwissenschaftliche Denkweise gedeihen konnte.

---

1   Eine Bewußtseinswandlung wurde in taoistischen Meditationsschulen durch Willensübungen erreicht, die zum Ziel das »Umschmelzen des Selbst« hatten (siehe Kap. »Umschmelzen des Selbst«).

II. Die Chinesen und ihre Pentatonik

Eines Tages ging ich (R. J.), gedrängt von Bekannten, in eine Aufführung des Pekinger Staatszirkus; was ich dort zu sehen bekam, setzte mich in höchstes Erstaunen. Hier bewegten sich Menschen, die scheinbar den Schweregesetzen der Erde nicht unterworfen und fähig waren, ihre Körper mit völliger Natürlichkeit und lässiger Eleganz in Lagen zu bringen, die auch westlichen Spitzenartisten unmöglich sind. Bei deren Vorführungen hält man doch meist den Atem an, ob auch alles gut gehen mag, im Staatszirkus dagegen kam diese Befürchtung gar nicht erst auf. Auffallend war auch, wie kräftig und doch zart die Beteiligten waren. Trotz zum Teil erheblicher muskulärer Leistungen, sah man nie – wie im Westen üblich – Muskelpakete, auch nicht bei den Männern! Offensichtlich wurde die Kraft aus anderen Quellen geschöpft. Die Leichte der Bewegungen war nicht Folge der Überwindung der Erdschwere, sondern man bewegte sich ganz natürlich und fließend in ihr. Die Vorführungen waren auch nicht Darstellung persönlicher Akrobatik des einzelnen, sondern es waren Gruppenvorführungen, und man hatte den Eindruck eines unsichtbaren Bandes, das sich von jedem zu jedem schlang.

Im Hintergrund dieser Artistik steht eine bedeutsame Auffassung: In China hat der Zirkus einen anderen Sinn als in westlichen Ländern; seine Vorführungen werden als Lob eines Geistigen aufgefaßt, das in seiner physischen Manifestation dargestellt werden soll. Der Zirkus wird, seit seinem Bestehen im frühen Mittelalter, zu einem Ort gemeinsamer meditativer Übungen. So wird für uns auch verständlich, wenn im Fernsehen die nächste Nummer mit den Worten angekündigt wurde: Möge die Übung gelingen.

Artistin des chinesischen Volkszirkus.

Neugierig gemacht, was China musikalisch bieten könnte, sah ich mir den Film »Von Mozart bis Mao« an, den der amerikanische Geiger I. Stern mit jungen Chinesen gedreht hatte. Die hohe Musikalität dieser Kinder, ihre Bewegungen, die nicht wie meist bei uns Musik »machten«, sondern sie sozusagen aus den Instrumenten herausholten, war tief beeindruckend, ebenso die Aufführungen des symphonischen Orchesters des Pekinger Konservatoriums auf einer Tournee durch die Schweiz. Diese Vierzehn- bis Achtzehnjährigen waren vollendete Musiker, von denen einige bereits zehnjährig in Europa als Solisten aufgetreten waren. Am auffallendsten war die Art, wie Beethoven gespielt wurde, der eine Helligkeit und Leichte bekam, die ihn Mozart naherücken ließ. Die Zugabe eines modernen chinesischen Komponisten war auf der Pentatonik aufgebaut.

Die Pentatonik trägt in sich ein Quintengerüst und heißt daher auch Quintenmusik. Der Aufbau der chinesischen pentatonischen Tonleiter lautet zum Beispiel d-e-g-a-h, sie kann mit diesem Intervallabstand auf jedem beliebigen Ton aufgebaut werden. Zwar existiert, physikalisch gemessen, auch in diesem System die kleine Terz; aber das, was sie in der siebenstufigen Tonleiter – eingebunden in Grundton, Septime und Halbtöne – empfindungsmäßig charakterisiert, fehlt in der Pentatonik. Außerdem ist die Pentatonik einstimmig. Diese Musik drückt auf anderer Ebene das Gleiche aus, was im Zirkus zu beobachten ist. Es fehlt der feste Orientierungspunkt des Grundtons, dadurch wird alles schwebend, fließend. Wohl kann uns diese Musik in der Kunstfertigkeit ihrer Ausführung zu Bewunderung hinreißen, beispielsweise wenn eine Geigenkomposition nur auf

Stuhlpyramide. Chinesischer Volkszirkus.

zwei Saiten gespielt wird, aber sie berührt uns nie innerlich. Fehlt uns nur das gewohnte Klangbild?

Im westlichen Teil des zivilisierten Globus ist die einstimmige Pentatonik seit fast 500 Jahren zugunsten der Mehrstimmigkeit (Polyphonie) bzw. der Terzen-Musik verlassen worden. Eine Musik, die Trauer und Heiterkeit nicht in Moll- oder Dur-Tonarten ausdrückt, ist für uns gar nicht vorstellbar. In Europa ertönen heute nur noch im Inneren, in den vom Fremdenverkehr unberührten Gegenden, die so fremdartigen, wie aus weiten Fernen erklingenden Töne der Pentatonik (z. B. Belle Ile, Kreta, Elba). Vor ca. 30 Jahren waren diese Orte nur mit Esel oder Autofahrten über abenteuerliche Wege, die einen Wagen meist in die Gefahr des Achsenbruches brachten, zu erreichen. Gewiß gibt es noch andere verborgene Gegenden, in denen sich diese alten Traditionen erhalten haben.

Erklingt heute im Abendland pentatonische Musik, so kann der eine Zuhörer feststellen: das ist langweilig – dann erlebt er also gar nichts; der andere fühlt sich wie aus sich herausgehoben, er erlebt einen träumerischen, schwebenden Zustand. Aber so tief ergreifen und erschüttern wie »unsere« Dur-Moll-Musik kann sie uns nie.

Auf der Suche nach einer Erklärung des ungewöhnlichen Phänomens, daß an einer auf fünf Tönen aufgebauten Musik nach wie vor in China festgehalten wird, ergibt sich die Frage: *erleben* Chinesen etwas anderes beim *Anhören* der Musik? Deshalb muß der Leser ausdrücklich darauf aufmerksam gemacht werden, daß im folgenden Text zwischen Hören und Erleben unterschieden wird. Wenn in China bestimmte Intervalle – wie beispielsweise die kleine Sekund (z. B. c-cis) ausgespart werden, so *hören* sie die Chinesen auch. Sie »benutzen« sie seit altersher, denn die 12 Monate sind den Halbtonschritten zugeordnet, c-cis-d-dis etc. Aber sie *erleben* sie nicht, ebenso wie wir heute die Quinte selbstverständlich hören, sie aber nicht mehr *erleben*. Es ist vergleichsweise derselbe Vorgang wie bei guten Bildern. Wie viele Bilder *kennen* wir und doch wie wenige *erleben* wir. Wie wenige »treffen« und »berühren« uns wirklich?

Für den mit der abendländischen Polyphonie aufgewachsenen Zuhörer wird der Eindruck einer Komposition – abgesehen von Melodie, Rhythmus und Tempo – geprägt von ihrem *Dur*- oder *Moll*-Charakter. Auch wenn alle 12 Töne der jeweiligen Tonleiter benutzt werden, *erleben* wir nicht alle Intervalle, auch wenn wir sie alle *hören*. Das Wesentliche *unseres* Musikerlebens wird bestimmt durch die Dur- bzw. Moll-Terz.

Die in Europa entstandene Musik des Barock, der Klassik und Romantik mit ihrer vielstimmigen, auf Terz-Harmonik aufgebauten modulierenden Sprache hat inzwischen die ganze Welt erobert; die chinesische Pentatonik und die Quinten-Musik anderer Länder bleiben dagegen grundsätzlich auf das eigene Land beschränkt.

Wenn auch heute in China – ganz besonders in den letzten Jahrzehnten – westliche musikalische Einflüsse unübersehbar sind und teils die alte Tradition durchbrechen, so wird im Landesinnern weitgehend an der Pentatonik festgehalten. Nur während der ca. 500 Jahre dauernden naturwissenschaftlichen Phase in China hat – auch nur inoffiziell – die bei uns übliche Tonleiter mit Grundton und kleiner Terz eine allgemeiner verbreitete Rolle gespielt (R. Wilhelm). Dann aber kehrte man wieder zurück zur alten Pentatonik.[1] Seit Jahrtausenden war in China ein Zwölfton-System mit Halbton-Abständen bekannt, also hätte man auch mit Leittönen, großer Septime, modulierend und mit den tonalen Bezügen musizieren können. Aber trotzdem wird nur der oben geschilderte Tonvorrat in der genannten Anordnung benutzt. Das Auffallende ist, daß dieses seit Jahrtausenden hoch kultivierte Land heute noch an der aus fünf Tönen bestehenden Musik festhält.[2] In zivilisatorischen Frühphasen ist die Pentatonik nichts Ungewöhnliches. Noch heute haben eine Reihe von Völkern, die jedoch weit unter dem zivilisatorischen Niveau Chinas stehen, ihre pentatonische Musik. Die alten Griechen hatten sogar zu ihrer Blütezeit eine auf der Pentatonik beruhende Musik.

---

1 Wir beschränken uns auf diese eng umschriebene Fragestellung. Eine detaillierte Darstellung vom musikalischen Standpunkt aus, was in China Musik bedeutet, findet sich in H. Pfrogner »Lebendige Tonwelt«, auch mit weiterführenden Literaturangaben.

2 Über die tiefgreifende damalige Wirkung der Musik berichtet der Historiker Szu-ma Ch'ien. Sogar ein Soldat, der ganz gewiß nicht allzu zart besaitet war, fiel in Ohnmacht beim Hören eines Halbtons!
Ähnliche Berichte gibt es auch aus anderen asiatischen Ländern oder aus dem alten Griechenland; zwar fiel man nicht mehr in Ohnmacht beim Hören eines Halbtons, aber die üblichen pentatonischen Tonfolgen hatten eine tief ins Seelische eingreifende Wirkung.

Einige Erzählungen und Überlieferungen

Der folgende Bericht ist dem Werke von Lü-shi ch'un-ch'iu, drittes Jh. v. Chr., »Frühling und Herbst des Lü Pu-wei« (5. Buch, 5. Kapitel) entnommen. Der weise Herrscher und Kulturheros Shen-nung, Erfinder des Ackerbaus (er war noch älter als der gelbe Kaiser), »befahl« seinem Untertan Ling-lun, Tonleiterpfeifen herzustellen. Es heißt, »Ling-lun hatte einen heiligen Berg bestiegen«. Dies ist im Okkultismus ein allgemein üblicher Ausdruck dafür, daß ein solcher Mensch durch Meditation fähig ist, Geistiges wahrzunehmen. So gelang es Ling-lun, die irdische zwölfteilige chromatische Tonfolge zu »erzeugen«, die jeweils wechselnd aus sechs Yin bzw. sechs Yang besteht. Außerdem hörte Ling-lun den Gesang der beiden Phönix-Vögel, des Weibchens und Männchens; sie sind die Repräsentanten, das kosmische Urbild der unsterblichen Menschenseele.

Offensichtlich war Ling-lun ein hoher Eingeweihter, denn nur ihnen ist es möglich, diese Musik zu hören. Daher war er auch fähig, die 12 »Ur-Lü« der himmlischen Musik als 12 Lü – ihre irdischen Repräsentanten – auf die Erde herabzubringen (R. Wilhelm, »Frühling und Herbst«, Anmerkungen zu Buch 6/1, S. 480).[1]

Da je sechs Yin und Yang den 12 Lü immanent sind, stehen auch die 12 »Organe« unter ihrer Einwirkung (siehe Kap. »Medizinische Kunst in China«). So wird der Mensch zu einem Instrument von ursprünglich dem Sein entstammenden Harmonien[2]. Ob seine »Organe« Tonquellen sind, die nur physischen Ohren nicht vernehmbar sind? Sollte der erheblich Verstimmte, der sogenannte Geisteskranke, der ganze Chöre aus sei-

---

[1] Steiner berichtet von einer chinesischen Legende, die den Menschen darstellt als eine Art Lyra, auf deren Saiten sich die fünf Planeten herabsenken. »Über dem Ganzen schwebt, sich herabsenkend aus dem geistigen Weltenall, der Stimmer dieses Instrumentes: der Vogel Phönix, die unsterbliche Menschenseele«. Kurz davor heißt es, daß das »Innere des Menschen so organisiert wird im Sinne eines ideellen, aber im Menschen sehr realen musikalischen Instrumentes« (GA 283, S. 99; siehe Pfrogner, »Lebendige Tonwelt«, S. 62f).

[2] Die gleiche Auffassung, in moderner Sprache ausgedrückt, finden wir bei Steiner in Vorträgen von 1908: »Das ursprüngliche Protoplasma, Eiweiß, hat sich gebildet aus dem Weltenstoffe, der sich gebildet hat aus den Harmonien der Weltenmusik. Und so sind die Stoffe im Lebendigen angeordnet im Sinne der Weltenmusik« (GA 102, S. 90).

nem Inneren heraustönen hört, seine eigenen verstimmten Organstimmen hören?[1]

Werden beim Kranken – ob durch Kräuter oder Nadeln – die regulären Einwirkungen von Yin, Yang wiederhergestellt, so ist dieses gleichzeitig ein Zurückführen in die harmonikalen Gesetze des Gesunden.

Auf derartige Zusammenhänge deuten heute noch Ausdrücke unserer Umgangssprache. Ein Mensch ist »harmonisch« oder, wenn sich zwei Menschen gut verstehen, harmonieren sie miteinander. Es gibt auch »zart besaitete« Menschen. Oder jemand ist mißgestimmt oder verstimmt, man kann auch eine Magenverstimmung haben. Oder bei jemand stimmt es, oder es stimmt nicht. Oder einer versucht, jemand anderen umzustimmen.[2]

Wer denkt heute noch daran, daß unser Wort »Persönlichkeit« das lateinische Verb »personare« – hindurchklingen – enthält.

Eine Mythe berichtet, daß »Zur Zeit der großen Eingeweihten[3], als noch ›höchste Vernunft auf Erden herrschte‹, der Atem von Himmel und Erde in Einklang war und die Winde erzeugte. Immer, wenn die Sonne an einen bestimmten Punkt kam, so gab der Mond dem Wind einen Klang, und auf diese Weise wurden die zwölf Tonarten erzeugt. Im mittleren Wintermonat ist der Tag am kürzesten, dadurch wurde Huang Dschung (chinesischer Kammerton) erzeugt.« Wir lassen offen, ob die Mythe galt, ehe Ling-lun die 12 Lü der Erdenwelt eingliederte. Gab es vielleicht Zeiten, während derer Töne auf der Erde von diesen kosmischen Verhältnissen abhängig waren?

Ebenso drückt die folgende Geschichte die Vertrautheit des Menschen mit kosmisch-irdischem Geschehen aus. Im selben Buche von Lü-shih ch'un-ch'iu heißt es, daß zur mythischen Zeit des Kaisers Shen-nung viele

---

1   Daß ein nicht Geisteskranker, ein Meister, physisch-sinnlich nicht wahrnehmbare Töne hören kann, wird uns im Kapitel »Meister Chang« beschäftigen.
2   Im Grimmschen Wörterbuch (Bd. 25) wird noch von »mißgebildeten, verstimmten« oder »ungebildeten, groben Organen« als gebräuchlichen Ausdrücken in der Literatur gesprochen. Solche bildhaften Formulierungen verschwinden heute mehr und mehr aus dem allgemeinen Sprachgebrauch.
3   Das entsprechende chinesische Wort wird meist mit »Heiliger« übersetzt; da dieses Wort in unserem Kulturkreis mit einem anderen Vorstellungsinhalt behaftet ist, haben wir es stets mit Eingeweihter übersetzt.

Winde bliesen und solch ein Übermaß an Yang herrschte, daß sich alles auflöste. Da stellte ein Untertan eine fünfsaitige Harfe auf, um die Yin-Kräfte herbeizuholen und damit alles Lebendige zu festigen.

Warum hat die Harfe fünf Saiten? Diese Frage wird am Ende des Kapitels deutlich (siehe Kap. »Tao und die Pentatonik«). In China gibt es Instrumente, die sehr viele Saiten haben, aber ausgerechnet diese »Harfe«, die kosmische Yin-Kräfte herbeiholen sollte, hat fünf Saiten. Wird hier das Geheimnis der Konstitution, das wir später besprechen, berührt?

Gewiß aus dem ursprünglich lebendigen Empfinden solcher Zusammenhänge haben die Bauern bis vor wenigen Jahrzehnten auf ihren Reisfeldern Glöckchen aufgehängt. Hängen sie vielleicht auch heute noch im Innersten des Landes?

Wie tief die Fünfton-Musik im Wesen der Chinesen verwurzelt ist, geht aus einer in mythische Zeiten zurückreichenden Heiratsgeschichte hervor: Als erster Ton kann beispielsweise das c angenommen werden – der Yang zugehörig ist. Er verheiratet sich mit dem g – Yin. Aus dieser Ehe entsteht ein Sohn d – Yang –, der sich mit dem a – Yin – verheiratet. Aus dieser Verbindung geht das e – Yin – hervor, jedoch darf sich dieser Enkel wegen des sonst gefährdeten »Wohlklangs« nicht wiederum verheiraten. Täte er es, dann stünde h zu c in einem halbtönigen unerlaubten Spannungsverhältnis.

So konsequent die pentatonische Tonfolge eingehalten wird, ist doch erstaunlich, daß sie auf jedem beliebigen Halbton aufgebaut werden kann. Sogar die 12 Monate des Jahres werden jeweils einem der 12 Lü zugeordnet. Jedoch darf diese Zuordnung nicht starr aufgefaßt werden, es handelt sich stets um Aspekte und Bezüge, denn die Monate wechseln in der Tonzuordnung jeweils zwischen Yin und Yang, je nachdem, ob sie dem Frühling und Sommer – Yang – oder Herbst und Winter – Yin – zugehörig sind. Es erhält jeder Yin- oder Yang-Ton der zwölfstufigen Halbtonleiter durch die jeweilige Jahreszeit seinen ihm zugehörigen Charakter (siehe auch Pfrogner, S. 80). Da nun, wie wir oben erfahren haben, der Mensch in vielfältiger Art zwischen Yin und Yang pendelt, die auch die 12 Lü enthalten, so wird er zu einem musikalischen Instrument.

Jahrtausende später, nach der Tat von Ling-lun, läßt Lü-shih ch'un-ch'iu sein Kapitel »Aufzeichnungen über die Musik« mit den Worten beginnen: »Die Töne entstehen im Herzen des Menschen«, ihre Bewegungen werden »von den Außendingen veranlaßt«. Der inzwischen individualisierte Mensch kann nun aus der alles Erdengeschehen durchklingenden Musik seine ihm zugehörigen Töne im Herzen entstehen lassen. Daß sie in keinem anderen Organ als dem Herzen entstehen, gehört zu den verborgensten Herzgeheimnissen.

In der Gegenwart drückt sich noch etwas von der Weite ursprünglichen Musikerlebens aus in der Art, wie auf Instrumenten gespielt wird. Im Folgenden zeigt sich die Verschiedenartigkeit östlicher und westlicher Wahrnehmungswirklichkeiten.

Auch heute hat ein »einzelner« Ton, je nachdem, wie er hervorgerufen wird, seinen Yin- und Yang-Charakter bzw. kann zwischen beiden hin- und herweben, einmal mehr Yang, das andere Mal mehr Yin betonend. Der Ton wird auch weniger als Tonort mit akustisch klar definierter Tonhöhe angesehen, erlebt bzw. gespielt, sondern mehr als Ton-Sphäre: ein Ton ist ein breites Feld, in dem der Musiker auf- und abgleitet, vibriert und Schleifen bildet. Wir dagegen meinen, ein c^1 sei immer nur ein c, aber jeder erkennt, daß beispielsweise das c einer Moll-Tonart einen unterschiedlichen Charakter hat gegenüber demjenigen einer Dur-Tonart. Bleibt ein c streng genommen immer nur ein c? Physikalisch gemessen wohl, aber auch musikalisch gehört?

Diese chinesischen Textstellen sind Zeugnis einer weit zurückliegenden, umfassenden übersinnlichen Schau, die Grundlage des Natur- und Menschenbildes Chinas ist, auch wenn sich heute meist nur konventionell erstarrte Sitten und Gebräuche davon erhalten haben.

In den nächsten Kapiteln müssen die Voraussetzungen geschaffen werden, um zu verstehen, warum die pentatonische Musik so eng mit dem chinesischen Wesen verknüpft ist. Um dieses schwierige Problem durchleuchten zu können, ist ein großer Umweg erforderlich – der größte des ganzen Buches! Zunächst muß nämlich die Frage beantwortet werden: Wie wurde der Mensch zwischen dem höchsten geistigen Prinzip, dem TAO, und der Erdenwelt eingeordnet? Und in welcher Beziehung steht er zu ihm?

---

1 Hierbei spielt das Klavier eine unselige Rolle. Andererseits kann gerade auf dem Klavier geübt werden zu hören, welche Tendenz der Spieler dem jeweiligen Ton gegeben hat; diese Anschlagskunst wird von bedeutenden Pianisten auch angewandt, so entsteht wiederum ein gewisses Tonumfeld.

Die vier Himmelsrichtungen, Yin/Yang und TAO

Bis jetzt haben wir darüber berichtet, daß Yin und Yang, aus dem Himmel stammend, in das gesamte Erdengeschehen eingebunden sind. Nun gibt es aber auch Angaben darüber, aus welchen Richtungen sie einwirken. Wir werden sehen, wie eng verknüpft diese Kräfte, bis in das tägliche Leben des Menschen hereinwirkend, erlebt wurden. Werden sie auch heute noch erlebt?

Der Osten wird im Zusammenhang mit der Geburt gesehen, der Westen mit dem Tode. Vielleicht deshalb, weil in Ost und West die Gestirne auf- und untergehen? Dem Norden wird das Mysteriöse, Geheimnisvolle, Dunkle zugeordnet. Damit wird auch die große Bedeutung des Polarsterns ausgedrückt, der als einziger Stern unverrückt am Himmel steht. Um ihn dreht sich die ganze Welt. Deshalb ist noch heute in traditionell eingestellten Familien der Ehrenplatz, ebenso wie die Altäre, im Norden. Ob auf die Familienrunde oder auf den in einen Tempel Eintretenden geblickt wird, stets wird die Richtung von Norden nach Süden eingehalten. Ebenso ist der Platz des Kaisers im Norden, ja er kann sogar Richtungshinweis sein, wo Norden ist.

Betrachten wir, welche Bedeutung die vier Himmelsrichtungen in China haben, so zeigt sich, daß sie alle wesentlichen Ereignisse des menschlichen Lebens einschließen. Physiologisch: von Ost bis West, von Geburt bis Tod. Geistig: vom Norden aus; und schließlich heißt es vom Süden: »Gott ... läßt die Geschöpfe einander erblicken« (in R. Wilhelm, »I Ging«, S. 249). Ob unter »erblicken« *erkennen* verstanden wird? Dies wäre möglich, ist doch der Süden Yang, dem Feurigen, Ichhaften zugeordnet. Beherrscher dieses Erlebniskomplexes ist das TAO.

Die Aussprüche über TAO von Lao-tzu oder aus dem I-Ching sind so bekannt, daß man sie zum westlichen Bildungsstandard rechnen kann. Wir bringen einzelne Angaben zum TAO, die in diesem Zusammenhang sinnvoll erscheinen.

»Einmal Yin, einmal Yang, das ist TAO.« (In R. Wilhelm, »I Ging«, S. 275.)

»Alle Geschöpfe der Welt entstehen im Sein, das Sein entsteht aus dem Nichts.« (Lao-tzu, Spruch 40) »Was über dem Gestaltlichen steht, ist TAO; was dem Gestaltlichen unterliegt, ist das Gefäß.« (In R. Wilhelm, »I Ging«, S. 299.)

»Yin und Yang, das sind TAO (der Weg) von Himmel und Erde, sind Gesetz und Ordnung aller Wesen, sind Vater und Mutter der Veränderungen und Umgestaltungen, sind die Grundlage hin zum Leben und Tod, sind das Schatzhaus der Geist-Klarheit.« (»Su-wen«, Kap. 5)

»Das Große TAO ist gestaltlos, indessen erschafft es Himmel und Erde. Das Große TAO ist ohne Gefühlsregung, indessen setzt es Sonne und Mond in Umlauf. Das Große TAO ist namenlos, indessen läßt es alle Geschöpfe gedeihen.« (»Ch'ing-ching ching«, ca. 8. Jh. n. Chr., siehe auch Kap. »Meister Chang«.)

TAO und die Pentatonik

Den 12 Lü – Yin und Yang – ist das höchste Prinzip, das TAO, übergeordnet. An dieser Stelle soll die Verknüpfung des TAO mit der Schöpfung bzw. mit dem Menschen geschildert werden.

Es senken sich auch die kosmischen Urbilder des Weiblichen und Männlichen[1], als Abbilder – Yin und Yang – aus den vier Himmelsrichtungen in die gesamte Erdenwelt hinein. Dieser Vorgang sieht als Kreiszeichnung so aus:[2]

---

[1] Yin und Yang sind die *Ur*bilder des Weiblichen und des Männlichen und dürfen nicht mit deren physischen Erscheinungsbildern verwechselt werden.

[2] Zur Verdeutlichung sind die chinesischen Angaben von uns in Kreisform angeordnet. - Aus diesem umfassenden Erlebniskomplex ist unsere abstrakte Windrose geworden, die qualitätslos die vier Himmelsrichtungen anzeigt.

Yin, Yang werden bestimmte Töne zugeordnet. Es ergibt sich folgende Zeichnung.

Diese Zeichnung ergibt ein Bild der kosmischen Einwirkung von Yin und Yang zu den wichtigsten, weiter oben aufgeführten, Beziehungen des und dürfen nicht mit deren physischen Erscheinungsbild verwechselt werden!

So wird in Kurzform dargestellt, daß h der Geburt, a dem Tode, e dem Geistigen, Geheimnisvollen, d dem Ich-haften zugeordnet sind. Dieses ist also eine Schlußfolgerung, die auf Grund der bisherigen Angaben gezogen werden kann.

Von den Aussagen Steiners über das TAO waren zwei Vortragsstellen auslösend dafür, daß der Zusammenhang zwischen Intervallerleben und Konstitution entdeckt wurde. Betrachtet man die von Steiner angegebene Tonfolge, so entspricht sie genau den alten chinesischen Angaben. Hier tritt uns ein Phänomen entgegen, dem wir in späteren Zusammenhängen auf gleicher Ebene wieder begegnen werden.

Das Wissen der Töne des TAO aus mythischen Zeiten *kann* nur hohen Eingeweihten möglich gewesen sein. Nur sie konnten auch die Fähigkeit haben, formelartig in okkulter Verschlüsselung das Prinzip der Verknüpfung des Menschen mit kosmischen Kräften darzustellen. Das erstaunliche Phänomen ist, daß Jahrtausende später in einem fernen Kulturkreis ein anderer gleiche Angaben über die Töne des TAO macht.

Würde man den Tönen h-a-e-d das g hinzufügen, so hätte man eine vollständige pentatonische Tonfolge. Die vier Töne sind Ausdruck des kosmischen Geschehens, erst der fünfte Ton ergibt den Erdenbezug.

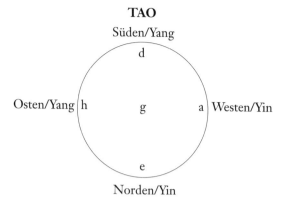

Eine Hypothese sei zum Abschluß ausgeprochen, genauer begründet kann sie erst werden im geplanten zweiten Band über die Wandlungsphasen: »Die Leber ist Holz«. Das Grundprinzip der Wandlungsphasen zeigt sich bereits in den vorhergehenden Zeichnungen.

Nach der Auseinandergliederung der einzelnen Bezüge wird im zweiten Band die hypothetische Behauptung ganz verständlich werden. Trotzdem sei riskiert, die Angaben – sozusagen als Frühgeburt vorwegzunehmen, weil sie für unseren jetzigen Gedankengang wichtig sind. Eine ganz besondere Wandlungsphase ist diejenige, die das g zum Mittelpunkt hat. Es ist das Empfangende, das Zentrum des Geschehens, das die Töne des TAO empfängt. Dieses g ist stellvertretend für den Menschen. Daraus folgt: kosmische Kräfte zusammen mit dem Menschen bilden eine pentatonische Tonfolge. Diese *eine* Wandlungsphase ist eine urbildliche Darstellung des für China geltenden Schöpfungskonzeptes, das den Menschen nach einem musikalisch-pentatonischen Prinzip aufgebaut hat. Hierin liegt die eigentliche Ursache dafür, daß der »Enkel« – das e – nicht mehr heiraten durfte, denn der zweite Quintenschritt (h) würde als Halbton zu c das gegebene konstitutionelle Konzept durchbrechen (s. S. 55).

Es sind Geheimnisse des menschlichen Organismus, seiner Konstitution[1], denen wir nun nachgehen. Erst wenn wir versuchen, uns an sie

---

1 Constituere: zusammensetzen. Hat eigentlich jemand nachgeforscht, wer oder was zusammengesetzt wird? In späteren Kapiteln werden wir darauf eine Antwort bekommen.

heranzutasten, werden wir eine Antwort finden, warum in China zwar seit alters her alle Töne bekannt waren, aber nur fünf erlebt werden *konnten*. Um diese Antwort zu finden, muß, wie schon in der Einleitung betont wurde, schichtenweise vorgegangen werden. Anders ausgedrückt: der Leser muß einen weiten Umweg mitmachen, ehe die »feine« Konstitution, wie sie von Steiner angegeben wird, derjenigen, wie sie seit eh und je in China gilt, gegenübergestellt werden kann.

II. Warum wurde die heutige Naturwissenschaft in Europa »erfunden« und nicht in China?

Kontroverse Auffassungen

China hat keine Naturwissenschaft hervorgebracht

Bereits diese Formulierung zeigt eine westliche Einstellung der Beurteiler. Ist aber die in Europa entstandene Naturwissenschaft die einzig mögliche?

Jean-Pierre Voiret, ein zeitgenössischer Schweizer Sinologe, vertritt die Auffassung, der turbulente, dramatische Mongoleneinbruch im 13. Jahrhundert habe die begonnene Wissenschaftsentwicklung abrupt unterbrochen. China habe damals von seinen 110 Millionen Einwohnern 50 Millionen verloren! Ein Teil der gebildeten Oberschicht habe sich nach Europa gerettet. Das Regime der ursprünglichen mongolischen Stammeshäuptlinge habe kein geeignetes Milieu für wissenschaftliche Forschung abgeben können (Cerutti, S. 24).

Voirets Erklärung bleibt unbefriedigend, denn es liegen Jahrhunderte zwischen damals und heute. Längst hätte die Entwicklung zur naturwissenschaftlichen Denkweise erfolgen können; warum geschah es nicht? Wo sind die hemmenden Faktoren zu suchen? In Europa hat sich die Naturwissenschaft in harten Kämpfen ohne jegliche breite soziale Abstützung durchgesetzt.

Ein Wissenschaftsjournalist – Cerutti (»China – wo das Pulver erfunden wurde«, S. 23) – meint, der zyklische Zeitbegriff der Chinesen habe die Entwicklung des modernen Forschungsstils verhindert. Er gibt zu bedenken, daß im Europa der Renaissance (also nach Beginn der naturwissenschaftlichen Denkart, d. Verf.) der »Glaube an eine streng lineare und ständig fortschreitende Zeit« die Bedingung zur Entwicklung des modernen Forschungsdenkens gewesen sei. Erst auf dieser Grundlage sei das Konzept der Kausalität möglich (Cerutti, S. 24).

Ein wesentliches Hemmnis für die Entwicklung des modernen Forschungsstils liegt tatsächlich im Zeitbegriff der Chinesen. Er ist einerseits zyklisch, andererseits qualitativ und nur in Ansätzen linear. (Über diese Ansätze vgl. Needham: »Time and Eastern Man« in »The Grand Titration«, S. 218ff.) Cerutti läßt die Frage offen, *warum* in China sich kaum eine lineare Zeitauffassung durchgesetzt hat. Sind aber nicht westlicher und östlicher Zeitbegriff Ausdruck einer bestimmten Seelenhaltung? Nun wollen wir versuchen, so kurz wie möglich, uns ein Bild zu machen von der zyklischen, qualitativen Zeiteinteilung Chinas.

Verwirrende Zeitberechnungen

Für alle westlichen Zivilisationen ist eine fortlaufende Jahreszählung, ausgehend von einem festgesetzten Zeitpunkt – z. B. Christi Geburt, die Hedschra[1] –, verbindlich. Ganz anders verfuhr man in Ostasien. Zur Jahreszählung gab jeder Kaiser seiner Regierungszeit einen Namen. Bis 1386 wechselten die Kaiser sogar mehrmals die Namen ihrer Regierungszeit, aber es gab auch innerhalb dieser Zeit nochmals Einteilungen der verschiedenen Phasen, zum Beispiel: »Großer Friede« oder »Große Einheit«. Übrigens haben die Japaner diese Art der Zeiteinteilung von den Chinesen übernommen und praktizieren sie bis heute. 1993 heißt Seihei 5: Gewordener Friede, die Zahl Fünf steht deshalb dahinter, weil der neue Kaiser 1989 seinen Thron bestiegen hat. (Natürlich wird die offizielle Korrespondenz mit dem Westen nach der üblichen linearen Zeitberechnung datiert. Was sollte sich auch ein westlicher Industriekonzern unter Seihei 5 vorstellen?)

Wie oft war China während seiner Geschichte gleichzeitig in mehrere Teil-Kaiserreiche geteilt! Dadurch wurde die Zeitberechnung zu einem für uns unüberschaubaren Abenteuer. Denn durchreiste man die verschiedenen Reiche, kam man jeweils in eine »andere Zeit«. Beispielsweise hieß unser Jahr 1160 im Norden T'ien-sheng 12, im Nordosten Cheng-lung 5, im südlichen Sung-Reich zählte man aber Shao-hsing 30; um die Verwirrung zu vollenden, hatte der Kaiser des nordwestlichen Reiches Hsi-liao seine Regierungszeit ebenfalls Shao-hsing genannt, aber

---

1   Aufgrund einer Vision Mohammeds im Jahre 622 beginnt die Jahreszählung des Islam.

weil er später war, zählte man dort erst Shao-hsing 10; eine Reise nach Japan hätte einen schließlich ins Jahr Kaô 2 versetzt. Wie dieses Beispiel zeigt, ist es tunlich, dem Namen einer Regierungszeit jeweils den Namen des Reiches beziehungsweise der Dynastie voranzustellen, denn manche Namen wurden öfter auch zu ganz verschiedenen Zeiten für eine Regierungszeit gewählt. So kann T'ai-p'ing (großer Friede) die Zeitabschnitte 256–258, 409–430, 556–557 oder 1021–1031 bezeichnen!

Neben dieser qualitativen, geschichtsbezogenen Zeitberechnung gab es eine rein zyklische, die gleichzeitig benutzt wurde! Sie kehrt nach je 60 Jahren wieder. Man zählte aber nicht einfach von 1 bis 60, sondern verband je ein Schriftzeichen aus einer Reihe von 12, den »Erdästen« (Ti-chih), mit einer Reihe von 10 Zeichen, den »Himmelsstämmen« (T'ien-kan) in bestimmter Weise zu 60 verschiedenen Verbindungen aus zwei Schriftzeichen. Dabei ist die Zahl 12 kosmisch am Umlauf des Jupiter orientiert, der auch »Jahres-Stern« heißt – seine Umlaufzeit beträgt nahezu 12 Jahre. Dieselbe zyklische Bezeichnung wird auch auf die Tage angewendet, so daß auch jeder 60. Tag gleich bezeichnet wird. Der Rcihe der 12, die sowohl für die Zählung der 12 (Doppel-)Stunden des Tageslaufs verwendet wie auch den Monaten zugeordnet wird, entsprechen auch 12 Tiere. Die Reihe der 10 sind in Paaren von je einem Yin und einem Yang den fünf Wandlungsphasen oder Elementen zugeordnet. Durch diese Zuordnung ist jedes Jahr und jeder Tag qualitativ charakterisiert. Diese Charakterisierungen sind noch heute jedem Chinesen vertraut, und man orientiert sich im Volk auch danach. Populäre Kalender – ganz ähnlich wie in westlichen Boulevard-Blättern – geben für jeden Tag Empfehlungen bezüglich der Handelsgeschäfte, des Heiratens, großer Reisen etc.; so kann man für alle bedeutungsvollen Unternehmungen den günstigsten Tag bestimmen. Ein »Drachenjahr« (eine Jahresbezeichnung, die das fünfte Zeichen der Zwölferreihe mitenthält) ist ein besonders günstiges Geburtsjahr; deshalb zeichnen sich diese Jahre durch einen Geburtenboom aus. Hat der Leser bis jetzt noch nicht jede Orientierung verloren, so lebt vermutlich in ihm eine chinesische oder japanische Seele!

Weder die politisch-historisch geprägte noch die zyklisch kosmische Jahreszählung ließen den Gedanken eines Weltenziels aufkommen. Daher war der Blick auch nicht vorwärts in den Fortschritt gerichtet, sondern in die Vergangenheit, in der man seine Ideale fand und die es wiederherzustellen galt. Darin ist auch das große Interesse an der Geschichte begründet, denn aus ihr erklärt man das Zeitgeschehen und seine Argumente für die politischen Debatten.

Geschichte in diesem Sinne ist die ausgeprägteste Wissenschaft der Chinesen. Sie schrieben unermüdlich alle Ereignisse auf, jeder Herrscher und jede bedeutende Persönlichkeit wurde biographisch genau erfaßt. Zu Beginn einer jeden neuen Dynastie zeichnete man sorgfältig die Geschehnisse der vorangehenden in vielbändigen Annalen auf. Diese offiziellen Reichsgeschichtswerke wurden noch durch lokale Annalen ergänzt, die zusammengenommen aus tausenden von Bänden bestehen.

Der Verlauf der Geschichte wird qualitativ aufgefaßt. Mit dieser Jahreszählung ist es unmöglich, in Jahrhunderten oder Jahrtausenden zu rechnen. Man kann nur etwa von der T'ang- oder Ming-Dynastie sprechen, nicht aber vom 8. oder 15. Jahrhundert. Dabei bleiben auch die zeitlichen Abstände im Bewußtsein weitgehend vage, denn um genau festzustellen, wieviele Jahre vom Beginn der T'ang- bis zum Beginn der Ming-Dynastie liegen, müßte man erst langwierige Berechnungen vornehmen.[1] Tatsächlich hat das aber niemanden interessiert. Schließlich bleibt T'ang T'ang und Ming Ming, einerlei, ob dazwischen 1000 oder 500 Jahre liegen. Diese Seelenhaltung ist verankert seit frühesten Zeiten, denn nicht nur mythische, sondern auch historische Berichte belegen die ursprüngliche Weisheit und Bedeutung der Kaiser als Impulsatoren geistiger Entwicklungsströmungen. Der Kaiser als »Sohn des Himmels« war eine zentrale Bezugsperson für das ganze Volk; die vielen komplizierten, um ihn herum aufgebauten Zeremonien unterstrichen – etwas verschämt gilt dies auch noch heute – seinen himmlischen Ursprung. Alles, was ein Kaiser an Taten vollbrachte, war mit vielen Gefühlserlebnissen verknüpft. So wird die Vorrangstellung der Regierungszeit eines Kaisers (bzw. ganzer Dynastien) verständlicher. Der mit seiner Person und seinem Wirken verknüpfte Gefühlskomplex war entscheidend, eben dadurch wurde die »Zeit« charakterisiert.

---

[1] Das geschieht auch, denn im Westen wäre außer Sinologen niemand fähig, sich eine Zeitvorstellung zu bilden, wann ein Ereignis in China stattgefunden hat. Seit vielen Jahren bestehen deshalb Zeittabellen, die westliche Zeitberechnungen Jahr um Jahr der chinesischen gegenüberstellen, sogar für chinesische Gelehrte!

Rudimente eines qualitativen Zeitbewußtseins im Westen

Gewiß kann auch einem heutigen westlichen Historiker das Bild einer Epoche vor Augen stehen, ohne sie sofort mit Zahlen zu benennen: die Zeit Maria Theresias oder Karls des Großen. Für unsere Vorstellungen ist es sehr schwierig, auf das Gerüst der fortlaufenden Jahreszahlenangabe gänzlich zu verzichten. Jedoch Andeutungen eines solchen qualitativen Zeiterlebens können heute noch bei der älteren Landbevölkerung beobachtet werden. Fragt man ältere Bauern, wann erschütternde, einschneidende Lebensereignisse stattgefunden haben, antworten sie keineswegs mit einer Jahreszahl. Sondern man erlebt mit, wie das Gesicht lebendiger wird beim Auftauchen der Erinnerungsempfindungen: Das war, als meine Mutter so krank war – wir in der Heuernte waren – die Äpfel ernteten – das und das passiert ist und und und … Erst dann, nach einem weiteren Besinnungsmoment, erscheint die Jahreszahl. Nicht nur von Bauern, auch von manchen anderen sind solche empfindungsdurchzogenen Zeitangaben zu hören. Wie beispielsweise »als der Krieg zu Ende war« oder »nach der Währungsreform«, häufig kombiniert mit der bissigen Bemerkung »da war plötzlich alles in den Läden zu kaufen, aber wir hatten ja kein Geld mehr«. Vielen ist auch die Katastrophe von Tschernobyl in die Seele gefahren: »Seit damals ist meine Kleine kränklich.«

Durch jahreszeitlich bedingte Mißempfindungen kann der Arzt biologische Gegebenheiten und die Einstellung des Patienten zu Naturvorgängen erschließen. Der Magengeschwür-Aspirant hatte schon seit Jugend im Frühjahr und Herbst »brüllenden Hunger« oder »Brennen in der Magengegend«. Ein typischer Ausspruch ist »ausgerechnet im Sommer in den großen Ferien habe ich Schnupfen«, – das ist natürlich der Heuschnupfen-Patient. Ein Hinweis, zu welchen Krankheiten der Patient tendiert, ist die Angabe: »im Sommer, wenn's heiß ist, geht's mir am besten«, oder »gerade im Winter fühle ich mich am wohlsten«. Die erste, relativ große, Gruppe sind die zu Sklerosen oder sogar zu Krebs Neigenden. Ist allerdings die Verkalkung bereits manifest, so scheuen diese Menschen die Hitze, weil die Gefäße zu starr geworden sind, um die reaktive notwendige Durchblutungssteigerung zu erzeugen. Die zweite, heute relativ kleine, Gruppe sind die zu Entzündlichkeiten und Temperaturerhöhungen Neigenden bis zur Tuberkulose.

Die Jahreszeitenangaben im Zusammenhang mit gesundheitlichen Störungen werden vor allem von denjenigen beobachtet, die sie noch erleben. Die anderen, macht man sie auf den Zusammenhang aufmerksam, reagieren erstaunt: »Ja, das ist tatsächlich im Frühjahr und Herbst«, sogar auch dann, wenn sie die entsprechenden Monate angegeben haben! Diese Reaktion erlebt man besonders bei denjenigen, die die Monate mit Wochenzahlen benennen, zum Beispiel zweiter Februar = 5. Woche. Für sie sind die charakteristischen, jahreszeitlich bedingten Erlebnisse der Monate zum Abstraktum geworden.

Die zuerst Genannten sind aufmerksamere Menschen- und Naturbeobachter als die zielstrebigen, vielwissenden Intellektuellen; diese haben sofort die Jahres- oder Wochenzahl parat. So wenig die ersteren Fähigkeiten zum naturwissenschaftlichen Denken in sich tragen, so sehr kann man sie den letzteren zutrauen.

China hat die Naturwissenschaft hervorgebracht

Needham, ein heute fast 90jähriger englischer Biochemiker, arbeitet seit mehr als 50 Jahren über China. Sein großes Wissen soll in 25 projektierten Bänden, von denen 14 erschienen sind, veröffentlicht werden.

Needham ist ein ebenso ausgezeichneter Kenner chinesischer wie auch europäischer Geistesgeschichte. Das Erstaunliche und Widersprüchliche ist seine Überzeugung von der überragenden Bedeutung westlichen naturwissenschaftlichen Denkens, deren Betrachtungsart leitend für seine Bewertung chinesischer Leistungen ist. Und doch bildet er für die frühen Entdeckungen Chinas einen neuen Begriff, nämlich »Proto-Wissenschaft«. Sowohl die moderne Naturwissenschaft Europas als auch die »Proto-Wissenschaft« in China seien zu gleichen Zielsetzungen bestimmt gewesen.

Entgegen der Meinung mancher Chinaforscher, die zyklische Zeitberechnung sei das Hindernis für China gewesen, die neue Naturwissenschaftsrichtung einzuschlagen, vertritt Needham eine modifizierte Auffassung. Seitdem 1912 die Republik ausgerufen wurde, das Kaiserhaus ein machtloses Schattendasein führte, wurde die westliche lineare Zeitberechnung im Geschäftsleben eingeführt. Im Welthandel wäre das aufsteigende Industrieland China hoffnungslos ins Hintertreffen geraten, wenn die traditionellen Zeitangaben weiterhin gegolten hätten. Aber dieses System erstand nicht aus dem Land selbst.

Eine der Hauptfragen Needhams ist: »Warum waren die Chinesen den anderen Kulturen so weit voraus?«, »Warum sind sie nicht auch heute noch wie in früheren Jahrhunderten weiter als die übrige Welt?«.

Seine nie bewiesene These ist: »Die Wiege der Naturwissenschaft stand in China und nicht in Europa«, »… Europa hat ihr Erbe angetreten.« Inzwischen haben Sinologen und Historiker die Beziehungen zwischen China und Europa genauestens durchleuchtet – irgendwann hätte China als Ursprungsland der Naturwissenschaft entdeckt werden müssen. Needham meint, vermutlich würden auch aus anderen östlichen Ländern, wenn sie erst einmal genauer untersucht worden wären, ähnliche Ergebnisse zutage treten wie in China. »Provinzieller Dünkel im Westen hat natürlich immer versucht, den Anteil Chinas an der Entwicklung Europas herunterzuspielen.« Den »Durchbruch (zur Naturwissenschaft; d. Verf.), wie er in Europa stattfand« und das »weitere Wachstum« verhinderte Chinas »bürokratischer Feudalismus«, der anfänglich die Wissenschaft in großem Maße förderte, dann jedoch hemmte. Das Bildungsideal dieses übermächtigen Beamtenwesens erstreckte sich vornehmlich auf eine klassische, humanistische Bildung, Dichtung und Geschichte, es war ja durchaus nicht auf Naturbeobachtungen ausgerichtet. Die Äußerungen Needhams sind dem Vorwort zu R. K. G. Temple, »Das Land der fliegenden Drachen«, entnommen. Eine stichwortartige Kritik des Buches ist im Anhang zu finden (siehe Anhang, Anmerkung 2).

Needham stellt eine weitere Frage im Vorwort: »Warum fand die wissenschaftliche Revolution, die Geburt der modernen Wissenschaft, nur in Europa statt?« Diese Frage ist auch unser Anliegen.

Fortschrittliche Impulse werden immer wieder gehemmt, zum Durchbruch gelangen sie nie. Oder doch? Denn es gab eine Zeit, die wir die naturwissenschaftliche Zwischenphase genannt haben und die nun betrachtet werden soll.

Naturwissenschaftliche Zwischenphase

In China hat es vor allem über ca. 500 Jahre (von ca. 800–1300 n. Chr.) eine gewisse naturwissenschaftliche Einstellung gegeben. Doch nie wurde wie in Europa allmählich der überwiegende Teil der Bevölkerung davon durchdrungen. Daher bleibt diese Interimsphase in sich widersprüchlich. Diese Epoche ist insofern mit unserer Renaissance vergleichbar, als die konfuzianisch geprägte Gebildeten-Schicht sich auf die klassischen Quellen des Altertums zurückbesann und eine Reinigung der Philosophie von allen taoistischen »Verwässerungen« vornahm. Daher ist der übliche Ausdruck »Neokonfuzianismus« angemessen und der Vergleich mit der Renaissance naheliegend.

Ein Monument für die chinesische Meisterschaft im Sammeln und Aufschreiben alles Geschehenen ist die – gewiß umfänglichste – Enzyklopädie der Welt, die auf kaiserlichen Befehl entstanden ist und erst von 1403–1407 zusammengestellt wurde. Sie umfaßt ca. 12 000 Bände, die aber gar nicht erst gedruckt wurden – weil sie viel zu umfangreich waren –, sondern nur handschriftlich niedergelegt wurden. Nur etwa 100 Bände existieren heute noch von diesem Riesen-Werk.

Die Beschreibungen der Pflanzen und die der Metalle der damaligen Zeit zeugen von einem hohen Wissensniveau und einer naturwissenschaftlichen Denkhaltung, die sich in einer diffizilen, tatsachengetreuen Beschreibung von Naturbeobachtungen ausdrückt. Einer der bedeutendsten Verfasser einer umfassenden kritischen Pflanzenbeschreibung, der Arzt Li Shih-chen (1600), betrachtet die Pflanzen und Mineralien stets in bezug auf den kranken Menschen, inwieweit Pflanzen oder Metalle als Heilmittel anwendbar sind.

In philosophischen Veröffentlichungen verschwindet die Anerkennung der Reinkarnation, die sich mit der Aufnahme des Buddhismus weit verbreitet hatte. Man wandte sich innerhalb der offiziellen Beamten-Gilde bis hinauf zum Kaiserhof mehr und mehr zurück ins vorbuddhistische Altertum, zum »unverfälschten China«, wo sich diese Idee nicht explizit findet. Von den tonangebenden konfuzianischen Philosophen, allen voran Chu Hsi (1130–1200) wird das Leben als eine Verdichtung von Ch'i gesehen. In dieser Verdichtung kommen Ch'i, hier als ungeformte, materielle Grundlage aufgefaßt, und Li, das formende Grundprinzip, konkret zusammen. Nach dem Tode löst sich der Geist – ebenso wie der

Körper – auf und geht in einen allgemeinen Geist wieder ein. Mit einer philosophischen Systematik wird nun ein Weltbild ausgearbeitet, das weder für strafende und belohnende Götter noch für Wunder Platz läßt. Damit ist Raum geschaffen für eine objektiv wissenschaftliche Durchdringung der Welt. Allerdings ist eine naturwissenschaftliche Entwicklung, die sich auf das sinnlich Sichtbare beschränkt, damit noch nicht gegeben, denn das, was den Dingen Form und Wesen verleiht, bleibt in diesem System das immaterielle Weltenprinzip, Li.

Es herrschte ein neuer Zeitgeist, der sich auch in anderen Phänomenen äußert. Vor dieser Zeit galt ein allgemein anerkanntes medizinisches Behandlungskonzept, nun aber entstanden unterschiedliche Schulen, die entgegengesetzte Meinungen vertraten.

Die eine Richtung meinte, das Wichtigste sei, die durchwärmenden Yang-Kräfte zu stützen. Umgekehrt argumentierte eine andere Richtung, zu viel »Feuer« sei gefährlich, deshalb sei es das Wichtigste, es zu dämpfen und das kühlende Yin zu stärken, d. h. eher Kälte in der Therapie anzuwenden. Eine weitere Schule wollte direkt mit dem »Krankhaften den Kampf aufnehmen«, was unseren heute geltenden medizinischen Anschauungen sehr verwandt ist![1] Trotz dieser Unterschiede wurde weiterhin an alten Behandlungsmethoden festgehalten, die im wesentlichen mit Pflanzen und der Akupunktur durchgeführt wurden. Ein weiteres Charakteristikum ist eine Systematisierung und Spezialisierung der Medizin von dieser Zeit an. Man teilte die Medizin ein in innere Medizin, äußere Medizin (Wundheilung, Knochenbrüche etc.), Kinder- und Frauenheilkunde usw., d. h. es kam zu einer bis dahin unbekannten Spezialisierung.

Die folgenden Beispiele zeigen, daß wichtige neue Erfindungen konzipiert wurden, ihre Anwendung aber einen entgegengesetzten Weg nahm wie in Europa. In China war das Interesse damals an Kunstfertigkeit größer als an praktischer – meist aggressiver Anwendung wie in Europa.

In China gab es bereits um 1100 Gießereien – teils mit 1000 Beschäftigten – mit einer Jahresproduktion von 150 000 Tonnen Eisen und Stahl! Es wurden sogar ganze Pagoden – kleine Tempel aus Eisen hergestellt. Die fabrizierten Stahlkugeln wurden eher zu sportlichen Zwecken verwandt, weil – nach chinesischer Auffassung – Schießen eine Kunst ist!

---

1   Heute kämpfen wir gegen Bakterien und Viren.

In Europa setzte das Eisengießen gegen Ende des 15. Jahrhunderts ein (vgl. Needham, »Clerks and Craftsmen in China and the West«, S. 117ff.).

Um 1200 wurde das Schießpulver erfunden, und so konnten kleine Bomben hergestellt werden, die als Waffe gegen die seit langem stattfindenden Einfälle fremder Völker vom Norden des Landes und später gegen die grausamen Mongolen-Einfälle hätten benutzt werden können. Dies geschah jedoch nicht. Vielmehr wurden sie als Knallfrösche benutzt und um böse Geister aus Häusern herauszutreiben. Damals bereits entwickelte man das bis heute in der ganzen Welt berühmte Feuerwerk für ganz besondere Festtage.

Die damalige Zurückhaltung, Bomben gegen Feinde anzuwenden, geschah gewiß nicht aus Rücksichtnahme, denn im Quälen der Feinde besitzen Chinesen sogar eine gewisse Meisterschaft.

Umso erstaunlicher ist, was der berühmte Sinologe R. Wilhelm aus der Zeit des Boxeraufstandes[1] Anfang des 20. Jahrhunderts berichtet. Es hatten sich in Dörfern und kleinen Städten Widerstandsgruppen gebildet, um eindringende feindliche Europäer zu vertreiben. Sie schossen nicht auf die Feinde, sondern in die Luft – doch sicher nicht nur! –, denn so waren sie gewohnt, Räuber zu vertreiben. Zum Kampf traten sie an, bewaffnet mit Köchern und uralten Flinten.

Das hochgebrannte zarte chinesische Porzellan – es ist in aller Welt bekannt geworden – wurde aus dem Weichgebrannten über Jahre entwickelt, bis es 900 n. Chr. mit Temperaturen von ca. 1400 °C gebrannt werden konnte. Seine Herstellung war deshalb möglich, weil in China Jahrhunderte, bevor bei uns daran gedacht werden konnte, Temperaturen bis zu 1800 °C erzeugt wurden. (In Europa gelang 1710 die Herstellung hochgebrannten europäischen Porzellans.)

Als im 8. Jahrhundert begonnen wurde zu drucken, begann eine neue Epoche der Buchverbreitung. Interessanterweise sind die ersten gedruckten Bücher vor allem medizinische; damit wurde ein Wissens- und Diskussionsplattform für das gesamte Riesen-Reich geschaffen.

Im Zusammenhang mit der Alchemie hatte sich schon seit dem

---

1 * Diese sogenannten Boxer-Aufstände haben nichts mit Boxern zu tun! Der Name ist ein Übersetzungsfehler! Diese Widerstandsgruppen nannten sich, richtig übersetzt: Männer mit der eisernen Faust!

Altertum eine erstaunliche Fertigkeit im Herstellen und Umwandeln chemischer Verbindungen entwickelt. Ähnlich wie bei uns wurde als ein Zufallsprodukt, das zunächst einige Laboratorien verwüstete, das Schießpulver entdeckt. Jedoch trotz der vielfältigen Kenntnis chemischer Verbindungen entwickelte sich weder eine chemisch-pharmazeutische Industrie – wie Jahrhunderte später in Europa – noch eine rational begründete Therapie. Zwar wurden einzelne chemische Substanzen in den Pharmakopöen beschrieben, aber sie wurden kaum angewandt und gerieten in Vergessenheit.

Selbstmörder aus Irrtum

In China wurde, vor allem bis in diese Zeit der naturwissenschaftlichen Zwischenphase, immer wieder versucht, Gold aus unedlen Metallen herzustellen. Für die alchemistischen Quacksalber dagegen stand die Herstellung von »Unsterblichkeits-Elixieren« im Vordergrund. Nun begriffen zahllose lebenshungrige, machtbesessene Kaiser, »Söhne des Himmels«, weder die alten spirituellen Weisheiten noch den sich anbahnenden naturwissenschaftlichen Einschlag. In maßloser Überschätzung der eigenen Person meinten sie, Unsterblichkeit wäre ihrer Bedeutung angemessen. Fern davon zu ahnen, daß die Leiblichkeit auf dem Wege zur Ich-Entwicklung eine funktionelle, stufenweise Veränderung durchmacht, schluckten sie die von Quacksalbern hergestellten »Unsterblichkeits-Elixiere«. Diese Elixiere waren rezeptbuchartig aus Quecksilber, Arsen und ähnlichem gemixt, in der Meinung, genau nach den Anweisungen der Meister, Unsterblichkeits-Elixiere in der Hand zu haben. Aber, anstatt das erwünschte lange Leben zu ergattern, starben die Herrscher – gewiß elendiglich – an diesen »Lebenselixieren«. Es sei nur ein Beispiel genannt, das in den offiziellen Geschichtsbüchern von Kaiser Wu-tsung (reg. 840–846) beschrieben wird. Er soll diesen alchemistischen Quacksalbern besonders geneigt gewesen sein. Nachdem er sein Elixier geschluckt hatte, wurde er wirr und verlor alle Selbstkontrolle. Niemand mehr wurde zu ihm zugelassen. Kurze Zeit später wurde sein Tod bekannt (vgl. Needham, »Clerks and Craftsmen in China and the West«, S. 319; dort finden sich weitere Beispiele).

Dagegen wurde unter Lebenselixier von den echten Alchemisten in

Ost und West etwas ganz anderes verstanden. Auf dem Wege zu einer geistigen Höherentwicklung wurden seelisch-geistige Qualitäten der jeweiligen Schüler bzw. Meister mit Metallnamen bezeichnet. Diese nannte man auch in Europa Lebenselixier; es war also gerade umgekehrt: durch die Höherentwicklung des Bewußtseins entstehen Metall-*Prozesse*, die niemals als physisch sichtbare Substanzen erfaßbar sind. Diese sich also im Menschen vollziehenden *Prozesse* bezeichnete man mit Metall-Namen, beginnend bei unedleren bis zu den edleren und schließlich zum edelsten Metall, dem Gold, im Verlauf der Entwicklung eines höheren Bewußtseins. (*Prozesse* sind nie sichtbar, auch der *Prozeß* zur Nieren- oder Gallensteinbildung bleibt unsichtbar, erst die Steine sieht man).

Ebenso war für die Alchemisten unseres Kulturraumes höchstes Ziel, bis zur Stufe des edelsten Metalls, des »Goldes«, zu gelangen. Auch in Europa war die Enttäuschung groß, als es unseren Quacksalbern trotz aller Laborversuche nicht gelang, Goldtaler zu produzieren.

Was mit einer echten labormäßigen Alchemie gemeint sein kann, die in China allerdings seit der Zeit des Umbruchs mehr und mehr einschlief, wird im »Kuan-yin-tzu«-Kommentar von Ch'en Hsien-wei (dat. 1257) beschrieben:

»Das Gold-Elixier des äußeren Ofens entsteht in der Alchemistenkammer (wörtl. Geistkammer; d. Verf.) des goldenen Dreifußes. Diese Kammer ist ein ursprünglich leeres Gefäß. In vollständiger Abhängigkeit davon, daß der den Ofen Überwachende mit voll bewußtem Geist Tag und Nacht aufmerksam hinschaut, entsteht im leeren Gefäß das Gold-Elixier. Nachdem das äußere Elixier ausgereift ist, wandelt auch das innere Elixier die Gestalt (des Adepten; d. Verf.,) und er wird zum Genius.« (Buch 4, S. 13b)

Hier handelt es sich um einen äußeren Prozeß, mit dem sich der Adept bis zum äußersten identifiziert, so daß er innerlich denselben Prozeß vollzieht. Dieses Problem des Hin- und Herwebens zwischen innen und außen wird uns in den folgenden Kapiteln immer wieder beschäftigen. Dahinter verbirgt sich die Frage: Was ist für den einzelnen die wahrgenommene Wirklichkeit? Je nach der Höhe des Bewußtseins, besonders bei denjenigen, die eine höhere Entwicklung anstreben, ist sie sehr unterschiedlich zu beantworten. Dieses »innere Elixier« wandelt – wie in dem Zitat – qualitativ die Gestalt des Schülers bzw. des Meisters bis zum Genius. Von diesen Verwandlungsprozessen ahnten die T'ang-Kaiser nichts.

Zweitrangig ist, ob mit einem solchen Schulungsweg eine Lebensverlängerung verknüpft sein kann. Auch »unser« Meister Chang ist hundert Jahre alt geworden. Aber natürlich ist weder ein kurzes noch ein langes Leben Beweis für geistige Qualitäten, weder im negativen noch im positiven Sinne!

Als Reaktion auf die mißverstandene Alchemie traten die Meister der Geheimschulen etwa seit dem 10. Jahrhundert mehr an die Öffentlichkeit. So machte Chang Po-tuan (983–1083), »unser« Meister Chang, der ebenso wie die anderen damals weitgehend unbeachtet blieb, als erster öffentlich den Irrtum der Kaiser mit ihren »Unsterblichkeits-Elixieren« bekannt. Er schrieb in einem Gedicht aus seinem »Buch zum Erwachen zur Wahrheit« (»Wu-chen-p'ien«), daß man beschädigte Bambusgeräte nur wieder mit Bambus reparieren und Küken nur aus Hühnereiern züchten könne; entsprechend brauche man zur Harmonisierung seines Lebens »wahres Blei« und »wahres Quecksilber«, d. h. die inneren Prozesse. Eine wirklich blamable Korrektur für die Kaiser der Tang-Dynastie! (Siehe Anmerkung 3 im Anhang).

Wie wenig diese naturwissenschaftliche Strömung kulturwirksam wurde, zeigt sich darin, daß nach wie vor die alten Geheimschulen (siehe Kapitel »Meister Chang« und »Meister Lis Marionettengleichnis«) in bestimmten Kreisen eine Rolle spielten. Das Gros der Bevölkerung verblieb in seinem traditionellen Denken und Empfinden.

Eine Sammlung taoistischer Schriften, die frühestens im 11. Jahrhundert – also mitten in dieser sogenannten naturwissenschaftlichen Phase – entstand, zeigt hinter den naturwissenschaftlichen Denkversuchen die eigentliche Seelenhaltung Chinas. Ist in dem folgenden Ausspruch nicht auch visionär die einseitige materialistische Auslegung naturwissenschaftlichen Denkens im Westen charakterisiert?

»Wer immer von den Niederen das Rüstzeug zu TAO nicht hat, rennt sich in dieser Welt des Staubes müde und zerstört dadurch seinen wahren Ursprung; je mehr er ihr verfällt, desto tiefer sinkt er. Er verachtet schließlich sein Menschsein und ist den Dingen zugetan. Hat er sich schon den Dingen hingegeben, aber erinnert sich wieder seines Menschseins, dann kann er nicht mehr zu diesem zurückfinden. Da die Dinge ihn nicht kultivieren können, wird er in nichtmenschlichem Sein verenden. Wie beklagenswert!« (Ch'ing-hua pi-wen, 1. Buch, S. 1a)

China auf dem Weg in die Moderne

Nach etwa 500 Jahren, die nicht mehr als ein sporadisches Aufflackern naturwissenschaftlicher Denkweise waren, ebbten diese Bemühungen wieder ab. Um die gleiche Zeit – erste Hälfte der Ming-Dynastie (1368– 1644) – wurden großangelegte Expeditionen, die bis an das Rote Meer führten, abgebrochen. Dies geschah, obwohl die Unternehmungen erfolgreich waren und chinesische Schiffe sich als seetüchtig erwiesen hatten; von da an schließt sich China wieder von der Außenwelt ab. Im Westen dagegen beginnen um diese Zeit die kühnen Entdeckungen anderer Kontinente, es werden Handelswege nach allen Himmelsrichtungen erschlossen und ausgebaut. Westliche Staaten unterwerfen kämpferisch weit entfernte, friedliebende Völker. Um 1500 entsteht in Mitteleuropa die naturwissenschaftliche Anschauung und die Polyphonie.

Die letzte Dynastie, die Ch'ing (1644–1911), war nochmals eine Fremdherrschaft durch die Mandschuren. Die Beherrscher glichen sich allerdings ziemlich bald der chinesischen Kultur und Zivilisation an, so daß sie sogar ihre eigene Sprache verloren. Nochmals wurden riesige Enzyklopädien geschaffen, deren Zweck aber nicht darin bestand, jedermann ein umfassendes Wissen zugänglich zu machen, sondern es der herrschenden Mandschuschicht zu ermöglichen, ihren chinesischen Bildungsrückstand wettzumachen. Das Reich expandierte wie nie zuvor. Diese Eroberungen kosteten sehr viel, brachten aber nichts ein, sie sollten auch allein dem Zweck dienen, eine weite, abpuffernde Schutzzone um das Reich der Mitte zu schaffen.

Das Staatswesen war vor allem darauf ausgerichtet, Ruhe und Ordnung zu wahren, und nicht zuletzt auch, der relativ dünnen mandschurischen Herrscherschicht ein gutes und fettes Leben zu verschaffen. Eines der größten Probleme konnte es nicht bewältigen, den rasanten Zuwachs der Bevölkerung: 1700 zählte China 100 Mio. Einwohner, 1850 schon 400 Mio. Es fehlte jedoch praktisch jegliche Industrie, die der Bevölkerung Arbeit und Brot hätte schaffen können. Anstatt Geld in Unternehmen anzulegen, wurde von den Wohlhabenden der immer rarer werdende Boden aufgekauft, mit der Folge, daß immer weniger Großgrundbesitzern das Land zu eigen war. Dadurch entstand ein Heer von verarmenden Pächtern. Ein bis heute nachwirkendes, schwierigste soziale Spannungen auslösendes Erbe.

Die schwindelerregende Bevölkerungsexplosion konnte durch das Ein-Kind-System in den letzten Jahren etwas reduziert werden, aber die Bevölkerungszahl Chinas ist über eine Milliarde angewachsen. Die Kraft Chinas zeigt sich in den allerletzten Jahren auf einem anderen Sektor, nämlich in einem rauschartigen Aufstieg zur kapitalistischen Wirtschaftsmacht. Die westliche Wirtschaft kann diese Entwicklung nur mit einem gewissen Erschrecken verfolgen – es sei denn, das Riesenreich wird als Importeur westlicher Güter wiederum interessant.

Erst Ende des letzten Jahrhunderts öffnete China seine selbstangelegten Mauern. Bedingt durch die militärische Überlegenheit des Westens war es zur Übernahme westlicher Wissenschaft gezwungen, und seit etwa den 60er Jahren dieses Jahrhunderts wird China zum Partner im Welthandel. Anfang der 90er Jahre macht China eine schwindelerregende Entwicklung durch. In seiner »nach-kommunistischen Zeit«, die kaum verbrämt einen krassen Materialismus westlicher Prägung enthält, zielt es direkt auf eine Weltwirtschaftsmacht hin.

Heute ist das fernöstliche Land zum bedeutenden Hersteller feinster technischer Apparate geworden. Chinesische Chips – Grundlage der Computertechnik – gehören zu den feinsten und empfindlichsten der Welt. Vor allem das »andere China«, Taiwan, ist zu einem technisch hoch entwickelten Land aufgestiegen. In der Herstellung optischer Geräte und Apparate, auch in der Computer- und Mikroprozessoren-Produktion wurden bereits westliche Staaten überflügelt.

Doch ebenso versetzt die Volksrepublik die Welt in Staunen durch ehrgeizig errungene Spitzenleistungen, die, trotz der Erschwernisse durch ein morsch gewordenes politisches System, vollbracht werden.

Nach einem anfänglichen Rückstand in Forschung und Praxis wurde bereits 1964 die erste chinesische A-Bombe hergestellt. Im medizinischen Bereich gelingen spektakuläre Replantationen abgetrennter Glieder, die Rettung von Verbrennungsopfern mit bis zu 90 % verbrannter Haut (Cerutti, S. 157), die synthetische Herstellung von Insulin seit 1985 – erstmals in der Welt! Doch diese Leistungen wurden nur durch die Übernahme westlicher Technologie möglich.

Dagegen hat China als eigenständige Schöpfung heute ein neues Konzept des sozialen Zusammenschlusses entwickelt. Wieder einmal ist China dem Westen gegenüber weit fortschrittlicher. 1996 ist ein aufrüttelndes Buch von G. Ederer/J. Franzen, »Sieg des himmlischen Kapitalismus. Wie der Aufstieg Chinas unsere Zukunft verändert« (Landsberg 1996), erschienen. Es wird geschildert, wie die in den letzten Jahren entwickelten Dorfunternehmen zu einem ungeheuren Aufschwung des Wirtschaftslebens geführt haben. Der Gedanke zu arbeiten, um mehr Geld zu verdienen, ist für westliche Menschen selbstverständlich. Aber zu arbeiten, damit sich die Verhältnisse der Menschen verbessern, scheint absurd. Gerade dieses geschieht, von den Dörfern ausgehend, in den neu gegründeten Gemeinschaften. Gerade auf den Dörfern konnte dieser neue Impuls entstehen, weil sie am wenigsten berührt waren von der offiziellen, politisch herrschenden Strömung. Der Hintergrund dieser machtvollen Bewegung ist das nie ganz erloschene Bewußtsein, daß der Mensch aus dem Geistigen stammt. In dem neuen Impuls zeigt sich eine Rückbesinnung auf die geistigen Quellen in zeitgerechter, moderner Form. Könnte der Inhalt dieses Buches westliche Politiker und Wirtschaftler dazu aufrütteln, selbst neue Wege zu beschreiten?

Anschließend soll ein Blick auf den Weg geworfen werden, den die westliche Naturwissenschaft genommen hat, bis sie die heutige Vormachtstellung erreichte und sogar zur Bedrohung für den Menschen geworden ist.

Abriß über den Weg westlicher Naturwissenschaft

Der Siegeszug westlicher Naturwissenschaft begann, von Westeuropa ausgehend, im 15. Jahrhundert und eroberte insbesondere die westliche Welt.

Dieser Prozeß vollzog sich keineswegs reibungslos. Inauguratoren der neuen naturwissenschaftlichen Denkweise wurden auf das Härteste verfolgt oder landeten auf dem Scheiterhaufen. Darüber gibt es viele bedrückende literarische Berichte. Oft dauerte es Jahrhunderte, bis die konservativste »Obrigkeit« längst zum Allgemeingut gewordene Erkenntnisse anerkannte.[1] Die Vertreter unterschiedlicher Auffassungen in Medizin und Naturwissenschaft bekämpften sich gegenseitig, wobei die

---

1 Galilei, einer der Begründer des naturwissenschaftlichen Weltbildes, wurde geächtet und erst 1992 – 350 Jahre nach seinem Tode – vom Papst rehabilitiert.

Vertreter der konservativen Strömung, die Mächtigeren, keine Mittel scheuten und scheuen, den Andersdenkenden zu unterdrücken und zu diffamieren. Und trotz all dieser scheinbar ungünstigen Bedingungen stand die Wiege der Naturwissenschaft in Europa und nicht in China. Dieses Rätsel hat Kenner der chinesischen Kultur immer wieder beschäftigt, aber gelöst wurde es bis heute nicht.

Die naturwissenschaftliche Gesinnung wurde in Europa durch verschiedene einschneidende Tatsachen vorbereitet. Um das Jahr 1300 begann sich in Europa der Nominalismus durchzusetzen, der in den menschlichen Ideen und Begriffen bloß konventionelle Zeichen sieht, bloße Namen also, die nichts mehr über die Dinge selbst aussagen. Sie dienen allein der Verständigung der Menschen untereinander. Die einzige Erkenntnisquelle ist nach Wilhelm von Ockham, dem führenden Nominalisten, die Anschauung. Damit wurde die gedankliche Spekulation als Erkenntnisquelle ausgeschlossen: der Mensch war auf seine Sinne und die sinnlichen Gegebenheiten verwiesen.

Gleichzeitig wurde das geistige Leben in Europa in mehrfacher Weise erschüttert. Der französische König Philipp der Schöne versetzte das Papsttum gewaltsam nach Avignon: Die Achse der Christenheit war von ihrem rechten Ort entfernt worden. Ebenso vernichtete Philipp den Templer-Orden und beseitigte so ein Symbol der übernationalen Ritterschaft. Er begann nationale Interessenpolitik zu treiben. Symptomatisch für diese Zeit ist auch die Tatsache, daß der Bau der großen gotischen Dome erlahmte. Die impulsive Frömmigkeit war an ein Ende gekommen, die Dome blieben teilweise als großartige Bauruinen unvollendet.

Über die geistig-moralisch geschwächte europäische Menschheit brach die Pest herein, die, aus dem Inneren Asiens kommend, über die Krim 1346 nach Genua eingeschleppt wurde und binnen weniger Jahre ganze Landstriche entvölkerte. Mit der Pest trat das Bild des Todes vor die europäische Menschheit. Drastisch wurde die Vergänglichkeit des Irdischen jedermann vor Augen geführt. Künstlerisch wurden die Eindrücke in den Holzschnitten vom Totentanz, auf Gemälden und in Dichtungen wie dem »Jedermann-Spiel« oder »Der Ackermann und der Tod« vor die Menschen hingestellt.

Damit wurde für jedermann deutlich, daß das Irdische und Sinnliche hinfällig und nichtig war. In früheren Zeiten hat das Buch der Natur als Offenbarung Gottes gegolten. Noch Kepler (1571–1630) nannte sein

Hauptwerk »Harmonices mundi«: Die Anordnung der Welt nach musikalischen Gesetzen. Wichtigster Hintergrund seiner Arbeit war die Anerkennung eines Weltenplanes als Schöpfung Gottes, die Mathematik war für ihn Ausdruck höchster göttlicher Weisheit. Nun aber trat vielmehr die Vorstellung auf, daß die vergängliche Welt viel eher des Teufels sei, zumindest war es jetzt kein Sakrileg mehr, die Welt experimentell oder mit dem Seziermesser zu untersuchen. So beginnt bereits im 15. Jahrhundert, zunächst langsam, das Untersuchen der sinnlichen Welt und das Experimentieren. Beides wird mit dem Ziele betrieben, die irdischen Dinge zu beherrschen und in den Dienst der eigenen Interessen zu stellen.

Das Bewußtsein hatte sich also radikal geändert. Auf dem Weg bis in die Moderne herein sind Newton (1642–1727) und Bacon (1561–1626) herausragende Vertreter, die unser heutiges Weltbild geprägt haben. Nicht nur für diejenigen, die sich mit Biologie bzw. Medizin beschäftigen, sind Darwin (1809–1882), Virchow (1821–1903), Haeckel (1834–1909) und Dubois-Reymond (1818–1896) mit seinem berühmten »Ignorabimus«[1], »Wir werden es nicht wissen«, Vertreter bedeutender richtungweisender Ideen. Schließlich haben besonders die großen Physiker des 20. Jahrhunderts wiederum unser Weltbild verändert.

Sie waren die Inauguratoren der umwälzenden Entdeckung des bisher als unspaltbar geltenden Atoms. Bis dahin galt es als Endstufe irdischer Substanzen, nun aber löste es sich auf in elektrische Vorgänge, ohne eine Spur von Materie.

Namen wie Heisenberg, Schrödinger, Oppenheimer und viele andere gehören in diesen Kreis (R. Jungk, »Heller als tausend Sonnen« und »Strahlen aus der Asche«; G. Anders, »Hiroshima ist überall«; J. Herbig, »Kettenreaktion« und »Die zweite Schöpfung«).

Je mehr wir der Gegenwart näherkommen, umso deutlicher wandelt sich das Bewußtsein. Die Welt wird nicht mehr als göttliche Schöpfung angesehen, sondern als mechanischer Vorgang, dem der Mensch als unbeteiligter Beobachter gegenübersteht. Der Blick richtete sich zunehmend auf die Betrachtung immer kleinerer Areale irdischer Vorgänge in der Chemie, Botanik und Medizin, bis schließlich Virchow die Zelle zum

---

1   Rede auf der Naturforscher-Tagung 1872.

biologischen Aktivator des Menschen machte. Hiermit ging das Bild des Menschen als Ganzheit endgültig verloren. Diese Auffassung Virchows war auslösend dafür, daß heute die Zelle sogar *entscheidet*, wie sie sich gegen eindringende Krankheitskeime zu verhalten habe.

Vor und um die Wende zum neunzehnten Jahrhundert gab es eine naturwissenschaftliche Strömung bedeutender Forscher, unter denen die führende Rolle Goethe zukommt. Er wandte sich heftig gegen die bereits damals in den Vordergrund drängende Richtung, Einzelteile – beispielsweise der Pflanze – ohne Bezug zum Ganzen anzusehen. Noch heute wird jeder Student der Medizin, Biologie und Botanik damit gequält, sich das Linnésche System der Pflanzenkatalogisierung bis ins einzelne einzuprägen. Es wäre ihnen erspart geblieben, wenn die Goethesche Metamorphosenlehre in unsere Universitäten eingedrungen wäre.[1] Trotzdem wäre es niemandem verwehrt, Einzelteile zu untersuchen, doch diese wären dann Ausdruck des Ganzen und nicht mehr bezuglose Einzelteile. Würde unser Interesse nicht gepackt, wenn wir die Umwandlungsprozesse von der Raupe zur Puppe und zum Schmetterling oder von der Rose zur Hagebutte in unsere Betrachtung miteinbeziehen würden? Erst die Beobachtung und Erforschung dieser Metamorphosen erschließen etwas vom Wesen, denn die Rose ist auch Hagebutte, ebenso wie die Puppe auch Schmetterling ist.

Diese Denkrichtung führte jedoch nicht zu einem allgemein anerkannten Forschungsprinzip, ganz im Gegenteil: Die Untersucher sind besonders heute von den faszinierenden Bildern der Einzelteile gefangen, die ihnen riesige Vergrößerungen elektronischer Mikroskope bieten, aber nie ein Bild des Ganzen.

Naturwissenschaft und Mathematik

Zuerst muß geklärt werden, was unter Naturwissenschaft in der westlichen Welt heute verstanden wird.

Die Mathematik spielt in der westlichen Naturwissenschaft eine be-

---

[1] Der damals 23jährige Steiner wurde als Mitautor zur Kürschnerschen Goethe-Gesamtausgabe aufgefordert. Aus dieser Arbeit (1884 – 1897) entstanden die fünf Bände »Goethes naturwissenschaftliche Schriften« (GA 1a–1e).

sonders wichtige Rolle. Als revolutionäre Neuerung der Naturwissenschaft wird nun die Mathematik in einem ganz anderen Sinne – wie noch von Kepler – benutzt, der darin besteht, die reale Komplexität der Naturerscheinungen derart zu vereinfachen, d. h. zu reduzieren, daß sie rechnerischer Behandlung zugänglich werden. Das bedeutet: Ich lasse alles wegfallen, was nicht gemessen, gezählt und gewogen werden kann.

Diese mathematisch formulierten Naturgesetze sind das eigentliche Kennzeichen moderner westlicher Naturwissenschaft. Genauer betrachtet, erscheint dies geradezu paradox: Eine Wissenschaft, deren einziges Ziel es ist, die sinnliche Wirklichkeit zu untersuchen, entwickelt ihre Gesetze mit Hilfe der Mathematik, die eigentlich eine Geisteswissenschaft ist, obwohl sie zur Naturwissenschaft gerechnet wird.

Wir möchten den Leser an dieser Stelle einladen, ein wenig darüber zu staunen, daß diese innige Verbindung von Natur und Mathematik überhaupt möglich ist. Wie sollen die sinnliche Wirklichkeit und die rein geistigen Gesetze der Zahlen und der Geometrie, die überhaupt nur in unserem Denken auftreten, zusammenpassen? Erstaunlicherweise passen sie zusammen. Aber dies geht nur, solange wir die Erscheinungen in der Natur als tote Objekte einzeln betrachten – erst dann, wenn wir den blühenden Kirschbaum nicht als Ganzes erfassen, sondern die Blütenblätter zählen, den Stamm zersägen und die einzelnen Holzstücke messen. Um die Gründlichkeit der Untersuchung zu vervollständigen, könnte man sie fallen lassen und mit der Stoppuhr in der Hand gemäß dem Fallgesetz die von ihnen zurückgelegte Strecke ($s = 1/2 \times g \times t^2$) feststellen oder sie in die Luft werfen, in der sie die Bahn einer Parabel durchsausen werden. Damit wissen wir freilich noch nichts von dem blühenden Kirschbaum als lebendigem Ganzen und seiner Schönheit. Wir operieren also mit Größen, die wir dem Objekt hinzufügen und die sich kein Mensch vorstellen kann: Die Quadratsekunden (t) führen die Holzklötze ja nicht mit sich, und wie soll man sich überhaupt eine quadrierte Zeit denken?

Wenn man die Natur entsprechend stutzt, passen Natur und Mathematik zusammen, und diese Entdeckung haben die Europäer gemacht.

Zu streiten, ob diese Entdeckung richtig oder falsch sei, führt nicht weiter. Die Natur antwortet mit Zahlen – *wenn* wir sie danach befragen. Falsch wird es erst dann, wenn man meint, die quantitativen Naturgesetze seien die einzige sinnvolle und wahre Aussage über die Natur! Diese Methode wurde in der ganzen zivilisierten westlichen Welt betrieben und hat schließlich heute auf vielen Gebieten zu katastrophalen Folgen geführt.

Eine klassische Charakterisierung dieser Denkhaltung findet sich in einem Aufsatz von J. R. Ravetz in der »Encyclopaedia Britannica« (S. 366 ff.). Ravetz charakterisiert die wissenschaftliche Haltung, die ihn zu dem Begriff der »reduktionistischen Denkweise« geführt hat, folgendermaßen: »... die Forschung konzentriere sich auf ›künstlich reine, stabile und kontrollierbare Abläufe in Laboratorien‹. Sie bevorzuge jene ›Theorien, die die einfachsten physikalischen Begründungen‹ ermöglichen und sich ›streng mathematischer Beweisführungen‹ bedienen. Ravetz fährt fort, daß auch ›nahezu alle Wissenschaftsphilosophie‹ der erfolgreichen Jahre davon ausging, daß ›echte Naturwissenschaft nur eine solche sei, die die theoretische Physik zum Vorbild‹ habe. Wenige Menschen, heißt es dann später, hätten die Probleme voraussehen können, die die Erfolge einer solcherart arbeitenden und denkenden Wissenschaft für ihre soziale und natürliche Umwelt bringen würden – dann nämlich, wenn sie außerhalb ihres eigenen Geltungsbereiches (der Physik und Chemie; d. Verf.) angewandt wurden (Ravetz, S. 375)« (R. Jensen, »Umweltschaden AIDS?«, Kap. »Die reduktionistische Denkweise«, S. 43).[1]

Der Aufsatz von Ravetz charakterisiert präzise den Irrweg heutiger westlicher Naturwissenschaft, und die Wortprägung »Reduktionistische Denkweise« ist inzwischen zu einem international anerkannten Begriff geworden.

Im folgenden Kapitel führen wir einige Beispiele an, wie sich diese Denkweise praktisch auswirkt.

---

1   Obwohl dieser Text von Ravetz verfaßt ist in einer modernen europäischen Sprache, die zudem heute zur internationalen Verständigung dient, ist es kaum möglich, die knappen, das Wesentliche erfassenden Formulierungen und feinen Nuancierungen in gleichwertiges Deutsch zu übertragen; deshalb bringen wir im Anhang den Originalwortlaut (siehe Anmerkung 4). Vielleicht wird dem Leser durch dieses Beispiel noch deutlicher als durch unseren kleinen Abriß über die chinesische Sprache, mit welch großen Schwierigkeiten wir konfrontiert wurden beim Übersetzen alter chinesischer Texte.

Zwei Gesichter westlicher naturwissenschaftlicher Forschung

Perfektes reduktionistisches Denken: Die Schöpfung der neuen Herren

Die nächsten Passagen sind relativ ausführlich, weil uns wichtig scheint, Tendenzen, die noch von der Allgemeinheit wenig wahrgenommen werden, zu schildern. Fakten, die noch hinter einem kaum durchlässigen Vorhang verborgen sind, werden binnen kurzem unser tägliches Leben bestimmen und verändern. Durch diese Entwicklung wird von einem bestimmten Standpunkt die Entfremdung zwischen Ost und West verstärkt, auch wenn sie äußerlich durch moderne Kommunikationsmittel scheinbar vermindert wird.

Wie eine Vorwegnahme moderner Wissenschaftshaltung ist die Einstellung des Franzosen La Mettrie (1709–1751). Sein Buch »L'homme machine«, das zur Hochblüte des Rationalismus erschien, erregte damals erhebliches Aufsehen. Aber erst im 20. Jahrhundert wird der Mensch zur Maschine, noch dazu mit auswechselbaren Einzelteilen.

Die im Folgenden charakterisierte Denkweise wird von Monod in seinem Buch »Zufall und Notwendigkeit« wissenschaftlich begründet. Er ehielt 1965 mit zwei anderen zusammen den Nobelpreis für Medizin.

Ein anderer Nobelpreisträger, der Biologe David Hubel, der an der Harvard-Universität lehrt, entwickelt die moderne Variante zu La Mettrie. Für ihn ist das Gehirn die einzige Realität, eine nach rein mechanischen Gesetzen arbeitende »Druckerpresse«, die Seele eine Illusion und das »Seelisch-Geistige« des Menschen ein antiquierter Begriff. (Spektrum der Wissenschaft, Heidelberg, 1989)

Heute kommt zu den undurchschaubar gewordenen Schäden dieser Stoffe etwas ganz Neues hinzu. Ein Heer von Biologen experimentiert mit Pflanzen- und Tiergenen, um praktischere gift-, herbizid-, pestizid-[1]

---

[1] Beide waren und sind heute die stärksten chemischen Waffen gegen Unkraut bzw. Schädlingsbefall. Sie werden unter dem Etikett Pflanzen*schutz*mittel gehandelt, aber nach 40jährigem Gebrauch werden die zunehmenden heimtückischen Gesundheitsschäden, die sie verursachen, deutlich. Es werden neue Wege gesucht, in letzter Zeit vor allem mit modern gewordenen Gen-Implantationen (siehe Anmerkung 5 im Anhang). Noch ist, nach 33 Jahren nach seinem Erscheinen, Rachel Carsons Buch »Der stumme Frühling« Grundlage unserer Kenntnis der Herbizide und Pestizide. Dieses Buch war ein Alarmsignal. Wohl hat es bei vielen

und frostresistentere Pflanzen zu züchten. Verbraucherverbände lehnen den Verzehr genmanipulierter Pflanzen ab und verlangen wenigstens eine eindeutige Deklarierung. Da gleichzeitig das Saatgut verändert wird und als solches nicht mehr verwendet werden kann, ist der Bauer von der produzierenden Großindustrie vollständig abhängig geworden. Früher scheuten sich viele, Salat auf den Tisch zu bringen mit Resten von Herbiziden oder Pestiziden; inzwischen besteht dafür eine Deklarationspflicht. Aber nun kann man dem Salat gar nicht mehr ansehen, ob er natürlich oder genmanipuliert ist. Wenn ja, so weiß niemand: Hat es Folgen, welche und wann treten sie auf?

Die neuen Züchtungen haben es schwer, das Mißtrauen und die Zweifel gegen sie zu überwinden.

Weiterhin wird nach Verbesserungen der natürlichen Gegebenheiten und praktischeren Lösungen gesucht. Ob eine Ziege mit dem Wollpelz eines Schafes und der Milchmenge einer Kuh doch große Vorteile bieten würde?

Die Prothesen-Medizin – Künstliches Leben

Mediziner, die zu chirurgischen Spitzentechnikern im Organaustausch geworden sind, probieren heute aus, wieviel Organe gleichzeitig ausgetauscht werden können, so daß dem Menschen statt einer bis jetzt sehr kurzfristigen eine längere Überlebenschance zugesichert werden kann. Am praktischsten wäre es, so die Erwägungen der Transplantateure, wenn erreicht werden könnte, dem Menschen die Leber eines Affen zu übertragen. Dann würden mehrere Erschwernisse entfallen: zum Beispiel die Wartezeit, bis eine gesunde, passende menschliche Leber gefunden ist. Zumal die Leber als hochdifferenziertes Stoffwechselorgan rasch in Fäulnis übergeht, eine Transplantation aber viele Stunden in Anspruch

---

ein Umdenken bewirkt, aber die vehemente Entwicklung, die es geißelt, nicht aufhalten können. Diese auch für den Menschen hochgiftigen Substanzen haben sich in Luft, Wasser, der Erde und im Menschen im Laufe der Jahrzehnte angereichert. Wenn sie auch teilweise verboten worden sind, so weiß heute niemand, welchen Anteil derart immunschwächende Stoffe, durch ihre schleichende Vergiftung, auch an AIDS haben.

nimmt, müssen Chirurgen stets unter Zeitdruck arbeiten, damit das Organ nicht unbrauchbar wird.

Je unindividueller Organempfänger sind, umso schwächer wird die Abwehr gegen die Einpflanzung fremden Gewebes ausfallen. Grundsätzlich kann gesagt werden: je ich-schwächer der Mensch ist, umso komplikationsloser wird der Eingriff ertragen. Damit könnte das Ziel erreicht werden, eine Lebensdauer von 120 Jahren und mehr zu erreichen.

Der sterbende, gehirntote Mensch wird zum Ersatzteillager für andere, die zum Sammellager zusammengesuchter Organe werden. Die konsequente Folge ist der blühende internationale Organhandel, der für die Ärmsten der Welt zu einer Geldquelle wird.

Seitdem es die Organtransplantationstechnik gibt, schwelt im Westen, auch in Deutschland, die Diskussion, ob der Mensch tot ist beim Erlöschen der Hirnfunktionen oder erst später, wenn das Herz stillsteht. Mitte 1996 erklärte der Präsident der Bundesärztekammer: »Das Erlöschen der Hirnfunktion beendet die körperliche, seelische und geistige Einheit des Menschen. Der Hirntod ist somit der Tod des Menschen.« (Siehe Gesundheitspolitische Umschau, Amorbach, Juni 96, S. 124.) Dazu ist anzumerken, daß beim Embryo zuerst das Herz-Kreislaufsystem und das Herz angelegt werden, die Hirnfunktionen setzen später ein. Berücksichtigt man diese menschlichen Entwicklungsstufen, dann ist der Mensch erst als Ganzes tot, wenn das Herz seine Tätigkeit einstellt.

Aus verschiedenen Presseberichten erfahren wir, daß im Juni 1992 in Pittsburg, USA einem 35jährigen bewußtlosen Mann erstmals die Leber eines Pavians implantiert wurde.[1] Trotz des kostenaufwendigen Eingriffs, den quälenden Nachfolgeoperationen und des Einsatzes des Ärzteteams war der Patient 71 Tage nach der Transplantation tot. Kurz darauf wurde von dem gleichen Team das gleiche Experiment an einem anderen Patienten vorgenommen – dieser überlebte 26 Tage (Badische Zeitung, 12.1.93, 8.2.93; Frankfurter Allgemeine Zeitung, 20.1.93).

Bei Unfruchtbarkeit der Frauen werden künstliche Befruchtungen als Routineeingriffe vorgenommen: der Same des Mannes wird mit dem

---

[1] Auch ist – mit negativem Erfolg – versucht worden, dem Menschen Affenherzen zu implantieren.

aus dem Eileiter entfernten Ei der Frau im Reagenzglas zusammengebracht (Dt. Ärzteblatt, 89, Heft 36). Was dieser Eingriff bedeutet, wird drastisch im Spiegel (Nr. 17, 1992) beschrieben.

Bei vorliegender weiblicher Sterilität werden hochdosierte Hormone injiziert. Tritt eine Mehrlingsschwangerschaft auf – meist Vier- bis Sechslinge –, so kann das Risiko für Mutter und Kind durch Fetocyd (Embryotötung) eines oder mehrerer Feten vom Arzt durchgeführt werden (Dt. Ärzteblatt, 86, August 89, Heft 31) (siehe Anmerkung 6 und 7 im Anhang). Seit dem 1. 1. 1991 gibt es in Deutschland ein Embryonen-Schutz-Gesetz, dessen Text – zwar verschleiert – in die Nähe der Gesetzgebung des Nationalsozialismus zur Verhinderung unwerten Lebens rückt. (Dt. Ärzteblatt, 88, Heft 21) Gehirnlos geborene, nicht lebensfähige Kinder werden als Organspender benutzt. (The New England Journal of Medicine, IX. 90)

Nicht nur Ärzte sind, mehr oder weniger, Herr über den Zeitpunkt von Geburt und Tod, auch mancher Patient will seinen eigenen Todeszeitpunkt bestimmen können. Hier sei nur an die Gesellschaft für humanes Sterben (GhS) von Herrn Atrott erinnert, der denjenigen, die zum Sterben entschlossen waren, Cyan-Kapseln verteilte. (Dt. Ärzteblatt, 90, Nr. 9, 26. II. 93 und Spiegel 8/93) In Holland sollen bis 1993 fast 15 000 Menschen durch Sterbehilfe umgekommen sein. Diese Art der Handhabung des Todeszeitpunkts ist die logische Konsequenz der »Schöpfung der neuen Herren«.

Und China?

Dem Chinese Medical Journal (Mai 1992, 105 (5), S. 430–432) ist zu entnehmen, daß seit den 70er Jahren alle Organe – ebenso wie im Westen – transplantiert werden mit einer international vergleichbaren Erfolgsquote. In dem Artikel heißt es, daß es in China bedauerlicherweise kein Gesetz gibt, das erlaubt, einem Sterbenden bei noch schlagendem Herzen Organe zu entnehmen, wie es in fortgeschrittenen Ländern (»advanced countries«) möglich ist.[1] Deshalb wird, um den Transplantationser-

---

1 Die elektrischen Gehirnströme erlöschen früher, als das Herz aufhört zu schlagen.

folg zu verbessern, dringend (»We extremely need«) ein modernes Management-System gefordert.

In NATURE (Vol. 354, 5. Dez. 1991) wird das gleiche Problem behandelt. Patienten aus Hongkong, die Organtransplantationen wünschen, müssen sich aus dem Inneren des Landes, das 98 % der Bevölkerung ausmacht, meist von Exekutierten, Organe besorgen lassen. Deshalb fordern die dortigen Ärzte, daß mit der Tradition gebrochen werden muß, die nur die Beerdigung einer unversehrten Leiche erlaubt. Denn 1990 hätten nur 55 Patienten von 1 000 Dialyse-Kranken eine neue Niere erhalten können. Auch in diesem Artikel wird die fehlende moderne Einstellung bedauert. Wenigstens sollte erlaubt sein, wenn der Patient zustimmt, Organe direkt nach seinem Tode entnehmen zu können.

Aus vielerlei Gründen ist es außerordentlich schwierig, Auskünfte über die chinesische Praxis der Organtransplantationen zu erhalten. Die angesprochenen führenden Sinologen Deutschlands und der Schweiz konnten keine Aussagen machen; sie beschäftigen sich mit ganz anderen Fragen. Hoffnungsvoll wandten wir uns an ein Institut für medizinische Forschung, aber auch dort erhielten wir – trotz mehrfachen Faxens – keine Antwort.

Eines ist sicher: die Unverletzlichkeit des Körpers – auch nach dem Tode – gilt auch heute noch, außer für Verbrecher. Insofern lieferte der Aufstand 1989 in Peking auf dem »Platz des himmlischen Friedens« mit vielen Toten auch im Umkreis der Revolte doch Material für Organtransplantationen. Die folgenden Angaben sind »CHINA aktuell« (August 1991, S. 489) entnommen. Die Enklave Hongkong spielt eine Sonderrolle, dort werden für hohe Preise Nieren ins Ausland verkauft, und die Bereitschaft der Bevölkerung für Organspenden scheint allgemein zuzunehmen. Am häufigsten werden scheinbar Hornhaut-Transplantationen vorgenommen. »Ein Krankenhaus der Volksbefreiungsarmee rühmt sich, die größte chinesische Bank für Hauttransplantate zu besitzen, die, bei minus 196 °C gelagert, bis zu 18 Jahren verpflanzungsfähig bleiben und offenbar bei den bekannten chinesischen Erfolgen in der Behandlung von Verbrennungen eine Rolle spielen«. Der Bericht schließt mit den Worten: »Zudem wird deutlich, daß sich hinter der hohen Zahl von Hinrichtungen in China teilweise finanzielle Interessen verbergen«.

Das Symposium in London und sein Umkreis

1962 fand eine Zusammenkunft in London, das sogenannte Ciba-Symposium, statt, das 26 meist anglo-amerikanische Wissenschaftler vereinigte; darunter waren sechs Nobelpreisträger. Diese Elite von Biologen, Psychologen und Soziologen umfaßte Vertreter der reduktionistischen Denkweise in Reinkultur. Ihre scharfsinnigen Referate und Vorträge, wie die Menschheit zukünftig biologisch zu leiten sei, sind in einem fast 400 Seiten umfassenden Buch unter dem Titel »Das umstrittene Experiment: Der Mensch« erschienen.

Obwohl diese Versammlung vielfach in der Literatur erwähnt und kommentiert worden ist, behandeln wir sie nochmals, wenn auch skizzenhaft. Zu deutlich zeigt dieses Symposium Impulse an, die zunehmend kulturwirksam werden.

Die neue westliche Welt stürmt an gegen eine alte, unzweckmäßige, die eine technisch-biologische Verbesserung fordert. Eine geballte Energie plant hier die Herstellung künstlicher Herzen, den technisch herstellbaren Menschen der Zukunft mit synthetischem Eiweiß, damit die Abwehr des Menschen gegen fremde menschliche und tierische Organe durchbrochen wird. Durch Gen-Manipulation kann auf zeitraubende Tierversuche verzichtet werden. Weiterhin heißt es: »Jetzt können wir den Menschen definieren. Genotypisch besteht er jedenfalls aus einer 180 cm langen, bestimmten molekularen Folge von Kohlenstoff-, Wasserstoff-, Sauerstoff-, Stickstoff- und Phosphoratomen – das ist die Länge der DNS, die im Kern des Ursprung-Eis und im Kern jeder reifen Zelle zu einer dichten Spirale gedreht ist, die fünf Milliarden gepaarte Nukleotide lang ist.« Dieses wäre die wichtigste Information für außerirdische Wesen, sollten sie uns je besuchen. Zum Abschluß des Referates wird festgestellt, daß »sich der Mensch vom Stoff zum Geist entwickelte«. Am praktischsten wäre die Pfropfung von genetisch konstantem Tiermaterial, um die »Immunitätsschwelle (d. h. die Abwehr; d. Verf.) zu überwinden«. Vorgeburtliche Eingriffe sollen die Größe des menschlichen Gehirns regulieren. (Referat Lederberg, S. 292–301)

Lederberg, der Professor für Genetik und Biologie ist und 1958 den Nobelpreis für Medizin erhalten hat, schreibt einige Jahre später, daß durch genetische Versuche durchaus ein Kind mit vier Armen und Beinen entstehen könnte, so nützlich dies sei, so müßte man doch den Eltern raten, »… seine beiden zusätzlichen Glieder amputieren zu lassen, …«. Denn: »Die menschliche Kultur duldet das allzu Außergewöhnliche nicht.« (Die Zeit, Nr. 48, 1. 12. 1967, S. 54)

Der Zoologe Hermann J. Muller, der für seine Arbeit »Entdeckung und Erzeugung von Mutationen[1] mit Hilfe von Röntgenstrahlen« 1946 den Nobelpreis für Physiologie und Medizin erhielt, verficht unter anderem die künstliche Besamung »… trotz Protesten von Vertretern traditioneller Lebensweisen …«.

Denn: Warum sollte man nicht unfruchtbaren Frauen oder Männern, wenn ein »starker Verdacht« eines genetischen Fehlers besteht, mit naturwissenschaftlichem Know-how helfen, doch ein Kind zu bekommen? Muller schätzte die Zahl der Kinder, die auf diese Art hervorgebracht worden sind, – vor ca. 30 Jahren! – auf 5 000 bis 10 000.[2] (Referat Hermann J. Muller, S. 277–291. Siehe Anmerkung 8 im Anhang.)

I. B. S. Haldane, ein berühmter und anerkannter Genetiker, führt aus: »Vernunftbegabte Tiere von der Art des Menschen können die Weisheit, die eine vernunftgemäße Anwendung der Kernenergie erfordert, nur erlangen, wenn sie mehrere Jahrhunderte leben. Durch den Alterungseffekt infolge energiereicher Strahlung ist das zur Zeit unmöglich.

Deshalb besteht die einzige Hoffnung für die Menschheit in der Ausrottung ihrer großen Mehrheit.« (»Das umstrittene Experiment: Der Mensch«, S. 368)

Durchaus nicht alle Teilnehmer dieser Versammlung stimmten mit den Zielen und Thesen überein, aber ihr Widerspruch verhallte fast ungehört. In der Öffentlichkeit und der wissenschaftlichen Welt hat das Symposium heftige Kontroversen ausgelöst. Ein Niederschlag findet sich in dem Buch »Menschenzüchtung. Das Problem der genetischen Manipulierung des Menschen«.

Seit Jahren war die freie Bahn auch für Deutschlands Gen-Forscher zu erwarten, die heute, nach zähem Kampf zwischen Politikern, Wissenschaftlern und Industrie, erreicht ist. Vorläufig treten sie als Helfer bei schweren oder bisher unheilbaren Krankheiten auf (Krebs, Leukämie

---

1   Meist bösartige Zellumwandlungen.
2   Als ich (R. J.) fünf Jahre später in einer amerikanischen Klinik nach dem Schicksal solcher Kinder fragte, verfinsterten sich die sonst so liebenswürdigen Mienen der Kollegen, sie witterten eine antiquierte Einstellung zur modernen Medizin.

und AIDS[1]). Das raffinierte, intelligente Programm müßte, wenn der Mensch so konstruiert ist, wie die Forscher meinen, zu einem vollen Erfolg führen. Noch ist die Beobachtungszeit zu kurz. Schäden im Lebendigen brauchen meist lange Zeit, um sichtbar zu werden. Der Maschinenbauer hat es einfacher: Eine falsch sitzende kleine Schraube bringt einen großen komplizierten Apparat sofort zum Stillstand.

Wahrscheinlich sind auch nicht alle Leser von der Richtigkeit und den Zielen dieser Art von Wissenschaft überzeugt. Im nächsten Abschnitt bringen wir eine erstaunliche Antwort Steiners.

Denkt die heutige Wissenschaft falsch?

Die Auffassung Steiners attestiert ihnen jedoch, daß materialistische »Theorien richtig« sind. So heißt es in Vorträgen von 1920: »Gewiß, das menschliche Wesen ist zunächst geistig-seelisch. … Aber von diesem geistig-seelischen Wesen des Menschen bildet sich nach der Empfängnis bzw. nach der Geburt ein getreulicher Abdruck im Leiblich-Physischen[2], … wenn man aber in der Gegenwart Naturforscher ist, wenn man im gewöhnlichen Leben mit Verleugnung des Geistig-Seelischen denkt, dann denkt man wirklich mit dem physischen Gehirn … Verleugnet man das Geistig-Seelische, dann wird man wirklich Materialist. Also ist der Materialismus richtig, er ist nicht falsch! Das ist das Wesentliche. Man kann es dahin bringen, daß man nicht eine falsche Ansicht vertritt, wenn man den Materialismus vertritt, sondern daß man so in die Materie heruntergefallen ist, daß man wirklich materialistisch denkt. Daher sind materialistische Theorien richtig. Daher ist das wesentliche Charakteristikum unserer Zeit nicht, daß die Menschen unrichtig denken, wenn sie materialistisch sind, sondern das wesentliche Charakteristikum ist, daß eben die Mehrzahl der Menschen materialistisch wird, indem sie das Geistig-Seelische verleugnen und bloß mit dem physischen Leibe denken,

---

1   Könnten Gen-Manipulationen tatsächlich bei AIDS helfen? (Siehe R. Jensen: »Umweltschaden AIDS? Hintergründe einer biologischen Katastrophe«.)
2   Siehe Kap. »Hsing: Der physische Leib«: Deshalb ist der physische Leib/Hsing ein so kompliziertes Gebilde, weil er einen Abdruck aller anderen sinnlich nicht wahrnehmbaren »Wesensglieder« beinhaltet.

mit dem physischen Leibe eine Nachahmung, eine Imitation des Seelenlebens hervorbringen.« (GA 198, S. 270)

Es besteht ein Wechselspiel zwischen dem menschlichen Innenleben, das äußere Fakten verursacht, die ihrerseits wiederum eine Wirkung auf das Innere des Menschen ausüben; so ist heute mit Händen zu greifen, wie dieser Prozeß krank machen kann. Denn es ist unser Ich, das sich alles von außen Eindringende auswählt, abhängig von seinem eigenen Niveau, das sehr unterschiedlich ist.

Ein sich unmittelbar vor unseren Augen abspielendes Beispiel ist die seit Jahren von Ohrenärzten mit Sorge beobachtete, bedrohlich zunehmende Gehörschädigung Jugendlicher, die ihr Gehör in Discotheken und mit Walk-men ungerührt, trotz aller Warnungen ruinieren. Wir züchten so in wenigen Jahrzehnten ein Heer von Schwerhörigen bzw. Tauben heran. (Dt. Ärzteblatt 90, Heft 34/35, 30. 8. 93)

Diese Beziehung zwischen innen und außen gilt ebenso für alle Schäden auf anderen Gebieten; sie wirken wie ein Bumerang! Vertreter der reduktionistischen Wissenschaftsrichtung repräsentieren die eine Seite westlicher Forschungsart. Wie sieht nun die andere aus?

Die Anderen

Der Zoologe Adolf Portmann (1879–1982)

Portmann schreibt in seinem Buch »An den Grenzen des Wissens« (S. 138), daß sich nach zwei »verheerenden Weltkriegen … ein völlig verändertes Verhältnis zur Wissenschaft, zur Naturwissenschaft und ihrer Folge, der Technik, ganz besonders« entwickelt hat. »War man einst stolz darauf, daß diese Wissenschaft das große Geisteswerk des Abendlandes ist, so bedrückt uns heute das Schuldgefühl über das planetare Wuchern einer naturfeindlichen Technik, welche immer weiter, immer verheerender die Grundlage unserer Existenz zerstört.« Er fragt sich: »Aber wer ist nun wirklich der oberste Ordner dieses Geschehens?« (Gemeint ist des Lebendigen) (S. 141). »Wer leitet, wer ordnet?«. Kurz darauf erinnert er daran, »daß in der Zeit um 1842–1844, da Marx sein Menschenbild entworfen hat, Darwin an der ersten Fassung des ›Ursprungs der Arten‹ schrieb«. Diese beiden bedeutenden Arbeiten sind Grundlage geworden, gerade sie haben die Wissenschaft des reinen Gehirndenkens inauguriert.

Im Gegensatz zu dem Weg, den die heutige Wissenschaft gegangen ist und »... Naturwissenschaft zur technischen Macht« hat werden lassen, stellt er sich auf den Standpunkt der naturwissenschaftlichen Denkweise Goethes. Das, was Portmann den Bauplan nennt, ist beheimatet in einer nicht sichtbaren Welt, aus der ebenso die Metamorphosenlehre Goethes stammt. Bereits 1820 warnte dieser vor den »... Gefahren des schrankenlosen Vordringens in Geheimnisse der Natur«. Goethe lehnt jede aggressive Naturforschung ab, seine Ehrfurcht vor dem Lebendigen verbietet ihm solche Eingriffe. Portmann meint, diese Tugend sei heute am seltensten zu finden. Portmann vergleicht »Goethes Art der Naturschau« »... mit dem Erleben eines Menschen vor der Bühne, eines Schauenden, der den Sinn des Geschehens erfassen will« (»Biologie und Geist«, S. 261ff.).

Der Neurologe Eccles (geb. 1903)

Eccles ist einer der bedeutendsten Gehirnphysiologen unserer Zeit. Seine folgenden Worte sind wie ein Faustschlag ins Gesicht der Genetiker und Austauschmediziner. »Wir sehen in dem versprechenden Materialismus einen Aberglauben ohne rationale Grundlage. Je mehr wir über das Gehirn herausfinden, desto klarer unterscheiden wir zwischen Geschehnissen des Gehirns und geistigen Phänomenen und desto wunderbarer werden beide: die Geschehnisse des Gehirns und die geistigen Phänomene. Der versprechende Materialismus ist einfach ein religiöser Glaube, der von dogmatischen Materialisten wie Mario Bunge vertreten wird, die hin und wieder ihre Religion mit ihrer Wissenschaft verwechseln.« (John C. Eccles/Daniel N. Robinson: »Das Wunder des Menschseins – Gehirn und Geist«, S. 61)

Auf Seite 203 ff. des gleichen Buches wird folgendes Experiment beschrieben: Eine Vorstellung allein genügt, um an einer umschriebenen Stelle des Gehirns eine Mehrdurchblutung hervorzurufen. Damit wird bewiesen, daß Immaterielles – die Vorstellung – fähig sein kann, physisch meßbare Wirkungen zu erzeugen!

Eccles beweist rechnerisch, daß des Menschen Einzigartigkeit nicht durch das genetisch determinierte Gehirn bedingt sein kann, und er sieht sich daher »… genötigt zu glauben, daß es etwas gibt, das wir einen übernatürlichen Ursprung meines einzigartigen selbstbewußten Geistes oder meiner einzigartigen Selbstheit der Seele nennen könnten … Mit dieser Idee einer übernatürlichen Schöpfung entkomme ich der unglaublichen Unwahrscheinlichkeit, daß die Einzigartigkeit meines eigenen Ich genetisch determiniert ist … Es ist die Einzigartigkeit des erlebten Ich, die diese Hypothese eines unabhängigen Ursprungs des Ich oder der Seele erforderlich macht …« (K. R. Popper/J. C. Eccles, »Das Ich und sein Gehirn«, S. 658).

Der Biochemiker Erwin Chargaff (geb. 1905)

Der Inaugurator der Gentechnik ist selbst einer der schärfsten Gegner und Warner vor den heutigen Auswüchsen der Gentechnik[1]. Chargaffs folgende Äußerungen sind seinem Buch »Zeugenschaft« (S. 216) entnommen. Diese neue Technik ermöglicht, ein fremdes Gen in dasjenige eines Wirtes einzupflanzen;[2] damit wird die »biologische Integrität einer Gattung« verletzt. Chargaff fährt fort: »Manchen, leider nicht vielen, ist es klar geworden, daß mit dieser Erfindung die Menschheit an einen Scheideweg gelangt ist, der vielleicht noch deutlicher demarkiert ist, als im Falle der Atomspaltung, denn Veränderungen des Erbapparates sind irreversibel. Trotzdem sind alle öffentlichen Kontrollen bis fast zur gänzlichen Aufhebung gemildert worden und man kann nur hoffen, daß die Göttin Nemesis[3] anderwärts beschäftigt ist. Sie straft die Sünden bis ins hundertste Geschlecht, irrt sich aber häufig in der Familie.«

1　1992 wurde ernsthaft diskutiert, einen Arbeitnehmer vor dem Einstellungsvertrag einer genetischen Untersuchung zu unterziehen, damit Arbeitgeber vor eventuellen gesundheitlichen Risiken verschont bleiben. (Dt. Ärzteblatt, 89, Heft 12, 20.3.92, S. 1013)
2　Die Entwicklung auf diesem Gebiet schreitet mit Riesenschritten voran; inzwischen streiten sich internationale Mammutfirmen um die Patentierung gewisser Genkombinationen bei Getreide. Die gleichen Probleme treten in der Medizin auf.
3　Die Nemesis ist das ausführende Organ des olympischen Vergeltungsapparates. Wer Themis, die Göttin der Gerechtigkeit, verletzt, den ereilt die Nemesis. »Der Name bedeutet den gerechten Zorn, der sich gegen diejenigen richtet, die eine Ordnung, vor allem die Ordnung der Natur durchbrochen haben und ihre Regel und Norm verletzen.«

Chargaff zitiert die Meldung der New York Times, daß in Los Angeles am 24. März 1984 ein »schönes kleines Mädchen« von einer unfruchtbaren Frau geboren wurde, sie hatte den Embryo von einer anderen Frau erhalten. Die Mitteilung kam vom Vize-Präsidenten einer Firma, die beabsichtigt, mehrere Kliniken im Land zu eröffnen, um »unfruchtbaren Ehepaaren zu Kindern zu verhelfen«; es ist beabsichtigt, »den Prozeß der Embryoübertragung und die dazu nötigen Apparaturen« (S. 224f.) patentieren zu lassen. »Eine weitere Folge der schnellen Habgier, welche die Gentechnologie vorantreibt, ist die geradezu katastrophale Kommerzialisierung der Forschung auf diesem Gebiet in den USA« (S. 223)[1]. Nicht nur in den USA! Chargaff berichtet: »Als ich vor Jahren meine Warnung vor den Auswüchsen der genetischen Bastelsucht publizierte, kam das zum Teil auch aus einem Gefühl der Verantwortung, die ich für diese chemisch (und auch philosophisch) hochinteressante chemische Verbindung DNS empfand. ... Der Hohn, auf den ich stieß, war jedoch stärker und bitterer als erwartet. Darauf sagte ich mir sofort: ›Da sind mehr als edle Prinzipien dahinter; es riecht nach einer Menge Geld‹« (S. 222).

Zwei weitere Äußerungen Chargaffs seien angefügt: »Ich betrachte den Versuch, in die Homöostase (aus dem Griechischen: Gleichstand; d. Verf.) der Natur einzugreifen, als ein unvorstellbares Verbrechen. Haben denn diese Menschen in die Schöpfung geguckt und sie fehlerhaft gefunden?« (»Das Feuer des Heraklit«, S. 257). Sein Referat auf einer internationalen Tagung 1988 in Nürnberg beschließt er mit folgenden Worten: »... Was mich so besonders berührt, ist die furchtbare Verantwortung, die die Naturwissenschaft auf sich nimmt: Sie greift ein, mit plumper Hand greift sie ein in die große, die überwältigende Unbestimmtheit und Unbestimmbarkeit menschlicher Schicksale« (»Geist und Natur«, S. 368).

Nehmen wir Portmanns Bild von der heutigen Wissenschaft wieder auf, die hinter die Kulissen des Theaters dringt. Ob nicht aus den geplünderten Requisitenkisten hinter der Bühne Wesen »Gestalt annehmen«, die gar nicht zu diesem Stück gehören? Würden die Herren der neuen Schöpfung doch dies bedenken.

---

1 Wohl mancher Leser wird an die AIDS-Forschung erinnert.

Die Gesprächsrunde um Werner Heisenberg (1901–1976)

In diesem Freundeskreis[1] wird mit Herzblut gestritten. Es geht um die Aussage hochkomplizierter Versuche und Berechnungen der neuen Quantenmechanik über den Atom-Aufbau. Ist sein Kern stabil oder nicht? Ist die Kernspaltung, deren Konsequenzen man ahnt, möglich? Wenige Jahre später gelingt es Hahn, den Atomkern zu spalten. Damit begann ein neues Zeitalter: das der künstlichen Radioaktivität.

Die folgenden Zitate sind Heisenbergs Buch »Der Teil und das Ganze« entnommen. Heisenberg spricht von einem Kompaß, nach dem wir uns zu verhalten haben, und meint, daß die »zentrale Ordnung wirksam« ist, auch im subjektiven Bereich. »Allerdings kann es im subjektiven Bereich, sei es des einzelnen oder der Völker, viel Verwirrung geben. Es können sozusagen die Dämonen regieren und ihr Unwesen treiben, oder, um es mehr naturwissenschaftlich auszudrücken, es können Teilordnungen wirksam werden, die mit der zentralen Ordnung nicht zusammenpassen, die von ihr abgetrennt sind«. Sind das die Wesen, die nicht zu dem gespielten Stück gehören? »Und wir sollen im Sinne dieser zentralen Ordnung handeln« (S. 291). Er fragt auch: »Ist es völlig sinnlos, sich hinter den ordnenden Strukturen der Welt im Großen ein ›Bewußtsein‹ zu denken, dessen ›Absicht‹ sie sind?« (S. 290).

An anderer Stelle heißt es: »Ich kann gar nicht vermeiden, bei dieser Feststellung an die Naturwissenschaft Goethes zu denken.« Er bezieht sich auf die Urpflanze und fährt fort: »In diesem Goetheschen Sinne könnte man die Nukleinsäure als Urlebewesen bezeichnen, …« die »eine Grundstruktur für die ganze Biologie darstellt. Wenn man so redet, steckt man natürlich schon mitten in der platonischen Philosophie. Die Elementarteilchen können mit den regulären Körpern in Platos ›Timaios‹

---

[1] Beteiligt waren Werner Heisenberg, Albert Einstein, Carl Friedrich v. Weizsäcker, Niels Bohr, Max Planck, Wolfgang Pauli, Erwin Schrödinger und Paul Dirac (Im 2. Naturwissenschaftlichen Kurs 1920, GA 321, weist Steiner darauf hin, daß die Naturwissenschaft heute den Begriff der überimaginären Zahl bilden muß. Diese überimaginäre Zahl wurde damals sehr kontrovers diskutiert. Dirac hat 1928 diese überimaginäre Zahl in die mathematischen Berechnungen eingeführt. Ihre Akzeptanz bietet die Möglichkeit, in den Denkformen der Atomphysik »Antimaterie« zu denken; diese Antimaterie ist in der Lage, Materie vollständig zu vernichten.)

verglichen werden. Sie sind die Urbilder, die Ideen der Materie. Die Nukleinsäure ist die Idee des Lebewesens. Diese Urbilder bestimmen das ganze weitere Geschehen. Sie sind die Repräsentanten der zentralen Ordnung.« (S. 325f.)

Beide, Heisenberg und Lederberg, beurteilen die Aufbausubstanz des Organismus – die Nukleinsäuren. Und doch kommen sie in ihrem Urteil zu einem diametral entgegengesetzten Sinn dieser Nukleinsäuren.

Im Kapitel »Aufbruch in ein neues Land 1926–1927« heißt es bei Heisenberg: »..., daß der Fortschritt der Wissenschaft von den an ihr Mitwirkenden im allgemeinen nur fordert, neue Gedankeninhalte aufzunehmen und zu verarbeiten; dazu sind die in der Wissenschaft Tätigen fast immer bereit. Wenn wirkliches Neuland betreten wird, kann es aber vorkommen, daß nicht nur neue Inhalte aufzunehmen sind, sondern daß sich die *Struktur* (Hervorhebung des Verf.) des Denkens ändern muß, wenn man das Neue verstehen will. Dazu sind offenbar viele nicht bereit oder nicht in der Lage«. (S. 88)

Hierzu einige Worte Steiners über das gleiche Problem (1924), 30 Jahre nach dem Erscheinen seines Buches »Philosophie der Freiheit« (GA 4). »Derjenige, der sich nicht gesteht, daß, wenn er dieses Buch nun wirklich in eigener seelischer Gedankenarbeit absolviert hat, er dann gewissermaßen sich in einem Element des Seelenlebens erfaßt hat, in dem er sich früher nicht erfaßt hat; derjenige, der nicht spürt, daß er gewissermaßen herausgehoben ist aus seinem gewöhnlichen Vorstellen in ein sinnlichkeitsfreies Denken, indem man sich ganz bewegt, so daß man erfühlt, wie man in diesem Denken frei geworden ist von den Bedingungen der Leiblichkeit, der liest eigentlich diese ›Philosophie der Freiheit‹ nicht im richtigen Sinne.« (GA 322, S. 111)

Was Steiner von der Seite des Denkvorganges aus beschreibt, setzt – von der anderen Seite aus betrachtet – die Änderung der Struktur des Denkens voraus, das also, was Heisenberg fordert. Gerade diese fehlende Fähigkeit moniert Heisenberg bei seinen Zuhörern, die gewiß denkgeschulte theoretische Physiker waren. Heisenberg verhehlte seine Enttäuschung darüber nicht: »Wie schwer es sein kann, diesen entscheidenden Schritt zu tun, davon hatte ich auf der Naturforschertagung in Leipzig ja einen ersten starken Eindruck bekommen.« (S. 102)

Abschließend zu Heisenberg noch ein Ausspruch von ihm: »Wir werden von Goethe auch heute noch lernen können, daß wir nicht zu

Gunsten des Organs, der rohen Analyse, alle anderen lassen dürfen: daß es vielmehr darauf ankommt, mit allen Organen, die uns gegeben sind, die Wirklichkeit zu ergreifen und sich darauf zu verlassen, daß diese Wirklichkeit dann auch das Wesentliche, das Eine, Gute, Wahre spiegelt. Hoffen wir, daß das der Zukunft besser gelingt, als es unserer Zeit, als es meiner Generation gelungen ist.« (Heisenberg vor der Goethe-Gesellschaft 1967)

Carl Friedrich von Weizsäcker schreibt, daß die These über die begriffliche Struktur der heutigen Elementarteilchen-Physik der Behauptung nicht im Wege steht, »...daß, ... die Substanz, das Eigentliche des Wirklichen, das uns begegnet, Geist ist.« Er fährt fort, daß hinter den Gesetzen der Physik, sie impulsierend, Geist ist (»Die Einheit der Natur«, S. 289). Etwa um die gleiche Zeit schreibt der Physiker W. Heitler ein Buch mit dem Titel »Naturwissenschaft ist Geisteswissenschaft« (S. 45): »Überall begegneten wir einer Welt des Nichtmateriellen, der Transzendenz: In den Gesetzen der Physik, deren Ausdruck die mathematische Form ist. Mathematik ist also jedenfalls tief in der Natur verankert und nicht bloß Produkt unseres Gehirns. In den lebenden Organismen treffen wir eine Kompliziertheit und Ordnung, die eine fast unfaßbare Weisheit verraten. Wir sprechen von dem inneren Wesen der lebendigen Naturdinge, das keinesfalls materieller Natur ist.

Abdrücke der zentralen Ordnung in der Materie

Etwa Anfang der 60er Jahre weisen der Arzt Jenny und der Biochemiker Hauschka Manifestationen dieser »Urbilder« der »zentralen Ordnung« nach. Der eine in der formend-ordnenden Kraft der Musik, der andere im harmonikalen Aufbau chemischer Verbindungen.

Der Leser sei auf diese bedeutenden Veröffentlichungen hingewiesen: R. Hauschka, »Substanzlehre«, besonders das Kapitel »Das kosmische Wesen der Erdenstoffe« und H. Jenny, »Kymatik«, Band 1 und 2. Diese Arbeiten gewinnen für manchen noch an Bedeutung im Vergleich zu mythischen Überlieferungen Chinas, die anschließend behandelt werden.

Jennys Versuchsanordnungen zeigen unmittelbar, wie Töne die Struktur der Materie modifizieren. Ein Teil seiner Versuche wurde vor ca. 25 Jahren in einer eindrucksvollen Ausstellung in Basel gezeigt. Einige Jahre später erfolgte die Veröffentlichung seiner Experimente in dem oben zitierten zweibändigen Werk. Er beschallte verschiedene Substanzen, Lycopodium oder Öle etc. mit unterschiedlichen Tönen und Klängen; so entstanden teilweise Formationen, die denjenigen von Meerestieren – Polypen, Muscheln etc. –, die Haeckel nach der Natur zeichnete (E. Haeckel, »Art forms in nature«), verblüffend ähneln; oder er ließ die Klänge von Mozart-Symphonien oder Bach-Kompositionen auf Lycopodium einwirken; dadurch entstanden rhythmisch geordnete, netzartige Strukturen. Ob der gleiche Effekt mit Musikkonserven erreicht wird?

Die Untersuchungen Jennys erweisen den harmonikalen Aufbau der Materie und sind ein Ausdruck für die Formkraft der Musik als Gestalter irdischer Substanzen. Damit zeigt sich: Materie ist von einem übersinnlichen Kräftesystem imprägniert. Das entspricht dem, was C. F. v. Weizsäcker schreibt: »… daß … die Substanz, das Eigentliche des Wirklichen, das uns begegnet, Geist ist«.

Schwieriger einsehbar sind die Untersuchungen Hauschkas. Es ist nicht möglich, sie in kurzen Worten verständlich zu beschreiben. Der Leitfaden jedoch ist unter der Voraussetzung gegeben, daß der Mensch ein Mikrokosmos ist, dessen Harmonien sich im Organismus ebenso ausdrücken wie die Sphärenharmonien im Kosmos. Diese Auffassung zieht sich wie ein rotes Band vom alten China bis in die Moderne. Hauschkas Verdienst ist, daß er diese globale Ansicht bis in die einzelnen Vorgänge der Chemie darstellt. Erst das Studium seines Buches kann den Leser überzeugen. In unserem Zusammenhang müssen wir uns mit einigen aphoristischen Bemerkungen begnügen.

Hauschka setzt die Verhältniszahlen der Substanzverbindungen in Beziehung zu denjenigen der Intervalle. Beispielsweise: Eisenchlorid ($FeCl_2$) »singt in der Sekund«, wohingegen ($FeCl_3$) »als Terzform der Chlor-Eisenverbindung« anzusehen ist. »Wir können sagen, daß die Chemie Musik in der Materie ist.« (S. 79) Doch die Harmonien des Mikrokosmos sind für uns ebenso stumm wie diejenigen der Sphärenharmonien des Makrokosmos.

Weiter heißt es bei Hauschka: »Das Phänomen der Chladnischen Klangfiguren zeigt, wie der Klang selbst bis in die Materie eingreift« (S. 79).[1]

Diese Beispiele zeigen eine Methode, die zwar naturwissenschaftliches Denken benutzt, aber nicht im Gehirndenken befangen bleibt. Es ist ein Denken im Goetheschen Sinne, ja es kann sogar spirituell genannt werden. Ist es diese Art der Naturwissenschaft, die Portmann, Chargaff, Heisenberg und manche andere unbewußt gesucht haben?

Nachdem das kurzfristige Aufblühen naturwissenschaftlicher Bestrebungen in China und das Bild heutiger westlicher Naturwissenschaft ein wenig gezeichnet worden sind, nähern wir uns nun der zentralen Fragestellung: Wieso ist ein Vergleich zwischen alt-chinesischen Auffassungen über den Aufbau des Menschen mit einer modernen westlichen möglich?

Woran schloß Steiner an?

Wenn wir den Vergleich zwischen dem Menschenbild Chinas, das in ferner Vergangenheit entstand, und demjenigen Steiners anstreben, so ist zu fragen, ob dieses »Neue« unvermittelt auftritt, ohne Verbindung zu verwandten Geistesströmungen im europäischen Kulturraum. Ein kurzer Blick auf unsere eigene Tradition zeigt, daß einstmals in Europa eine Auffassung über den Aufbau des Menschen herrschte, die derjenigen Steiners nahe verwandt ist.

Heraklit (angenommene Lebenszeit ca. 550 bis 480 v.Chr.)

Heraklit lebte im heiligen Wäldchen um die griechische Mysterien- bzw. Weisheitsstätte Ephesus, dort erfuhr er auch seine Einweihung. »Aus Heraklits erhaltenen Fragmenten ergibt sich seine für jene Zeit charakteristische Anschauung von den menschlichen Wesensgliedern. Er un-

---

1 Siehe auch R. Steiner (GA 102, S. 89f.): »So bildeten sich durch die aus dem Weltenraum hineinströmende Musik die mannigfaltigsten Gestalten und Figuren, und die Stoffe, die im Wasser gelöst waren, die selber wäßrig waren, sie gehorchten der Weltenmusik. Und die wichtigste Bildung des Tanzes der Stoffe nach der Weltenmusik ist das Eiweiß, das Protoplasma, wie es die Grundlage ist aller lebendigen Bildung.«

terscheidet, was im Menschen ›*Erde*‹ ist (der stoffliche Leib), was zum ›*Wasser*‹ gehört (Lebenskräfte) und als drittes die ›*Seele*‹. An Stelle des vierten zentralen Wesensgliedes steht bei ihm der ›*Logos*‹, aber als eine übergeordnete, allen Menschen gemeinsame und noch nicht individualisiert erlebte Kraft. Heraklit würde zu diesem Logos noch nicht ›Ich‹ gesagt haben.«[1] (Wilhelm Kelber, »Die Logoslehre«, S. 39)

Aristoteles (384–322 v.Chr.)

Aristoteles unterscheidet drei »Seelen« (psyche), wodurch sich prinzipiell Lebewesen von nicht-lebenden Substanzen unterscheiden. Pflanzen haben nur eine vegetative Seele (psyche threptike), Tiere außerdem eine empfindende (psyche aisthetike) und eine begehrende Seele (psyche orektika), und der Mensch hat dazu noch eine denkende Seele (psyche dianoetike) (siehe GA 18, S. 74ff.). Aristoteles' Autorität war im Mittelalter übermächtig; sogar wenn Beobachtungen dagegen sprachen, wurden seine Angaben wie ein Dogma entgegengenommen. Trotz dieser Vormachtstellung kam seiner Idee des viergliedrig aufgebauten Menschen[2] im weiteren Verlauf der europäischen Geistesgeschichte keine große Bedeutung zu.

Hugo von St. Victor (1096–1141)

Hugo v. St. Victor ist ein repräsentativer Denker der Frühscholastik, deren bedeutendste Geister die Frage bewegte: Wo und wie existieren die Ideen, die Universalien? Die Frage nach der Wirklichkeit, der vom Menschen erlebten Welt, stand im Mittelpunkt des Universalienstreits. Die eine Gruppe meinte, nur die Ideen sind Wirklichkeit. Dieser Grundsatz

---

1 Es bedürfte einer genauen Untersuchung, die für unseren Gedankengang nicht erforderlich ist, den Unterschied zwischen dem griechischen Logos-Begriff und dem chinesischen TAO festzustellen, und: Was wurde in beiden Fällen unter dem Ich verstanden?
2 Needham zieht den Vergleich dieses von Aristoteles gekennzeichneten viergliedrigen Menschen mit dem ähnlichen chinesischen anhand einer Stelle des vorchristlichen konfuzianischen Philosophen Hsün-tzu (305–235) (siehe Anmerkung 9 im Anhang).

wurde während der 300jährigen Scholastik nie in Frage gestellt. Fragen tauchten nur diesbezüglich auf, *wo* die Ideen sind. Die extremen Realisten postulierten, die Ideen (Universalia) gingen den konkreten Dingen voraus, und zwar der Bedeutung und Ursache nach. Die gemäßigten Realisten behaupteten, die Ideen seien in den Dingen und bildeten ihr wahres Wesen. Die Nominalisten behaupteten, die Ideen seien bloße Verstandesschöpfungen, die von außen an die Dinge herangetragen werden. Hugo v. St. Victor, den gemäßigten Realisten zuzurechnen, ist eine der führenden Persönlichkeiten der frühscholastischen großen Bildungszentren Frankreichs. In diesen platonisierenden Schulen wurde gelehrt: Der Mensch steht unter dem Einfluß der Planeten, die bis in die einzelnen organischen Prozesse hineinwirken. Der Mensch wird eingeteilt in: innere Lebensvorgänge, Seele und Geist. Dieses Menschenbild ist Bindeglied zwischen Altüberliefertem und dem modernen Steiners.

Diese Angabe entnehmen wir dem Buch von H. Pfrogner, »Lebendige Tonwelt« (S. 508). Das bedeutende Werk von Hugo v. St. Viktor – »»De origine artium et animae perfectione« von Hugos Eruditionis didascalicae libri septem (im Original kursiv gedruckt; d. Verf.), ist als Einführungswerk in die theologische und philosophische Disziplin gedacht«) – wurde 1954 erstmals von Pfrogner ins Deutsche übersetzt. Das Werk von Hugo v. St. Victor steht im mitteleuropäischen Raum mit seiner umfassenden Darstellung des damaligen Welt- und Menschenbildes einzig da. Seine systematische, gedankendurchdrungene, analytische Tendenz ist bereits Ausdruck der einige Jahrhunderte später einsetzenden naturwissenschaftlichen Entwicklung.

Paracelsus (1493–1541)

Diese Zeilen wurden 1993 geschrieben, dem 500jährigem Geburtsjahr von Theophrastus von Hohenheim, genannt Paracelsus. Sie können keine Würdigung des genialen Arztes, Einzelkämpfers und Revolutionärs sein, sondern nur ein kurzer Hinweis auf seine Ideen.

Paracelsus hat bis heute eine Flut von Veröffentlichungen ausgelöst. Die jetzigen Gedenkfeiern bezeugen wiederum seine umfassende Bedeutung und Wirkung. Sie bezeugen auch seine Vielfältigkeit, denn es gibt wenige Persönlichkeiten der Weltgeschichte, die derart kontrovers denkende Bewunderer vereinen.

Sein Wissensdrang trieb ihn durch ganz Europa – nach Portugal, Litauen, England und Siebenbürgen. Von allen Gelehrten, Ärzten, Alchemisten, »Edlen und Unedlen«, von allen wollte er lernen. Ein Anliegen war ihm, das Unsichtbare im Sichtbaren zu erfahren (Paracelsus, »Die Geheimnisse«, S. 16).

Oft grob und heftig – er muß Choleriker gewesen sein! – bekämpfte er Bestrebungen, die Heilkunde zu einer naturwissenschaftlichen Disziplin umzuprägen.

Während seines Basler Aufenthaltes gelangen ihm einige spektakuläre Heilungen, die der Elite der damaligen Ärztegilde nicht gelungen waren. So wurde ihm, dem bis dahin herumziehenden Landarzt, die Professur verliehen, aber nur für kurze Zeit. Zum Entsetzen seiner Universitätskollegen hielt er Vorlesungen in deutscher Sprache anstatt in lateinischer. Als er 1527 noch dazu die Bücher der alten Humoralphilosophie ins Feuer warf, mußte er bei Nacht und Nebel die Stadt verlassen.

Er wetterte gegen Sektionen, aus der »toten Anatomie« könne man nicht lernen, lebende Menschen zu heilen. Grundlage seines Menschenbildes ist die Genesis. Gott habe die gesamte Welt, Himmel und Erde aus dem Nichts geschaffen. Den Menschen aber schuf er nach seinem Ebenbild aus dem *Limus* oder *Limbus*, einem Auszug aus der gesamten Schöpfung, ebenso wie man aus einer Pflanze die heilende Essenz auszieht. Dadurch ist der Mensch ein *Mikrokosmos*. Er entsteht als Quintessenz des Kosmos als das *fünfte Wesen*, denn »in ihm ist das Firmament und die Elemente in eins gebracht worden.« (ib., S. 143 ff.) Zwar ist er aus den vier Elementen gebildet, was ihn jedoch heraushebt und zum Menschen macht, ist dieser *Auszug* als fünftes.

Er behauptet: »Aus Brot wird Blut«. In dieser knappen Formulierung klingt seine Behauptung unglaubwürdig. Aber tatsächlich findet ein Teil der Blutentstehung über das Lymphsystem des Darmes statt – dies gilt für alle Nahrungsmittel. Diejenige Kraft, die fähig ist, solche Umwandlungsprozesse zu bewirken, nennt er den sinnlich nicht wahrnehmbaren Archaeus, der im Wäßrigen wirkt. Dieser Archaeus tritt unter anderem Namen, ihm sehr verwandt, in China als Ching, bei Steiner als Lebensleib auf.

Für Paracelsus bedeutet Philosophie die Lehre vom Unsichtbaren in der Natur. Prozesse, die der physisch nicht sichtbare Archaeus fähig ist zu vollbringen, gehören in den Bereich der Alchemie. So besteht sein medizinisches Lehrgebäude aus Philosophie, Astronomie, Alchemie und Proprietas (Ethik des Arztes).

Es ist erstaunlich, welche Flut von ihn würdigenden Veröffentlichungen er ausgelöst hat, in einer Zeit, die medizinische Vorstellungen entwickelt, die seinen eigenen diametral entgegengesetzt sind.

Wäre Paracelsus heute auf einem Lehrstuhl für Medizin denkbar? Könnte er unsere heutigen Studenten belehren? Und doch wird er so geehrt und gefeiert. – Vielleicht aus einem Mißverständnis heraus?

Die Goetheanisten

Vereinzelt liegen zwar umfangreiche und gründliche Neuveröffentlichungen vor, die jedoch dem allgemeinen Publikum kaum zugänglich sind. Auch mehrere Neu-Herausgaben mit Kommentaren haben kaum einen größeren Leserkreis gefunden. Doch wären viele von ihnen heute wiederum aktuell, in einer Zeit, die zunehmend Kritik übt an der Art, wie sich wissenschaftliches Denken entwickelt hat.

So tiefschürfend ihre Untersuchungen auf unterschiedlichen Fachgebieten waren, so waren sie alle keine Fachwissenschaftler im heutigen Sinn, sondern sie hatten ein breites fachübergreifendes Wissen. Kosmologische Aspekte sind verwoben mit ärztlichen, theologischen und philosophischen Betrachtungen. Das Leitmotiv der Goetheanisten ist, die Spuren des Geistigen in der Materie nachzuweisen. Ihre klassischen Vertreter untersuchten mit exakter Beobachtung die sich in der Sinnenwelt bietenden Erscheinungen.

So bedeutend ihre Repräsentanten auch waren, so müssen fast alle zu einer vergessenen Geistesströmung Europas gerechnet werden, vergleichbar mit dem Taoismus in China. Daher gibt es kaum eine sie in größerem Umfang würdigende Literatur, die sie in die Geschichte eingliedern würde.

In einer kleinen Übersicht von R. Riemeck (»Beispiele Goetheanistischen Denkens«) findet sich ein Text des Arztes *Heinroth* aus seinem »Lehrbuch der Anthropologie« (1831). Er schreibt, daß die »»Resultate der empirischen und analytischen Forschung‹ ... ›die Sammlung einer

Buchstabenschrift‹« seien und »›in dem Prinzip der Idee den(r) Schlüssel zur Entzifferung derselben‹« zu finden sei. »Den ›Standpunkt des Forschers‹, der eine solche Haltung einnimmt, bezeichnet Heinroth als denjenigen des ›gegenständlichen Denkens‹. Diesen Standpunkt verdanken wir ›zugleich mit der Methode selbst einem Genius, der von den meisten von uns nur für einen Dichter, nicht auch für einen Denker gehalten wird. Es ist Goethe.‹« (R. Riemeck, S. 6f.) »Es war ihr Streben (der Goetheanisten), zu einem anschauenden Erkennen zu gelangen, den Blick von den Teilen auf das Ganze zu lenken, im Mikrokosmos den Makrokosmos zu entdecken, die Polarität des Daseins in der Synthese eines höheren Dritten zu vereinen.« (R. Riemeck, S. 6)

W. H. Preuss (1843–1909) ist ein herausragender Vertreter dieser Gruppe. Dem bürgerlichen Beruf nach war er Fachlehrer für Mathematik und Chemie, damit ist jedoch die breite Basis seines umfassenden Denkens keineswegs determiniert. In einer Neuausgabe seines Werkes (herausgegeben von R. Riemeck und W. Schad) – von über 300 Seiten – mit dem Titel »Geist und Stoff« weisen der Untertitel und das Motto auf die Richtung seines Erkenntnisstrebens hin. Der Untertitel lautet: »Erläuterungen des Verhältnisses zwischen Welt und Mensch nach dem Zeugnis der Organismen.« Das Buch wird mit den Zeilen »Das Problem des Lebens ist das Problem des Weltalls« eingestimmt. In diesem Buch wird nach phänomenologischen Gesichtspunkten eine spiritualisierte Naturwissenschaft dargestellt, die ein Bollwerk gegen den heraufziehenden Materialismus und Darwinismus hätte sein können.

Ennemoser (1787–1854) ist einer der originellsten damaligen Ärzte. Auch von ihm liegt eine Neuausgabe seines Werkes »Untersuchungen über den Ursprung und das Wesen der menschlichen Seele« vor mit dem Fragment »Mein Leben« (herausgegeben von K. Boegner und R. Riemeck). Besonders heute, während einer Phase der technisierten Medizin, die den Menschen zu verlieren droht, ist diese Arbeit höchst aktuell. Um 1824 schrieb Ennemoser, der Mensch bestehe aus dem physischen Leib, der von den Naturgesetzen abhängig ist, aus der Seele und aus dem »… erscheinende(n) Geist«, d. h. der »aus dem Leibe an die Offenbarung getretene(n) geistige(n) Erscheinung«. »Was in der Natur des Menschen dauerhaft, einfach und nicht mit der sinnlichen Erscheinung wechselt, ist geistig. Geist ist also das Wesen des Menschen.« Der Mensch ist ein unsterbliches Wesen, dessen Ursprung nicht mit der Geburt erklärt werden kann. In seinen Arbeiten findet sich eine Bemerkung, die für Ennemosers ausgezeichnete ärztliche Beobachtung spricht. Er stellte fest, daß das Herz bereits unruhig wird, zu langsam oder zu schnell schlägt, wenn andere Organe noch »neutral« bleiben (siehe Kap. »Sinneswahrnehmung und Terzenerleben«). In gerichtsmedizinischen Studien versuchte er den Zusammenhang zwischen Sektionsbefunden bei Wahnsinnigen bzw. Verbrechern herauszufinden. Trotz vieler Untersuchungen, die mehrdeutige Befunde ergaben, blieb der Zusammenhang unklar.

Der Arzt und Pädagoge *Troxler*[1] (1780–1866), der später als Professor Philosophie in Basel lehrte, war auch ein bedeutender aktiver Politiker. Seiner Offenheit und unverblümten Kritik an manchen Zuständen, die er mißbilligte, hatte er zu verdanken, daß er ebenso heimlich Basel verlassen mußte wie einst Paracelsus.

Der Extrakt seiner Auffassung zeigt sich in einem Ausspruch: »Im Menschen kehren alle Naturreiche wieder. Der Körper ist die Erdennatur, Leib die Pflanzen-, Seele die Tiernatur, Geist der Mensch«. (Fragmente, S. 192) In dieser Beziehung kommen seine Vorstellungen denjenigen Steiners recht nahe.

In einem zweibändigen Werk »Logik der Wissenschaft des Denkens und Kritik aller Erkenntnis« (1829) finden sich Sätze wie: »Die Anthroposophie ist Philosophie und Anthropologie zugleich und zumal«. Steiner schreibt über ihn: Troxler hat »… aus dem Denken und der Gesinnung der Zeit heraus etwas wie eine ursprüngliche Theosophie geschaffen« (GA 35, S. 64).

Ein idealistisch-philosophisches Menschenbild wird auch von anderen vielseitig begabten Ärzten Anfang des 19. Jahrhunderts vertreten. Für sie war der Mensch eine dreigliedrige Einheit von Leib, Seele und Geist, dessen Existenz nach dem Tode nicht endet (z. B. Passavant).

Diese damals recht berühmten Ärzte trieben trotz ihrer umfangrei-

---

1 Eine ausführliche Biographie wurde von H. E. Lauer und M. Widmer herausgegeben.

chen Praxis – gewiß bedeutete dies nicht einen Massenbetrieb wie heute häufig wissenschaftliche Studien. Beispielsweise wurden mit dem Philosophen Schelling die »Jahrbücher der medizinischen Wissenschaft« herausgegeben. Besonders anatomische Studien waren beliebt; der Beweggrund war der gleiche wie bei Heinroth, Ennemoser und anderen.

Hätten doch der Kreis um Heisenberg und manche anderen Forscher die Texte der Goetheanisten gekannt! Dann hätten sie gesehen, daß Goethes Denkart, die sie ja alle mehr oder weniger suchten, bereits 150 Jahre vor ihnen versucht worden ist als Impuls in das europäische Geistesleben hineinzuführen.

Zu den eigentlichen Vorbereitern Steinerscher Denkweise gehörten die großen Dichter und Denker, die Deutschland zum geistigen Zentrum der damaligen Welt machten. Die bedeutendsten von ihnen, wie Schiller, Goethe, Novalis, Fichte und Fichte-Sohn, sahen den Menschen als ein sich entwickelndes seelisch-geistiges Wesen an, dessen Zentrum das Ich ist. Dieser geistige Strom reichte etwa bis zur Mitte des 19. Jahrhunderts, dann brach er ab. Wie ein Gewitter wirkten die neuen Gedanken Darwins und der großen Chemiker; sie fegten die teilweise verglimmende Denkkraft mancher Epigonen hinweg, aber auch die großen idealistischen Vorstellungen. Schlagartig wurde die Luft »gereinigt« und befreit von »nebulösen« Ansichten über Geist und Seele des Menschen. Plötzlich wurde alles erklärbar, nicht nur die Abstammung des Menschen durch Darwins Evolutionstheorie, sondern auch das Bild des Menschen. Der Mensch wurde mehr und mehr zum meßbaren, physisch zu erfassenden Untersuchungsobjekt. So gesehen ist kein Umwandlungsprozeß von Krankheit zu Gesundheit möglich. Daher ist eine logische Konsequenz dieser Betrachtungsweise die Begründung der berühmten Wiener Ärzteschule, die gegen Ende des 19. Jahrhunderts den therapeutischen Nihilismus postulierte. Erst als nach dem zweiten Weltkrieg die »Wundermittel« der Antibiotika und Sulfonamide entdeckt wurden, konnte der Kampf gegen Kleinstlebewesen begonnen werden. Somit wurde das Untersuchungsobjekt Mensch wiederum behandlungsfähig. Aber: ist Behandlung gleich Heilung?

Als Steiner vor rund 100 Jahren zu wirken begann, stand er vor der Notwendigkeit, wiederum ein Bewußtsein für das geistig-seelische Wesen des Menschen zu wecken, dessen Zentrum sein Ich ist.

Zur besseren Einordnung der späteren Ausführungen – des Vergleichs – schalten wir die Auffassung des Psychiaters Kretschmer, des eigentlichen Begründers der Konstitutionsforschung, ein. Er gehört zu den besten Vertretern moderner westlicher Medizin; in seinen exakten Beschreibungen der Patienten steht das seelische Verhalten im Mittelpunkt. Und doch ist sein Menschenbild nicht differenziert genug, um eine Brücke zwischen chinesischer und westlicher Auffassung bilden zu können.

Die Konstitution des Menschen nach E. Kretschmer

Der Begriff der Konstitution spielt in der Psychiatrie und Inneren Medizin eine zentrale Rolle. Zur Zeit stützt sich zwar die Diagnostik hauptsächlich auf Laborwerte – also chemisch-physikalische Befunde oder bildgebende Verfahren; deshalb ist die Berücksichtigung der Konstitution etwas in den Hintergrund getreten.

Die Konstitution eines Menschen hängt mit derjenigen seiner Vorfahren zusammen, sie stammt aus dem Vererbungsstrom. Wir können in ihr das uns zur Verfügung gestellte Instrument sehen; wie es gespielt wird, hängt von der Individualität des Menschen ab. Kretschmers großes Verdienst ist, daß er den Zusammenhang von seelischer Reaktion und Konstitutionstypus herausgearbeitet hat. Heute gehören seine Entdeckungen zum selbstverständlichen diagnostischen Handwerkszeug jedes Arztes.

In seinem bahnbrechenden Werk »Körperbau und Charakter« werden Untersuchungen an ca. 60000 Gesunden und Kranken beschrieben; es wird aufgezeigt, daß bestimmte konstitutionelle Körperbau-Typen, dem jeweiligen Typus entsprechend, zu charakteristischen seelischen Reaktionen neigen. Kretschmer arbeitete drei Konstitutionstypen heraus: den asthenischen, athletischen und pyknischen Typus.

Seinem Buch ist eine ebenso erheiternde wie treffende Charakteristik der Konstitutionstypen vorangestellt. (Der vollständige Text ist im Anhang aufgeführt, siehe Anmerkung 10.) Der Pykniker: »Wo es heiter und saftig zugeht, da erscheint der dicke Ritter Falstaff, rotnasig und mit spiegelnder Glatze.« Der Astheniker: »Heilige erscheinen überschlank, langgliedrig, durchsichtig, blaß und gotisch«.

Diese beiden Typen haben wir ausgewählt und beschreiben sie – stark verkürzt – mit eigenen Worten.

Der Gesunde repräsentiert ein ausgewogenes Gleichmaß aller Konstitutionstypen. Der Kranke weicht vom jeweiligen Erscheinungsbild im körperlichen und im seelischen Verhalten nach verschiedenen Seiten ab.

1. Der Pykniker: Bewegt sich ungern, ist meist mittelgroß, hat relativ zarte Extremitäten, der Stamm ist breit, das Zwerchfell ist infolge mächtiger Stoffwechselprozesse hochgedrückt, auch durch den meist aufgeblähten Darm; sein breiter Brustkorb ist daher wie von unten hochgeschoben, die Atmung ist dadurch eher schwach und gepreßt. Die Pykniker neigen besonders vom mittleren Lebensalter an zu Fettansatz (Fett enthält auch sehr viel Flüssigkeit). Es sind die Männer, deren Bauch, so um die 50, über dem Gürtel hängt; die Frauen verdecken diese überquellenden Massen meist mit Hüftgürtel.

   Es sind gemütvolle, phantasiereiche Menschen. Unter diesem Typus werden oft Musiker und Dichter gefunden. Je nach dem Begabungsniveau und der individuellen Komponente sind sie meist zu einem Witz aufgelegt, oder sie gehen mal rasch um die Ecke, um sich ein kleines Bierchen zu genehmigen. Ein anderer kennt dagegen alle Schlemmerlokale, der Differenziertere weiß, wo es gute Konzerte oder Ausstellungen berühmter Maler gibt. Der Pykniker ist eher gefühlsbetont, heiter bis niedergeschlagen. Dazu gehört eine Disposition[1] zu Leber-Gallenstörungen. Seelische Entgleisung: manisch (übermäßig heiter) bis depressiv.

2. Der Astheniker: Ein bewegungsfreudiger, schmal gebauter, langgliedriger, eher magerer Typus mit einem schmalen Brustkorb. Er kann viel essen und wird doch nicht dick, das Gewebe ist eher trocken und flüssigkeitsarm als Zeichen zurückgedrängter Stoffwechselprozesse. Unter ihnen finden sich häufig drahtige Sportler und Läufer, Philosophen, Mathematiker. Seelisch eher »kühl« ausgeglichen. Disposition: Tuberkulose. Seelische Entgleisung: schizophrener Formenkreis (Spaltungsbewußtsein).

Der »trockene« Astheniker hat aufgrund seines engen Brustkorbes Schwierigkeiten, den Organismus gründlich zu durchatmen und durch

---

[1] Von disponere: zur Verfügung stellen.

seinen schwachen peripheren Kreislauf – kalte Hände, kalte Füße – sein Herz zu aktivieren.

Der Pykniker, zwischen Trauer und allzugroßer Freudigkeit hin und her schwankend, wird, je nachdem in welcher Phase er sich befindet, heftiger emotional »antworten«, wohingegen der Astheniker weit gelassener bleibt und eher zu einer gewissen Melancholie neigt.

Diesen beiden Konstitutionstypen werden wir als Familie in späteren Kapiteln wieder begegnen. Petras Vater ist ein Pykniker, ihre Mutter eine Asthenikerin.

Wenn wir nun den Vergleich zwischen dem chinesischen Menschenbild und demjenigen Steiners anstellen, ist er gewiß ein unzulängliches Unterfangen, das nicht nur mit den Fehlern des Erst-Versuches behaftet ist; um die wichtigsten Gesichtspunkte herauszuarbeiten, ist eine der »Sache« wesensfremde Schematisierung unvermeidbar.

Der Vergleich

Hsing: Physischer Leib

Folgende Charakterisierung entnehmen wir der »Theosophie« von Steiner (GA 9, S. 23):

»Durch leibliche Sinne lernt man den Leib des Menschen kennen. Und die Betrachtungsart kann dabei keine andere sein als diejenige, durch welche man andere sinnlich wahrnehmbare Dinge kennenlernt. Wie man die Mineralien, die Pflanzen, die Tiere betrachtet, so kann man auch den Menschen betrachten. Er ist mit diesen drei Formen des Daseins verwandt. Gleich den Mineralien baut er seinen Leib aus den Stoffen der Natur auf; gleich den Pflanzen wächst er und pflanzt sich fort; gleich den Tieren nimmt er die Gegenstände um sich herum wahr und bildet auf Grund ihrer Eindrücke in sich innere Erlebnisse. Ein mineralisches, ein pflanzliches und ein tierisches Dasein darf man daher dem Menschen zusprechen.

Die Verschiedenheit im Bau der Mineralien, Pflanzen und Tiere entspricht den drei Formen ihres Daseins. Und dieser Bau – die Gestalt

– ist es, was man mit den Sinnen wahrnimmt und was man allein Leib nennen kann.«

Leib ist ein Wort, das heute weitgehend aus unserem Sprachgebrauch verschwunden ist. Aber Steiner verwendet es, und zwar mit einer klar umrissenen Bedeutung:

»Mit ›Leib‹ soll bezeichnet werden, was einem Wesen von irgendeiner Art ›Gestalt‹, ›Form‹ gibt. Man sollte den Ausdruck ›Leib‹ nicht mit sinnlicher Körperform verwechseln. In dem in dieser Schrift gemeinten Sinne kann die Bezeichnung ›Leib‹ auch für das gebraucht werden, was sich als Seelisches und Geistiges gestaltet.« (GA 9, S. 31)

Deutlich wird aus den Bezeichnungen Steiners wie Lebensleib, Empfindungsleib, die uns weiter unten beschäftigen werden, daß damit nichts physisch Sichtbares gemeint ist.

Wenn Steiner in dem ersten Zitat beschreibt, daß der Leib »gleich den Pflanzen wächst« und sich fortpflanzt, so sehen wir diesen Prozeß mit unseren physischen Augen nicht. Wir können nur messend verfolgen, daß eine Pflanze oder ein Mensch größer geworden ist. Ebensowenig sehe ich die Seele eines anderen Menschen, nur deren Äußerungen, mag er mir nun eine Ohrfeige geben oder mir zart über die Haare streichen. Doch kann der Mensch erleben, ob eine Pflanze frisch und kräftig ist, gut oder schlecht gedeiht. Ebenso wie man einem Menschen ansehen kann, ob er gesund, krank, frisch oder müde aussieht. Auch kann ich wahrnehmen, ob mir eines Menschen Fröhlichkeit oder seine schwerlastende Traurigkeit entgegenströmt. All diese Äußerungen, die Wesentliches des Gegenübers anzeigen oder ausdrücken, sind nicht meßbar und wägbar. Damit habe ich, wenn auch schattenhaft, etwas von der Qualität des physischen Leibes wahrgenommen. In Wirklichkeit ist er ein höchst kompliziertes Gebilde, weil er in sich die weiter unten noch zu besprechenden, sinnlich nicht wahrnehmbaren Bereiche des Lebendigen und Seelischen beinhaltet.

Dem, was Steiner physischen Leib nennt, kommt der chinesische Ausdruck hsing, Gestalt, sehr nahe. So etwa sagt der Arzt Chang Chieh-pin (1563–1640) in dem Text »Über das Heilen der Gestalt« (Ching-yüeh ch'üan-shu, S. 44f.): Wir sehen und hören, sprechen und bewegen uns mit dieser Gestalt, durch sie können wir erst Anmut oder Häßlichkeit wahrnehmen, durch sie können wir untereinander kommunizieren. Diese Gestalt, mit der es auch der Arzt zu tun hat, faßt Chang

Chieh-pin allerdings sehr weit, wenn er anfangs sagt: »Dasjenige, worauf sich das Ich stützt, ist allein die Gestalt. Ist die Gestalt nicht vorhanden, dann auch das Ich nicht.« Das heißt, nur mit und in seiner Gestalt kann sich der Mensch als irdisches Wesen äußern und leben. – Chang Chieh-pin ist nicht der Ansicht, daß die Existenz des Menschen überhaupt *nur* in dieser Gestalt besteht. – Würde die äußere Gestalt beispielsweise überanstrengt, so schädigt dies Knochen und Muskeln; wird die *innere* Gestalt durch Gemütsbewegungen geschädigt, so wird die Geisteskraft geschwächt. Unter dieser inneren Gestalt – wörtlich *Gestalt der Innengemächer* – versteht Chang Chieh-pin offensichtlich das gleiche, wie es Steiner im letzten Satz des zweiten Zitates ausführt. Wenn beispielsweise ein Mensch durch tiefgreifende seelische Erlebnisse erschüttert wird, verändert er die Form, die Gestalt seines Seelisch-Geistigen, und gewiß hat Chang Chieh-pin recht, daß im Moment der seelischen Erschütterung die Geisteskraft geschwächt ist. Die Gestalt der Innengemächer hat sich verändert, sie kann eventuell sogar in ein Durcheinander geraten. Diese Gestalt der *Innengemächer* von Chang Chieh-pin entspricht dem Leib des Seelisch-Geistigen bei Steiner.

Den mineralischen Körper, der beim Tod als Leichnam zurückbleibt, nennt Steiner den physischen Leib. Es ist dieser Körper, von dem man in Europa seit der Neuzeit so unendlich viele Kenntnisse durch Sezieren und Mikroskopieren gesammelt hat. Von diesen Kenntnissen konnte und mußte Steiner im 20. Jahrhundert ausgehen. Die Chinesen hatten sie bis zum Einbruch westlichen Denkens noch kaum, weil ein Interesse dafür nur sehr vereinzelt bestand. In einem solchen Körper gab es keine Innengemächer, er konnte nicht einmal überanstrengt werden.

Ching: Lebensleib

»Die Ankunft des Lebens heißt Ching« (»Ling-shu«, Kap. 8) und »Ching gibt sich dem Aufbau hin« (»Su-wen« 5). Es ist dem Wäßrigen zugeordnet und steht unter der Oberhoheit von Yin. Ching enthält aber auch Yang. Dies mit einem deutschen Wort wiederzugeben, ist schwierig.

Folgende Übersetzungen sind üblich: Essenz, das zu allgemein und, genauer betrachtet, auch irreführend ist, bedeutet doch Essenz das Wesen; Feinstes, Feinstteile, das sofort die Frage auslöst: wovon? Oder Same, Spermium, was wieder allzu einschränkend ist. Auch der Ausdruck Feinstofflichkeit wird benutzt, er kann nur einer materialistischen Auffassung entstammen, die ein Zerrbild chinesischen Verständnisses ist. Die konkrete Grundbedeutung des Schriftzeichens für Ching ist das rein weiße, enthülste Reiskorn. Möglicherweise verbirgt sich dahinter die Idee des zum nährenden Aufbau fähigen Inneren, das aber äußerlich gar nicht sichtbar wird.

Im Anhang zu seinem »Lei-ching« setzt sich Chang Chieh-pin mit verschiedenen Meinungen kritisch auseinander. Im folgenden Zitat in Dialogform (»Lei-ching t'u-i«, S. 442) verteidigt er sich gegenüber einem wohl nur vorgestellten Gegner, gleichsam einem Zensor für seine eigene Meinung. Es gilt klarzustellen, inwiefern im Wasser, das an sich Yin zugehört, doch auch Yang enthalten ist. Denn könnte es sonst Leben spenden? Dem Wasser ist Ching zugeordnet oder, wie wir sagen können, das Wäßrige ist physische Matrize für Ching. Wir bringen die Stelle, ohne zu erklären, was »die Eins« bedeutet; es würde uns zu weit vom jetzigen Gedankengang ablenken:

»Jener sprach: ... Und wie kommt es zur Aussage: ›Das Wasser kann allen Wesen das Leben bringen?‹ Ist das Wasser nicht doch eine lebensbringende Kraft?

Ich erwiderte: Diese Fragen gehen noch tiefer. Die Eins des Himmels ist des Himmels Eins; die Eins ist Yang. ... Daß also das Wasser den Geschöpfen Leben bringt, geschieht durch diese Eins; daß das Wasser Kräfte umsetzt, geschieht ebenfalls durch diese Eins. Haben Sie noch nicht das Wasser im Frühling und Sommer beobachtet? Nimmt es die Erde auf, so kann sie sprießen und wachsen lassen. Ist das nicht so, weil diese Eins vorhanden ist? Und das Wasser im Herbst und Winter? Nimmt es die Erde auf, so läßt es sie nicht sprießen und wachsen. Ist das nicht so, weil diese Eins fehlt? Nicht nur, daß nichts sprießt, sondern durch seine Eisbildung ist dieses Wasser gar todbringend. Macht dies nicht ersichtlich, daß das Wasser deshalb Leben spendet und deshalb Antrieb gibt, weil es von den Yang-Kräften beherrscht wird? Demnach gibt es im Wasser Yang, nicht aber ist es so, daß das Wasser Yang wäre.«

Daß das Wasser den Geschöpfen Leben bringt, erleben wir heute noch genauso wie Chang Chieh-pin damals jedes Frühjahr in der aufsprießenden Pflanzenwelt und den wasserreichen Bächen und Flüssen, die die Erde bis ins Kleinste durchriesen. Jedes gesunde Neugeborene ist ein Bild dieser Kräfte, es besteht zu 90–95 % aus Flüssigkeit, die im Laufe des Lebens allmählich abnimmt, aber noch der Greis besteht zu 70–75 % aus Flüssigkeit. Die Lebenskraft, die im Wäßrigen wirkt, hat im Alter abgenommen. Chang Chieh-pin schreibt in seinem Kommentar zu »Suwen« (Kap. 5), Ching sei das Wasser. »Daher ist der Geschöpfe Gestalt zu Beginn ihres Lebens ganz wäßrig.« (»Lei-ching«, S. 17)

Wir kommen nochmals zurück auf Chang Chieh-pins Ansicht »Über das Heilen der Gestalt«. Dort betont er, wer die Gestalt heilen will, muß Ching und Blut zur Hauptsache machen. (Die Bedeutung des Blutes soll uns hier nicht beschäftigen.) Weiter sagt er: »Die Eins des Himmels bringt das Wasser hervor, das Wasser aber ist der Ahne der Gestalt.« Ist dies nicht sehr verwandt dem, was Steiner sagt, jeder Pflanze, jedem Tier sei außer der physischen Gestalt noch die lebenerfüllte Geistgestalt eigen? Diese Geistgestalt nennt er Ätherleib[1], Lebensleib oder auch Bildekräfteleib; es ist eine niederste, nicht mehr physisch-sinnlich wahrnehmbare Geistigkeit.

Im physischen Körper sind dieselben physischen Stoffe und Kräfte vorhanden wie in der unbelebten Natur, aber diese sind nicht fähig, ihn zu bilden. Entstehen kann er nur durch die Fortpflanzung, und seine ausgebildete Gestalt erhält er durch Wachstum. Die Fortpflanzungs- und Wachstumskräfte widersprechen geradezu den Stoffeskräften, indem durch sie die Art erhalten bleibt, obschon die Stoffe einem fortwährenden Wechsel unterworfen sind und die einzelnen Individuen fortwährend ins Leben treten und wieder vergehen. Erst durch diese Lebenskraft[2] ist es möglich, daß der physische Leib während des Lebens in jedem Augenblick vor dem Zerfall bewahrt wird (vgl. GA 9, S. 28ff.).

---

1 Die Bezeichnung Ätherleib wird von Steiner besonders zu Beginn seines Wirkens benutzt, da er zur damaligen Zeit gezwungen war, sich an Zuhörer bzw. Leser zu wenden, denen diese Bezeichnungen verständlich waren. Später wurde dieser Ausdruck fast durchweg ersetzt durch Lebensleib sowie Astralleib durch Empfindungsleib/Empfindungsseele.

2 Steiner wendet sich ausführlich und dezidiert dagegen, dasjenige, was er unter diesem Begriff versteht, zu verwechseln mit der Lebenskraft der älteren Naturwissenschaft. – »... Man kann nicht genug tun, um dem Mißverständnis vorzubeugen ...« (GA 9, S. 30).

Hingegen ist durch Ching – durch den Lebensleib – noch kein individuelles Leben gegeben. In »Kuan-yin-tzu« (Buch 4, S. 1a) lesen wir: »Bezüglich Ching gibt es den anderen Menschen nicht.« Damit wird ausgedrückt, daß der Mensch durch Ching noch nicht zum Individuum wird, aber auch, daß er durch seinen Lebensleib dem gleichen Erbstrom angehört, der sich u. a. in der Konstitution zeigt. Deshalb sind Krankheiten, die bereits bei den Vorfahren aufgetreten sind, so schwer heilbar. Es ist schon schwierig genug, das Temperament eines Menschen umzuwandeln, obschon es weit weniger in die Vererbungskräfte eingebunden ist als die Konstitution. – Im Kapitel »Meister Chang« wird es auch darum gehen, wie sich der Mensch aus diesem Erbstrom heraus- und sich von ihm ablösen kann.

Daß ein Übermaß an Ching bzw. Lebenskräften keineswegs eine größere Vitalität bedeuten muß, zeigt der Pykniker, dessen Lebensgeister durchaus nicht übersprudelnd sein müssen. Er hat Ching/Lebensleib nicht vollkommen, nicht ausgewogen. Seine zu stark ausgeprägten wäßrigen Prozesse beengen seine rhythmischen Atmungsprozesse, wodurch wiederum das reguläre Funktionieren seines Herz-Kreislaufsystems gestört werden kann.

Dagegen heißt es in der gleichen Abhandlung »Kuan-Yin-tzu« - im Kommentar von Niu –: »Daß (das) Wasser von hohem Alter ist, bedeutet, daß es lange nicht austrocknet. Daher weiß man, daß der, welcher sein Ching vollkommen hat, lange lebt ...«.

Erst wenn nach der Geburt Ching/Lebensleib, das quellende und sprossende Leben bestimmend, abnehmen, vermindert sich das Schlafbedürfnis des Kindes, und sein Bewußtsein wird wacher[1]. Der heranwachsende Mensch wendet sich seiner Umgebung mit eigenen Empfindungen zu und beginnt, seine persönliche Seelenwelt zu entwickeln. Damit werden die Kräfte von P'o wirksam, die im folgenden Kapitel betrachtet werden.

---

1   Von Steiner wurde erstmals die Metamorphose des Lebensleibes zum Wachbewußtsein entwickelt, die die Erklärung dieses Vorganges ist. Auf dieses Problem soll hier nur hingewiesen werden (siehe GA 27, Kap. V).

P'o: Empfindungsleib/Empfindungsseele

Mit diesem Kapitel erreichen wir einen Kernpunkt unserer Arbeit. Innerhalb dieses Seelenbereiches ist ein Geheimnis verborgen, warum Chinesen keine Naturwissenschaft in unserem Sinne haben und haben können, und warum auch heute noch pentatonische Musik bevorzugt gespielt wird.

P'o ist derjenige Seelenteil, der dem Körperlichen zugewandt ist. Deshalb ist die Übersetzung, die R. Wilhelm ihr gibt: »Körperseele« ziemlich treffend. Auch wenn in der Einleitung noch aus Unkenntnis der Zusammenhänge die Wortschöpfung R. Wilhelms befremdlich genannt wurde, so wird dieses Kapitel zeigen, daß er damit der Wirklichkeit nahekommt. Im »Ling-shu« (Kap. VIII) steht über den beiden Seelengliedern Hun – welches wir in einem späteren Abschnitt behandeln – und P'o:

»Was dem Geiste folgend kommt und geht, heißt Hun. Was in Verbindung mit Ching einhergeht, heißt P'o.«

Wie Chang Chieh-pin kommentiert, ist es Ching, das den Körper physisch formt. Durch P'o wird einerseits die Bewegung und Betätigung ermöglicht, andererseits die sinnliche Wahrnehmung. »Ein beißendes Jucken nimmt man aufgrund von P'o wahr.«

In einem Text von einem gewissen K'ung aus der Tang-Zeit (618–907) von dem wir nicht mehr als die von Chang Chieh-pin zitierten Worte gefunden haben, heißt es:

»Wenn der Mensch hervorkommt, beginnt er sich zu seiner Gestalt zu formen. Das (seelisch)[1] Wirksame in seiner Gestalt heißt P'o; innerhalb P'o gibt es naturgegeben Yang-Ch'i. Der geistige (Teil) von Ch'i heißt Hun, für den (in der Gestalt) wirksamen heißt er P'o. Am Anfang des Lebens kommen Ohr, Auge und Herz zu Bewußtsein, Arme und Beine bewegen sich: das ist (verursacht durch) das Wirksame von P'o. Wenn dann das Geist-Wesen zu Bewußtsein kommt und allmählich Wissen entsteht, so ist dies (verursacht durch) das Geistige des Ch'i.« (»Leiching«, 3. Buch, Kap. 1)

»Was in Verbindung mit Ching einhergeht«, entspricht ziemlich genau dem, was Steiner Seelenleib oder Empfindungsleib nennt. Er be-

---

[1] Zur Verdeutlichung haben wir die im chinesischen Text fehlenden Worte hier und im Folgenden in Klammern eingefügt.

zeichnet ihn als einen feineren Teil des Lebensleibes, an der Grenze[1] zwischen physischem Leib und Lebensleib einerseits und Empfindungsseele andererseits. Unter Empfindungsseele versteht Steiner dasjenige, was durch die Vermittlung der leiblichen Sinne verinnerlicht wird, auch die sich daran anschließenden Gefühle von Lust und Unlust, Triebe, Instinkte und Leidenschaften (vgl. GA 9, S. 33ff.). Es sind also Reaktionen, die aus dem Leiblichen hervorgehen, wenn der Hunger zum Essen treibt, der Instinkt vor Schädlichem bewahrt oder die Leidenschaft zum Glücksspiel hinreißt.

Denken wir nochmals an unseren Pykniker. Es ist der Lebensleib oder Ching, der nach einem zu üppigen Mahle in zusätzliche Aktivität gerät, weil seine Verdauungsprozesse zu heftig werden und ihn stören. Das dumpfe, drückende Gefühl in der Magengegend nimmt der Empfindungsleib wahr. Wenn er dann verstimmt und unleidlich wird, so nimmt er dieses durch seine Empfindungsseele wahr. Daß die Leiblichkeit zum Untergrund des Seelischen wird (GA 9, S. 35), erlebt er unmittelbar und konkret. Wie einfach erläutert Chang Chieh-pin das Jucken durch P'o. Ob heute noch für den Chinesen die ganze Palette der Möglichkeiten, die P'o sonst noch hat, aufleuchtet?

Es ist die Empfindungsseele, welche den Genuß erstrebt, der Empfindungsleib genießt ihn; ihn zu suchen und in bester Weise auszuwählen, gehört hingegen zur Tätigkeit der Verstandesseele. Sie urteilt: Iß den Kuchen nicht, tut dir nicht gut!

Diese Verstandesseele wird von Steiner folgendermaßen beschrieben: »Seinen Trieben, Instinkten und Leidenschaften folgt der Mensch nicht blindlings; sein Nachdenken führt die Gelegenheit herbei, durch die er sie befriedigen kann.« (GA 9, S. 34ff.) Das Seelenglied, welches das Denken in den Dienst der unmittelbaren Empfindung stellt, nennt Steiner Verstandes- oder Gemütsseele.

Dieses Seelenglied wird wohl in obigem Zitat von K'ung angedeutet durch die Äußerung, daß es *innerhalb* P'o naturgegeben Yang-Ch'i gäbe. Denn Yang dürfte an dieser Stelle als geistig aufzufassen sein. Das heißt, das geistigste Wesensglied des Menschen, das Ich, befindet sich noch in einer niedrigen Entwicklungsphase. Zu seinen Eigenschaften gehört die

---

1 »Grenze« ist selbstverständlich qualitativ und nicht räumlich zu verstehen.

Entscheidungsfähigkeit, die es auch auf dieser Entwicklungsstufe betätigt. Wenn aber die Verstandesseele – Yang-Ch'i – bereits sagt: »Iß den Kuchen nicht«, so hat der Mensch sein Ich zu einem höheren Niveau entwickelt. – Auf die spezifische Bedeutung von Yin, dem Natürlichen, durch die Abstammung Gegebenen, gegenüber Yang als dem geistig Selbsterarbeiteten werden wir im Kapitel »Meister Chang: Die Überwindung des Yin – der Kampf um das Ich« wieder stoßen. – Ch'i kann an dieser Stelle, da es sich um des Menschen Ch'i handelt, kurz als ein Seelisches bezeichnet werden. Außer dieser Stelle über Yang-Ch'i konnten wir keine konkreteren Angaben finden, dies scheint auch nicht erstaunlich. Das Ich, bzw. seine Art, impulsiert das Denken und gibt ihm die Richtung.

Eine Trennung zwischen Gefühl und Verstand, die sich vorwiegend seit einigen Jahrhunderten im Abendland entwickelte, fand in China kaum statt. Dadurch, daß die Verstandesseite der Verstandesseele stärker betont wird, entsteht der Charakter der westlichen Zivilisation. Dieser hat beispielsweise den PC, mit dem diese Zeilen so bequem geschrieben werden, geschaffen. Ein weiteres Beispiel zur Verstandes- und Gemütsseele aus dem täglichen Leben: Die vierjährige Petra kommt im eiskalten Winter blaugefroren nach Hause. Beide Eltern schimpfen, der Vater analysiert, warum sie nicht wärmer angezogen war und was alles hätte passieren können, dann wendet er sich seiner Lektüre zu. Die gemüthafte Mutter gibt Petra einen heißen Tee, steckt sie ins heiße Bad und dann ins Bett.

In China wird vorwiegend die Gemütsseele entwickelt, deshalb ist Yang-Ch'i nicht erwähnenswert. Durch die stärkere Entwicklung der Gemütsseite der Verstandesseele haben die Chinesen einen ausgeprägten Sinn für alles Praktische, der sie all die verblüffend einfachen Geräte und Maschinen hat erfinden lassen, weil sie fähig sind, sich in die Vorgänge hineinzufühlen. Hingegen konnten sie weder einen Atomreaktor noch einen Computer entwickeln, weil beides eine abstrakte Grundlagenforschung in Physik bzw. Elektronik voraussetzt, die vor allem auf einem vom Empfinden losgelösten Verstandesdenken beruht.

Es bestehen mehrere wesentliche Unterschiede. Steiner führt in Vorträgen (GA 283, S. 75) aus, daß in einer Kultur, die die Pentatonik praktiziert (worauf weiter unten genauer eingegangen wird), Verbindungen der Wesensglieder untereinander bestehen. Erst zur Zeit der Polyphonie bzw. Terzenmusik werde eine Trennung vollzogen. Das bedeutet einen grundsätzlichen konstitutionellen *und* Bewußtseinswandel. Der Leser mag sich an die Heiratslegende erinnern (siehe Kap. »Einige Erzählungen und Überlieferungen«), die auch heute insofern noch gilt, als nach wie vor das pentatonische System gilt. Dieses Beispiel zeigt, wie eng Konstitution und Bewußtsein miteinander verknüpft sind. Grundsätzlich *erleben* wir ebensowenig eine Quinte wie die Chinesen eine Terz.

Das Denken trifft also auf ein anderes Instrument; auch wenn es völlig gleich wäre, so müßte die Qualität des Tones doch anders sein! Gleiche Töne von Trompete und Geige haben einen unterschiedlichen Charakter!

Ein weiterer Unterschied ist: Wir benutzen als leibliche Grundlage des Denkens vorwiegend unser Gehirn. Dagegen wird in China immer wieder das Herz-Denken betont. Selbstverständlich denken Chinesen auch mit dem Gehirn, und wie gut sie dieses können, haben sie ja auf vielen Gebieten bewiesen! Aber diese Art des Denkens wird weit niedriger bewertet als diejenige des Herz-Denkens.

Die westliche Art des Denkens hat zu einer hochtechnisierten Naturwissenschaft geführt, die sich heute weitgehend vom menschlichen Bezug entfernt hat. China bringt zwar perfekte Imitationen dieser Naturwissenschaft hervor, aber *kann* aus den eben genannten Gründen keine Naturwissenschaft im westlichen Sinne entwickeln.

Das Herz ist ein Affe

Dem Weisen Kuan-yin-tzu, dem sogenannten »Grenzwächter«, sind wir schon einmal begegnet, als er Lao-tzu vor seinem Tode gebeten haben soll, seine 81 Sprüche aufzuschreiben (siehe Kap. »Textmaterial«). Die folgenden Worte sind einem Werk entnommen mit dem Titel »Grenzwächter« (Kap. IV).

»Das Träumen (ist durch) P'o (bewirkt). Es ist (ursprünglich) ohne Unterscheidung. (Erst) wenn analysiert wird, kommt die Unterscheidung. Dann wird man analysierend sagen: (Da ist) der andere, (hier bin) ich.[1] Das bedeutet, daß sich P'o eingegliedert hat.« (siehe Kap. »Das neue Herz«)

1 Zur Verdeutlichung haben wir die im chinesischen Text fehlenden Worte hier und im Folgenden in Klammern eingefügt.

Hier wird offensichtlich auch eine gewisse Entwicklung im Laufe des Lebens betrachtet; es ist unleugbar, daß das Neugeborene ein träumendes Bewußtsein hat, das halb zwischen Schlafen und »Wachen« hin und her pendelt. Erst im Laufe des Lebens wird »analysiert«.

Das »Träumen« ist aber hier gewiß auch in einem umfassenderen Sinne zu verstehen als ein Bewußtsein, mit dem der Mensch sich selbst mit all seinen Wünschen, Trieben und Begierden als »*Ich*« und *für sich* hinstellt. Dieses tritt beim sich entwickelnden jungen Menschen zunächst als Empfindungsleib und besonders als Empfindungsseele in Erscheinung und macht sich intensiv während der Entwicklungsphase um die Pubertätszeit geltend, in der er sein Seelenleben von anderen Menschen abgrenzt und beginnt, sich zur Persönlichkeit zu entwickeln. »Da ist der andere, hier bin ich« ist leidlich bekannt als Grund zu heftigen Spannungen zwischen alter und junger Generation. Diese Art des Individualisierungsvorganges beschränkt sich durchaus nicht nur auf eine Jugendphase, viele Menschen behalten sie ihr ganzes Leben.

In China werden verschiedene Stufen des Ich-Bewußtseins unterschieden, die uns mehrfach begegnen werden. Damit hängt die für den Abendländer verblüffende Formulierung zusammen: »Das Herz ist ein Affe«; deshalb wurde sie auch als Buchtitel gewählt. Denn derjenige Mensch, der sich auf der Ich-Stufe von P'o befindet, genießt und untersucht neugierig die Welt und versucht stets auf sich aufmerksam zu machen – wie der Affe, der in seiner Unruhe auch alles neugierig untersucht, nascht und eventuell mit Nüssen schmeißt, um auf sich aufmerksam zu machen. Da nun in China das Herz Sinnesorgan par excellence ist, der Mensch auf der Stufe des P'o-Bewußtseins die Welt in dieser Art erlebt, heißt es: das Herz ist ein Affe.

Beginnt nun der Mensch zu »analysieren«, so bleibt er doch in gewissem Sinne ein Träumender, denn diese seine Welt hat ihre Begrenzung im naturgegebenen P'o-Bewußtsein, das sich selbst als Zentrum alles Erlebten betrachtet. Erst dann wird dem Menschen Geistklarheit zugesprochen, wenn er Hun – das wir weiter unten besprechen werden – erworben hat.

Wie ein unüberbrückbarer Widerspruch mag erscheinen, wenn wir im Folgenden zur Charakteristik von P'o ausgerechnet Goethe zitieren, ist er doch im Abendland der Inaugurator einer *neuen naturwissenschaftli-*

chen Denkweise. Aber Goethes Denken ist so umfassend, daß er das *Prinzip* der Seelenhaltung erfaßt[1]:

»Sobald der Mensch der Gegenstände um sich her gewahr wird, betrachtet er sie in bezug auf sich selbst; und mit Recht, denn es hängt sein ganzes Schicksal davon ab, ob sie ihm gefallen oder mißfallen, ob sie ihn anziehen oder abstoßen, ob sie ihm nützen oder schaden. Diese ganz natürliche Art, die Dinge anzusehen und zu beurteilen, scheint so leicht zu sein, als sie notwendig ist, und doch ist der Mensch dabei tausend Irrtümern ausgesetzt, die ihn oft beschämen und ihm das Leben verbittern.«

Wird damit nicht unsere heutige eigene Situation auf dem westlichen Globus beschrieben, die unsere Sicherheit auf vielen Gebieten erschüttert hat? (Beispielsweise war die Medizin so stolz, Seuchen ausgerottet zu haben, und nun erscheint eine üble, undurchschaubare Pandemie: AIDS.) Sind wir nicht »tausend Irrtümern ausgesetzt« – und: müßten sie uns nicht »beschämen«? Ob *diese* Art des Verstandesseelendenkens, die Dinge zu handhaben, unzulänglich ist? Selbstverständlich ist nicht gemeint, daß wir nun unsererseits das alte China imitieren sollen!

Trotzdem hat uns diese Verstandesseele, *unser* Erfindergeist eine unendliche Bereicherung und Bequemlichkeit gebracht. Diese westliche Industriegesellschaft wird in China nachgeahmt mit den gleichen katastrophalen Folgen wie im Westen. Die Zeit der Glöckchen in Haus und Feld dürfte unwiederbringlich vorbei sein. Solange in China oberstes Handlungsprinzip war, denkend, einfühlend mit Naturprozessen umzugehen, waren auch dort die heute existenzgefährdenden Umweltschäden unbekannt. Hätte das alte, ursprüngliche »Herz-Denken« China nicht vor diesen Schäden bewahren können? Ob die chinesischen Manager, die kritiklos Wesensfremdes in das Land importieren, sich selbst in einem konstitutionellen Wandlungsprozeß befinden? Sollte hierin der Grund zu finden sein für die heutige Verunsicherung großer Teile der Bevölkerung? (Siehe Kap. »Verunsicherung in China«.)

---

1 Goethe leitet 1793 seine naturwissenschaftlichen Schriften ein mit einem Aufsatz: »Der Versuch als Mittler zwischen Subjekt und Objekt«. Steiner zitiert den ganzen Satz, von dem wir an dieser Stelle nur den ersten Teil bringen, als einleitende Worte des Anfangskapitels der »Theosophie« (GA 9, Kap. »Das Wesen des Menschen«, S. 20).

Dagegen hat sich der chinesische Erfindergeist, die chinesische Verstandesseele, mehr der Gemütsseite, der Vervollkommnung von Lust und Ästhetik zugewendet. Diese einfühlsame Art ist Ausdruck der chinesischen Gemütsseele und des Herz-Denkens, die bis ins tägliche Leben hinein ihre verschiedenen Facetten zeigen. Die liebevoll hergerichteten Tee-Zeremonien, die Aufmerksamkeiten, die dem Gast entgegengebracht werden bis zu den – mehr oder weniger – gebildeten »Geishas«, die ihnen zur Verfügung stehen. All diese Sitten und Gebräuche sind in vielen Büchern der Weltliteratur beschrieben.[1] Die ausgeklügelte Gartenbaukunst, künstliche Seen, Wasserläufe und Felsen werden zu einem natürlich-ästhetischen Ganzen geformt. Auch das auf der ganzen Welt berühmte, mit raffiniertester Technik hergestellte Porzellan ist Ausdruck des hochentwickelten ästhetischen Empfindens. Diese Art des künstlerischen Gestaltens bis in die tägliche Umgebung hinein ist Ausdruck der Gemütsseelenhaltung Chinas. Diese Seite der Verstandesseele findet alles, was dem Menschen Freude und Genuß bereiten kann. Versucht sich nicht auch jeder in westlichen Ländern, sein Zuhause so hübsch und gemütlich zu machen wie nur möglich? Nur: so differenziert, zu einer Kunst erhoben, bleibt es den Chinesen vorbehalten.

Solche Eigenschaften müssen im Gefühlsbereich zu einer Art Höhepunkt führen, daher gibt es in China »Die Kunst der Schlafkammer«, die berühmte Liebeskunst. Eine andere Seite des einfühlsamen Gemütsseelendenkens soll nicht unterschlagen werden: Chinesen haben eine gewisse Meisterschaft, ihre Feinde zu quälen.

Über die Liebeskunst der Chinesen

Daß man sich bis in die Neuzeit hinein über die Erotik in sehr freier Art geäußert hat und ihr auch einen kulturell hohen Stellenwert beimaß, scheint wesentlich in der Auffassung einer Weltordnung zu liegen, die sich in einem Wechselspiel von Yin und Yang in allem, vom Größten bis zum Kleinsten, manifestiert. Entsprechend spielen eben auch Yin und Yang in der Erotik und Sexualität zusammen. Im I-ching wird das ganz eindeutig hingestellt:

---

1   R. Wilhelm, E. Wickert (siehe Literaturverzeichnis).

»Indem Himmel und Erde zusammenwirken, entfalten sich alle Wesen. Indem das Männliche und das Weibliche ihr Ching vereinigen, werden alle Wesen geboren.« (Hsi-tzu hsia, Kap. 5, in R. Wilhelm, »I Ging«, S. 316)

Es ist ein poetisches Bild für die Kunst der Liebe: Der Regen fällt vom Himmel, die Wolken steigen von der Erde auf.

Ein Grund, daß dieses Thema viel zu denken und zu erörtern gab, war gewiß auch die Polygamie. Als großer Kenner auf diesem Gebiet wird der mythologische Gelbe Kaiser dargestellt. Er soll nicht weniger als zwölfhundert Frauen gehabt haben. Er hat ein langes Leben genossen und ist schließlich zum Himmel gefahren. Auf dem Gebiet der Medizin hatte er in Ch'i-po seinen weisheitsvollen Lehrer gefunden: Der große Medizinklassiker »Nei-ching« ist als Dialog zwischen den beiden abgefaßt. Auch für die Kunst der Schlafkammer hatte er eine ausgezeichnete Lehrerin: Su-nü, die *Schlichte Maid*, die ursprünglich wohl eine Fruchtbarkeitsgöttin war. In den Sexualkompendien treten sehr häufig Dialoge zwischen dem Gelben Kaiser und Su-nü auf. Diese Parallelität von Medizin und Erotik ist kein Zufall, denn man sah einen unmittelbaren Zusammenhang zwischen Gesundheit, langem Leben und den Liebesspielen. Übte man sich in den geeigneten Formen, bedeutete dies nicht nur vermehrte Lust, sondern auch eine Erhöhung der Vitalität und Lebensqualität. Wurden sie mißachtet, so war dies nicht nur eine Verrohung, sondern konnte auch Schwäche und einen frühen Tod bedingen. Eines der Sexualhandbücher, das möglicherweise im 7. Jahrhundert zusammengestellt wurde, das »Tung-hsüan-tzu«, »Meister Grottengeheimnis«, beginnt mit der Feststellung, daß der Mensch das höchste unter allen Wesen sei. Unter allen Dingen sei ihm nichts segensreicher als der Sexualverkehr, denn er hat sein Modell im Zusammenwirken von Himmel und Erde.

In derselben Schrift werden minutiös die Art der gegenseitigen Annäherung und schließlich 30 grundlegende Stellungen beschrieben, die mit blumigen Namen bezeichnet werden. (S. R. H. van Gulik, »The Sexual Life in Ancient China«; er gibt dort eine Übersetzung dieses Werkes auf S. 125 ff. Da die brisanten Details nur für seriöse Forscher bestimmt sind, sind dieselben in hübsches Latein übersetzt.)

Vor allem darüber, was sich in den inneren Gemächern des Kaiserpalastes abspielte, gibt es schon seit der früheren Han-Dynastie (206 v.

Chr. – 8 n. Chr.) überaus reiches Material, von dem sich Teile auch in den offiziellen Geschichtsbüchern finden. In dieser Zeit muß es bereits instruktive, an- und aufregende Bilderbücher gegeben haben, die allerdings alle verlorengegangen sind. Daß in diesen Gemächern auch weidlich Politik gemacht wurde, versteht sich wohl von selbst. All diese Geschichten zeigen ungeahnte Möglichkeiten, wie jeder und jede zur Lustbefriedigung kommen kann. So war beispielsweise der lesbische Verkehr unter den Haremsdamen nichts Außergewöhnliches. Andererseits hielt sich auch manch ein Kaiser seine gepuderten und geschminkten Knäblein. Selbstverständlich fand ein solches Knäblein gelegentlich auch den Weg zu einer Haremsdame. Diese Burschen wurden »männliche Konkubinen« (nan-ch'ang) genannt. Verblümt nannte man ein solches Liebesverhältnis auch »Ärmelabschneiden«. Kaiser Ais (reg. 6–1 v. Chr.) bekanntester Geliebter ist ein gewisser Tung Hsien. Einmal mußte er, nachdem er mit ihm die Nacht verbracht hatte, zur Morgenaudienz. Tung Hsien schlief und lag unglücklicherweise auf dem Ärmel des Kaisers (die Ärmel der chinesischen Gewänder sind weit hinabhängend und weisen eine tiefe Tasche auf, weshalb heute noch ein Taschenbuch auf chinesisch »Ärmelbuch« heißt). Aufwecken wollte er den Geliebten nicht, so schnitt er kurz entschlossen seinen Ärmel ab. Diese Geschichte ist in den offiziellen Dynastie-Annalen unter der Kapitelüberschrift »Aufzeichnungen über die Lustbarkeiten« (»ning-mei chuan«) zu finden. (Vgl. auch van Gulik, S. 63.)

So zart ging es allerdings nicht immer zu, vor allem dann nicht, wenn es um Rivalitäten und um Macht ging. Als einmal einem von zwei Geliebten des Kaisers Wu (reg. 140–83 v. Chr.) zu Ohren kam, daß der andere Kaiserliebling verbotene Beziehungen zu einer Haremsdame unterhielt, erschlug er den Rivalen. Der Kaiser geriet zuerst in große Wut, doch als er sich die Gründe angehört hatte, weinte er, und seine Zuneigung zu ersterem wurde noch größer (siehe van Gulik, S. 62). Seine junge Konkubine Kou-i, Mutter des von ihm bestimmten Thronfolgers, der noch ein Kind war, ließ er umbringen, mit der Begründung: »Der Knabe ist von zartem Alter und die Mutter jung; so steht zu fürchten, daß das Weiberregiment mit seiner Eigenmächtigkeit und Zügellosigkeit den Staat in Gefahr bringen wird; dagegen muß man bei Zeiten Vorsorge treffen.« (Annalen der Han, zit. nach O. Franke, »Geschichte des chinesischen Reiches«, Bd. 1, S. 366f.) Es sei hinzugefügt, daß dieser Kaiser den großen Historiker und Hofastrologen Szu-ma Ch'ien zur Strafe, weil er ihm in einer politischen Angelegenheit widersprochen hatte, verbannte und kastrieren ließ. Dieser Kaiser führte erstmals den Konfuzianismus als Staatslehre ein.

Vom Ende der Sung-Dynastie (960–1367) an verbreitet sich die für uns so befremdende Gepflogenheit des Füßeeinbindens der Frauen. Von da an gibt es auch keine berühmten Tänzerinnen mehr. Es ist möglich, daß dies mit einer allgemeinen gesellschaftlichen Verhärtung vor allem seit dem Einfall der Mongolen und ihrer chinesischen Dynastie (1280–1367) zusammenhängt.

Indessen tritt nochmals eine Phase der ungehemmten erotischen Phantasie vor allem während der Ming-Dynastie (1368–1644) auf, während der vor allem in der Sozialschicht der Kaufleute die unverblümten erotischen Romane mit ihren grenzenlosen Phantasien der Liebesspiele und verwickeltsten Affären entstehen. Fast drei Jahrhunderte später kommt China wiederum unter die Fremdherrschaft der »Barbaren«, der Mandschuren. Ihre Ch'ing-Dynastie (1644–1912) zeigt sich nach außen zunächst als glorreiche imperialistische Zeit; im Inneren degeneriert sie aber mehr und mehr und fällt schließlich durch das Auftreten der westlichen Imperialisten ziemlich schnell wie ein Kartenhaus zusammen. Parallel dazu setzt eine allmähliche Tabuisierung der Erotik ein – und nicht nur der Erotik, sondern allen freien Denkens –, die bis heute so weit fortgeschritten ist, daß man hierzulande wahrscheinlich über die altchinesische Erotik besser unterrichtet ist als in China. Diese Literatur genießt bei uns in Übersetzungen seit mehr als 20 Jahren zusammen mit den erotischen Bilderbüchern eine Renaissance, während sich die Chinesen heute im allgemeinen von diesen Dingen kaum etwas träumen lassen.

Ist es nicht verständlich, daß, wer mit dem Herzen denkt, auch eine Liebeskunst entwickelt?

Ch'i

Es ist schwierig, Ch'i zu charakterisieren. Wir wollen versuchen, die komplexen Vorstellungen und Empfindungen, die mit Ch'i verknüpft sind, zu beschreiben. Es webt im luftig-atmenden Element, in physiologisch-organischen Prozessen. Aber Ch'i ertastet auch empfindend den

Menschen und die Umwelt.[1] Deshalb gibt es in der Alltagssprache ein Verb mit der Bedeutung: jemanden ärgern, wütend machen. Also: »ich ch'i-e ihn« = »ich ärgere ihn«. Um dies zu können, muß Ch'i den anderen empfindend ertasten, erst dann kann er ihn ärgern.

Wir konnten uns nicht entschließen, die heute übliche Übersetzung: Pneuma, Energie oder Odem zu übernehmen. Der naheliegenden Versuchung, Ch'i mit Odem zu übersetzen, haben wir nach längeren Überlegungen nicht nachgegeben. Welchem Leser würden sich nicht die Worte der Bibel aufdrängen: »Da bildete Gott, der Herr den Menschen aus dem Staub der Ackerscholle und blies in seine Nase den Odem des Lebens, so ward der Mensch zu einem lebendigen Wesen.« (1. Buch Moses 2,7). Es ist durchaus möglich, daß die folgenden Worte aus dem »Ling-shu« bei genauerer Untersuchung den gleichen Sinn ergeben würden wie das Bibelwort. Das Zitat lautet: »Dasjenige, was in uns vom Himmel stammt, ist die Kraft Te; dasjenige, was in uns von der Erde stammt, ist Ch'i« (»Ling-shu«, Kap. 8). Te wird meist mit Tugend oder Kraft übersetzt. R. Wilhelm benutzt stattdessen Leben: Die große Kraft Te vom Himmel und der Erde heißt Leben. Der Sinn des Wortes Te ist: die Kraft, um zu Tao zu gelangen; deshalb schien es uns – vorläufig jedenfalls – am sinnvollsten, Te mit Kraft zu übersetzen.

Zwar sind wir, indem wir Ch'i einfach nicht »übersetzen« und Odem vermeiden, der Gefahr, falsche Assoziationen zu wecken, entronnen; aber haben wir dadurch vielleicht etwas, das Ch'i auch beinhaltet, die Atmung, verloren? Beide, »Te«, die Kraft, die vom Himmel stammt, und Ch'i, das von der Erde stammt, sind ja *in* uns! Könnten sie nicht wie atmend miteinander kommunizieren?

Ch'i ist das atmende Element zwischen der ersten großen Ein-Ausatmung von Geburt und Tod, dem ersten und letzten Atemzug, es ist gegenwärtig, solange der Mensch lebt. Im »Ling-shu« (Kap. 8) heißt es: Der erste und letzte Atemzug ist Ch'i zugeordnet. – Steiner macht auf folgende Zusammenhänge aufmerksam: Die Sonne braucht, um am gleichen Frühlingspunkt, nachdem sie am Tierkreis vorbeigezogen ist, rund 25 920 Jahre, das nennt man das Platonische Jahr oder ein Weltenjahr.

---

[1] Das empfindende Wahrnehmen der Außenwelt ist eine Metamorphose der physiologischen Atmung, die den Innen- mit dem umgebenden Außenraum verbindet.

Der Mensch atmet – im Durchschnitt – 18 Mal pro Minute. »Also in einer Stunde 18 mal 60 gleich 1080. In vierundzwanzig Stunden: 1080 mal 24 gleich 25920, also 25920 Mal! ... Das heißt, wenn wir uns einen Atemzug als ein Jahr im Kleinen denken, so vollenden wir ein Platonisches Jahr im Kleinen, ein Abbild also, ein mikrokosmisches Abbild des Platonischen Jahres, in einem Tage.« (GA 174, S. 252) Kurz darauf heißt es, wenn wir diese Sache »in ein Gefühl verwandeln«, dann sagt uns dieses Gefühl: »Wir sind ein Abbild des Makrokosmos.« Steiner fährt fort, daß der Mensch »im ganzen in dem Rhythmus des Weltenalls« drinnen steht, »aber er ist in einer gewissen Weise wiederum frei; er ändert einiges ... aber in diesem Nicht-genau-Zusammenstimmen liegt gerade die Möglichkeit seiner (des Menschen) Freiheit« (S. 253). Als nächstes Beispiel wird die durchschnittliche Lebensdauer genannt. »Nehmen wir das Jahr im Durchschnitt zu 365 1/4 Tagen und dividieren wir, so bekommen wir 25920 : 365,25 = etwa 71, ...« (S. 255) Das bedeutet, daß der Mensch etwa 25920 Tage lebt. Diesen Rhythmus gibt uns die Luft, der andere Rhythmus wird uns von der Erde gegeben. Dadurch, daß die Erde sich um ihre eigene Achse dreht, haben wir den Wechsel von Tag und Nacht. Der Mensch ist also in ein umfassendes kosmisch-terrestrisches rhythmisches Geschehen eingebettet. Kehren wir nun zu mikrokosmischen Vorgängen zurück.

Im Chinesischen gibt es noch ein Wei-Ch'i (meist mit Abwehr-Ch'i übersetzt) und ein Ying[1]-Ch'i (Nähr-Ch'i). Beide gehören im wesentlichen einer Atmung im Flüssigen an, die während der eigentlichen Stoffwechsel-Prozesse vorwiegend im Dünndarm tätig ist. An der Verbindung von Ying und Ch'i erkennt man die atmende Durchlüftung lebendiger Prozesse. Hier ist nicht der Platz, auf die medizinischen Einzelheiten einzugehen, die Steiner im Zusammenhang mit der Atmung im Flüssigen und dem Stoffwechsel angibt. Es soll nur die eine Stelle zitiert werden: »Überall grenzt dasjenige, was Ernährung und Verdauung ist, an die Atmungsprozesse an, überall wird entgegengebracht der Ernährung und Verdauung der Prozeß des Atmens und Vergeistigens.« (GA 313, Vortrag v. 16. 4. 1921, S. 104)

Mit heutiger Technik ist es japanischen Wissenschaftlern in den 60er

---

[1] Ying ist kein Druckfehler!

Jahren gelungen, Großaufnahmen dieser Atmung im Flüssigen darzustellen (vgl. R. Jensen, »Umweltschaden AIDS?«, Kap. »Die Mäuseversuche der Japaner«, S. 73). Zwar gab es, als im alten China die Tätigkeiten von Ch'i mit Wei- und Ying-Ch'i benannt wurden, noch kein derartiges Meisterstück asiatischer Geschicklichkeit, aber die Bezeichnungen sind ein Beweis, wie exakt die damaligen Wahrnehmungen waren.

Vom Blut wird gesagt, daß im Blut Yang-Ch'i fließt. Ch'i ist also ein Bindeglied zwischen Yin – dem Lebendigen – und Yang dem Feurigen.

Jeder Embryo lebt heute noch in diesem Element von Wei-Ch'i und Ying-Ch'i. Im Mutterleib macht er eine im Flüssigen atmend-ernährende Phase durch[1]. Bei der Geburt wird er ruckartig gezwungen, in die selbständige Luftatmung, von einer Temperatur um 38 °C in flüssiger Umgebung in eine trockene Luftatmung von 20 °C, der Schwerelosigkeit in die Schwere der Erdkräfte umzuwechseln. Es findet noch eine andere eingreifende Umstellung statt. Während der Embryonalzeit sind venöser und arterieller Kreislauf, die beim Erwachsenen streng getrennt sind, »gemischt«. Diese komplizierten Gefäßverhältnisse in ihrer Aussagekraft darzustellen, muß unterbleiben. Sie würde in allzu schwierige medizinische Einzelheiten hineinführen. Es soll nur erwähnt werden, daß auch in diesem Fall das Herz eine besondere Rolle spielt: Durch eine kleine Öffnung zwischen rechtem und linkem Herzen ist die Möglichkeit geschaffen, daß beide getrennten Welten miteinander kommunizieren. Unmittelbar nach der Geburt wird diese Öffnung geschlossen, und erst dann ist der Mensch zur Lungenatmung fähig und erdenreif. Dieser erste Atemzug im Leben muß ein schwerer Schock sein.

Er mag Ursache für die verzweifelten Gesichtchen der Neugeborenen sein, ihr Schreien und heftiges Atmen. Dagegen scheint der letzte Atemzug häufig mit einer Art Glücksgefühl verbunden zu sein, wie man an den meist entspannten Gesichtern der Toten sieht.

Ch'i wirkt im rhythmischen System des Menschen, daher kann es durch körperliche oder seelische Vorgänge im Gleichmaß gestört werden.

---

1 Die Luftatmung tritt auch in der Phylogenese erst relativ spät auf; vorher herrschen variante Atmungsprinzipien.

In einem Kommentar des schon mehrfach zitierten Arztes Chang Chieh-pin zum »Su-wen« heißt es: »Bei großer Ängstlichkeit und plötzlicher Furcht zerfließt das Bewußtsein, Blut und Ch'i trennen sich, und Yin und Yang bersten auseinander, deshalb kommt Ch'i durcheinander.« (»Lei-ching«, Buch 15, Kap. 26). Wir würden heute sagen, wenn Blut und Ch'i sich trennen: der Blutdruck sinkt ab, und die Atmung, die ja engstens mit dem Blut verknüpft ist, stockt oder ist beschleunigt, jedenfalls nicht mehr regelmäßig wie beim Gesunden; dann bersten »Yin und Yang ... auseinander«: der Mensch wird also ohnmächtig.

Ch'i ist am ehesten der Empfindungsseele zuzuordnen, einem Teil der gesamten Seelenorganisation/Astralleib[1]. Da der Mensch meist mit seinen Seelenregungen – seinem Temperament – auf die Außenwelt reagiert, liegt auch in diesem Kräftesystem die Quelle für Krankheiten. An gleicher Stelle des Kommentars zum »Su-wen« heißt es: »Alle Krankheiten entstehen durch Ch'i.« Steiner nennt die Seelenorganisation »... die Domäne der Krankheit« (GA 313, S. 47).

Fast täglich können wir beobachten, wie Krankheiten durch seelische Reaktionen ausgelöst werden. Die fallenden Aktien lassen den Blutdruck von Petras Vater hochklettern, die Mutter regt sich über das ungezogene Kind auf, besonders über seine Antwort auf ihre Vorhaltung: Hättste nich' so brüellet, hättste kein Herzweh«. So ruiniert allmählich die Seele ihr Instrument, das im Laufe der Zeit zunehmend verstimmt wird.

Bei den folgenden Beschreibungen treten seelische Empfindungen mehr in den Hintergrund; sie sind atmend mehr den lebendigen Prozessen verbunden. Hierzu einige Beispiele aus dem großen medizinischen Sammelwerk »Su-wen«: »Bei Kälte sind die Poren verschlossen, und Ch'i geht nicht voran. Weil so Ch'i nicht vorangeht, deshalb zieht sich Ch'i zusammen.« Das heißt also, beide, Lungen- und Hautatmung, sind herabgesetzt. Wenn der Mensch plötzlich aus einem warmen Zimmer in die Kälte hinausgeht, stockt der ganze Stoffwechsel, die Hautporen ziehen sich zusammen, und man hat einen Augenblick eine Stockung der Einatmung. An gleicher Stelle des Kommentars zum »Su-wen« heißt es:

---

[1] »Mit dem Ausdruck Astralleib wird dabei hier das bezeichnet, was Seelenleib und Empfindungsseele zusammen sind. Der Ausdruck findet sich in der älteren Literatur und sei hier frei angewendet auf dasjenige in der menschlichen Wesenheit, was über das Sinnlich-Wahrnehmbare hinausliegt.« (GA 9, S. 46)

»Bei der Hitze öffnen sich die Poren, Ying und Wei-Ch'i dringen durch, und der Schweiß trieft aus. Deshalb fließt Ch'i ab.« Auch diese Beschreibung ist physiologisch treffend, wenn es heißt, daß Ying und Wei-Ch'i die Haut durchdringen; das heißt, der Mensch schwitzt, er verliert zuviel Flüssigkeit. Die Beschreibung ist recht genau: Wenn Ch'i abfließt, ist die Atmung relativ feucht, und gerade dieses bedingt eine flache, rasche Atmung, z. B. bei großer Hitze.

Neben diesen physiologischen bzw. pathologischen Vorgängen ist eine der wichtigsten Eigenschaften von Ch'i, die äußere Umgebung empfindend wahrzunehmen. Ch'i wird zugeschrieben, die Qualität der Atmosphäre eines Ortes, eines Hauses oder einer Gegend zu erspüren. So heißt es: Hier ist Ch'i gut oder schlecht. Leider ist es uns nicht gelungen, überzeugende Angaben darüber zu finden, woran man dieses erkennen kann. Jedenfalls werden auch heute noch, sogar in Großstädten, in China Bauplätze so ausgewählt, daß Ch'i an diesem Orte günstig ist. Aber ob nicht alle Großstädte in Ost und West ein besonders ungünstiges Ch'i haben?

Ein so differenziertes Empfinden dürfte innerhalb der westlichen Zivilisation nur noch selten zu finden sein. Doch ist in Märchen oder mundartlichen Dichtungen der unheimliche Ort oder Wald auch bei uns sehr wohl bekannt. Außerdem gibt es heute noch sensible Menschen, die aus dem gleichen Empfinden heraus nicht in bestimmte Häuser einziehen. Deshalb sollen einige erlebte Beispiele erzählt werden, die den häufig überlieferten Geschichten von Spukhäusern gleichen. In bestimmten Räumen konnten einige Menschen entweder nicht schlafen oder hatten üble Angstträume, so daß sie nach einer gewissen Zeit gesundheitlich erheblich gestört waren. Durch Zufall kam heraus: Das eine Mal wurde dort – vor hundert Jahren! – ein Giftmord begangen, das andere Mal hatten vor einigen Jahren Folterungen in diesen Räumen stattgefunden.

In einem Erholungsort des südlichen Europas gibt es einen besonders schönen Platz am See, auf dem ein Hotel steht. Nach relativ kurzer Zeit machen fast alle Hoteliers dort Pleite, weder Café-Restaurant noch Hotel sind je ausgebucht, auch wenn der Ort von Fremden überquillt. Scheinbar sind doch unter den Touristen viele, die ein Ch'i entsprechendes Empfinden haben, denn vor 100 Jahren stand auf diesem Felsplateau ein Galgen. Wäre in China an einer solchen Stelle ein Haus gebaut worden?

Weniger gravierende Beispiele, die sicher jeder kennt, sind die »dicke Luft« in einem Raum, die zwar frisch und chemisch rein ist, in der sich aber vorher ein heftiger Streit abgespielt hatte. Dagegen kann ein ungelüftetes Zimmer durchaus gemütlich sein, wenn dort nur erfreuliche menschliche Begegnungen stattgefunden haben. In China wären diese Beispiele Zeichen für ein schlechtes bzw. gutes Ch'i.

Diese Seelenqualität, wie sie Ch'i in China zugeschrieben wird, ist bei uns so wenig ausgebildet, daß dafür nicht einmal ein eigenes Wort existiert. Nur ein Fremdwort, Atmosphäre, umschreibt die *eine* Seite von Ch'i.

Drei-Erwärmer: Der durchichte Mensch

Der bisher geschilderte »Mensch« ist zwar lebendig und durchseelt, aber ihm fehlt noch das Wichtigste: seine Durchwärmung, die mit dem Ich zusammenhängt, und diese Aufgabe erfüllt im Physiologischen der Drei-Erwärmer (bzw. die drei Erwärmer), den wir nachfolgend betrachten.

Der Drei-Erwärmer[1] als Yang-Organ spielt eine wichtige Rolle; er wird bereits in einem der frühen Sammelwerke medizinischer Abhandlungen, dem »Nan-ching« (etwa 700 n. Chr.) genannt. Dort heißt es: »Der Drei-Erwärmer hat einen Namen, aber keine Gestalt.« Man könnte ihn nicht prägnanter beschreiben! Haben alle anderen Organe – Lunge, Leber etc. – einen Ort, auch wenn ihr Wirkungsbereich weit darüber hinausgeht, so fehlt dem Drei-Erwärmer die physisch sichtbare Matrize. Darin liegt die Schwierigkeit, ihn konkret zu beschreiben. Sogar Chang Chieh-pin, der bedeutende Arzt des 17. Jahrhunderts, meinte: Nur was eine Gestalt hat, kann einen Namen haben; die Äußerungen im »Nan-ching« wären »an den Haaren herbeigezogen«. Einige meinten, die Aussage, der Drei-Erwärmer habe einen Namen, aber keine Gestalt, sei ein Übermittlungsfehler. Für das heutige Bewußtsein ist die Verständnisschwierigkeit noch größer, weil angenommen wird, Wärme

---

1 Im Drei-Erwärmer wird in der chinesischen Tradition erstmals der Mensch als dreigegliedertes Wesen – wenn auch vielleicht nicht klar erkannt – aufgefaßt. Diese Anschauung mag keimhaft die ausführlichen Darstellungen Steiners über die physiologische Dreigliederung des Menschen vorausnehmen.

könne kein eigenständiges Wirkungsprinzip sein, also nur Begleiterscheinung (auch der Organe). Bei den anderen übersinnlichen »Wesensgliedern« wird das Problem nur überdeckt, da sie teilweise in physisch sichtbaren Bahnen – Venen, Arterien, Lymphbahnen etc. – wirksam sind. Für die Seelenorganisation/P'o bzw. Ch'i gilt ähnliches wie für den Drei-Erwärmer: Der gesamte Organismus ist durchlüftet bis in die letzte Zelle hinein, physisch sichtbare Bahnen aber – außer der kurzen Strecke der Bronchien – gibt es auch hier nicht. Der Drei-Erwärmer ist das unbewußt wirkende Ich, ihm entspricht im wesentlichen die Kräftewirksamkeit, die Steiner Ich-Organisation nennt. Der Name Drei-Erwärmer drückt bereits seine Wirksamkeit in der Wärme aus, ebenso entfaltet die Ich-Organisation ihre Tätigkeit in der Wärme.

Im Zusammenhang mit der Ich-Organisation handelt es sich um eine grundsätzlich unterschiedliche Auffassung gegenüber derjenigen, wie sie heute in der Medizin üblich ist. Wärmeprozesse werden als Begleiterscheinungen von Stoffwechsel- bzw. hormonellen Vorgängen angesehen, nicht aber als eigenständige Tätigkeit.

Zur Charakteristik des Begriffes Wärme, wie er von Steiner benutzt wird, sei hier aus den Vorbemerkungen seines Buches »Die Geheimwissenschaft im Umriß« zitiert: »Wer ein Buch wie das vorliegende der Öffentlichkeit übergibt, der soll mit Gelassenheit jede Art von Beurteilung seiner Ausführungen sich vorstellen können, welche in der Gegenwart möglich ist. Da könnte zum Beispiel jemand die hier gegebene Darstellung dieses oder jenes Dinges zu lesen beginnen, welcher sich Gedanken über diese Dinge gemäß den Forschungsergebnissen der Wissenschaft gemacht hat. Und er könnte zu dem folgenden Urteil kommen: ›Man ist erstaunt, wie dergleichen Behauptungen in unserer Zeit nur überhaupt möglich sind. Mit den einfachsten naturwissenschaftlichen Begriffen wird in einer Weise umgesprungen, die auf eine geradezu unbegreifliche Unbekanntschaft mit selbst elementaren Erkenntnissen schließen läßt. Der Verfasser gebraucht Begriffe, wie zum Beispiel ›Wärme‹, in einer Art, wie es nur jemand vermag, an dem die ganze moderne Denkweise der Physik spurlos vorübergegangen ist. Jeder, der auch nur die Anfangsgründe dieser Wissenschaft kennt, könnte ihm zeigen, daß, was er da redet, nicht einmal die Bezeichnung Dilettantismus verdient, sondern nur mit dem Ausdruck: absolute Ignoranz belegt werden kann …‹.« (GA 13, S. 7)

Es ist ein recht mühsames Unterfangen, aus den weit verstreuten chinesischen Angaben möglichst prägnante und zusammengehörige Texte zu finden. Teils behandeln sie philosophische Probleme, teils enthalten sie verschiedenartigste medizinische Angaben, die lange Kommentare erforderten, schließlich wäre der Leser nur verwirrt! Deshalb haben wir die folgenden Zitate aus einigen komplizierten Texten herausgeschält. Sie charakterisieren die wichtigsten Eigenschaften dieses »Wesensgliedes«. Ebenso sind die Angaben Steiners zu dem, was er Ich-Organisation nennt, umfänglich und verstreut; auch hier haben wir nur einige wenige Stellen ausgewählt. Die Übereinstimmung bei der Gegenüberstellung beider ist besonders auffällig. Es muß beachtet werden, daß bei der Nennung von Organen im Chinesischen ein anderer Organbegriff besteht als im Westen; stets sind Organe Matrizen übergeordneter Kräfte von Yin und Yang, beim Drei-Erwärmer von Yang.

Die Umwandlung der aufgenommenen Nahrung bis zum Blut, d.h. bis zur Entstehung der menschlichen Eigen-Substanz, ist Aufgabe des Drei-Erwärmers. Die einzelnen Etappen entsprechen recht genau dem, was Steiner mit anderen Worten ausdrückt. Eine der Hauptstellen stammt aus dem Sammelwerk »Nei-ching«; diese stellen wir dem Anfang des sechsten Kapitels aus »Grundlegendes für eine Erweiterung der Heilkunst« von Steiner/Wegman (GA 27) gegenüber.

Chang Chieh-pin zitiert unter dem Titel »Blut und Ch'i« eine Stelle aus dem »Ling-shu« (Kapitel 18): »Vom oberen Erwärmer ausgehend, wird die Essenz der Speise verteilt ...«. Er kommentiert dazu: »Der obere Erwärmer nimmt seinen Ausgang aus der oberen Öffnung des Magens ... und verteilt sich im Brustraum ... Der mittlere Erwärmer beginnt auch im Magen und nimmt seinen Ausgangspunkt hinter dem oberen Erwärmer ... scheidet das Unbrauchbare aus, ›kocht‹ die Chin-[1] und Yeh-Flüssigkeit ›gar‹ (vermutlich im Dünndarm; d. Verf.) und verwandelt die Essenz (aus der Nahrung) ... zu Blut, um es dem lebenden Körper darzureichen ... Deshalb heißt das, was nur in den Meridian-Bahnen fließen kann, Ying- (Nähr-) Ch'i ... Der untere Erwärmer trennt (das Reine und Unreine) im Krummdarm und läßt (es), zur Blase hineinströmend, in sie einfließen ...«. Im Kapitel 30 heißt es: »Der mittlere Erwärmer empfängt Ch'i und nimmt die Säfte auf; indem er dieselben umwandelt, werden sie rot, das heißt zu Blut.« Wiederum kommentiert er:

1 Auf diese physiologischen Einzelheiten kann hier nicht eingegangen werden.

»Der mittlere Erwärmer steht im Zusammenhang mit der Mitte des Magens, er hat seinen Ausgang unterhalb des oberen Erwärmers. Wenn die Nahrung aufgenommen wird, geht sie immer zuerst in den Magen. Deshalb empfängt der mittlere Erwärmer Ch'i-Nahrung, das heißt nimmt den Geschmack aus der Nahrung auf. Sie wird zur Milz gebracht und da gespeichert, und aus Gelb-Weißem wird allmählich Rotes, das dem lebenden Körper dargereicht wird. Dieses nennt man Blut«. (»Lei-ching«, Buch 4, Kap. 25)

In »Grundlegendes für eine Erweiterung der Heilkunst« (GA 27, S. 40), im VI. Kap. mit der Überschrift »Blut und Nerv«, schreiben Steiner und Wegman:

»Indem die Blutbildung in der Fortgestaltung der aufgenommenen Nahrungsstoffe erfolgt, steht der ganze Blutbildungsvorgang unter dem Einfluß der Ich-Organisation. Die Ich-Organisation wirkt von den Vorgängen, die in Begleitung bewußter Empfindungen – in der Zunge, im Gaumen – vor sich gehen, bis in die unbewußten und unterbewußten Vorgänge hinein – ... Dann tritt die Wirkung der Ich-Organisation zurück, und es ist bei der weiteren Umwandlung der Nahrungssubstanz in Blutsubstanz vorzüglich der astralische Leib (Empfindungsseele/Empfindungsleib; d. Verf.) tätig.«

Der Drei-Erwärmer ist der Durch-Icher[1] physiologischer Prozesse des Menschen. Im Kapitel »Medizinische Kunst in China« haben wir bereits das vernetzte, die gesamte Hautoberfläche überziehende System der Meridiane beschrieben, die Yin, Yang und Ch'i enthalten. Die Beteiligung des kühleren Yin und des wärmeren Yang auf der Haut ist unterschiedlich. Heute sind diese alten chinesischen Aussagen längst durch thermo-elektrische Messungen der Hautoberfläche bewiesen. Die Hauttemperaturen sind recht unterschiedlich, in Stoffwechselnähe – z. B. Bauch – sind sie höher als im Kopfbereich; zum Denken braucht man eben einen kühlen Kopf, Essen und Trinken machen warm, manchmal sogar heiß! Wenn im Zusammenhang mit Yin/Yang auch Ch'i genannt wird, so heißt dieses nichts anderes, als daß die Haut durchatmet ist.[2]

---

1 Nur weil der Mensch vollständig durch-icht ist bis in die Fingerspitzen, kann die Polizei Fingerabdrücke benutzen: Jeder Mensch ist ein Einmaliger, ein Einziger.
2 Der westlichen Medizin ist die Haut als Atmungsorgan seit vielen Jahren bekannt; auch deshalb sind großflächige Verbrennungen so gefürchtet, weil dieser wichtige Teil der Atmung ausfällt.

Damit, daß der Drei-Erwärmer seine ihm entsprechenden Punkte auf der Haut hat, ist die Haut also durchatmet, durchwärmt bzw. durch-icht.

In einem der Vorträge von 1911 (GA 128, S. 118) führt Steiner aus, daß die Ich-Organisation am stärksten in der Peripherie wirksam ist. Zusammenfassend ergibt sich, daß auf der Haut alle Organ-Systeme des Menschen präsent sind.[1]

Der Drei-Erwärmer ist die niederste leibgebundene und naturgegebene Stufe der Yang-Feuer-Prozesse.

Hun

Ch'i ist eine atmende Seelenart, eine einfühlsame Seelenhaftigkeit, die auch noch weitgehend konstitutionell bestimmt wird. Dagegen treten bei Hun, dem höchsten chinesischen »Wesensglied«, diese leiblichen Bedingtheiten weitgehend zurück. Deshalb gleichen sich im höheren geistigen Streben sonst bedeutsame konstitutionelle Unterschiede bis zu einem gewissen Grade aus. Und doch bleibt zwischen Ost und West ein Unterschied bestehen, etwa wie der gleiche Ton, auf einer Geige oder Flöte erzeugt, einen anderen Charakter hat. Darum haben wir uns gescheut, die von Steiner benutzte Bezeichnung, die Hun am ehesten entspricht – Bewußtseinsseele –, zu benutzen. Sicher ist, daß sich in Geist, Yang-Geist und Geistklarheit des Herzens unterschiedliche Stufen des Hun- bzw. Ich-Bewußtseins ausdrücken.

Im Folgenden bringen wir einige charakteristische Aussprüche aus dem Werk »Ling-shu« und des taoistischen Meisters Kuan-yin-tzu.

»Was dem Geist folgend kommt und geht, heißt Hun«. »Hun ist geistiger Art«. »Was in Verbindung mit Ching aus- und eingeht, heißt P'o.« (»Ling-shu«, Kap. VIII »Der genuine Geist«)

Diesem Zitat sind wir bereits im Kapitel über P'o begegnet, wo wir

---

[1] Wer kennt nicht die ärgerlichen Pickel, die häufig während hormoneller Umstellungen in der Pubertät auftreten, oder die kleinen Bläschen an den Lippen nach fetten Mahlzeiten als Hinweis auf Leber-Gallen-Störungen oder schlechtes Fett. Sie, wie auch alle anderen »Haut«-Krankheiten, sind Hinweise auf Organstörungen. Deshalb waren Hautärzte im alten China unseres Wissens auch unbekannt!

es getrennt hatten; jetzt, wenn beide Sätze nebeneinander stehen, wird der Unterschied zwischen P'o und Hun deutlich.

»Leicht und rein bedeutet (beim Menschen), daß P'o im Gefolge von Hun aufsteigt. Schwer und unrein bedeutet, daß Hun im Gefolge von P'o absinkt.« (Kuan-yin-tzu, 4. Buch)

Hierzu heißt es im Kommentar von Chang Chieh-pin (im »Lei-ching«, Buch 3, Kap. 9): »Spricht man von Ching gegenüber dem Geist, dann ist der Geist Yang und das Ching Yin. Spricht man von P'o gegenüber Hun, dann ist Hun Yang und P'o Yin, deshalb kommt und geht Hun dem Geiste folgend und P'o geht aus und ein in Verbindung mit Ching.« Auch aus diesem Ausspruch wird ersichtlich, wie beweglich, wie dynamisch gedacht wird in China; nie werden isolierte statische Begriffe hingestellt, stets wird eine Beziehung untereinander hergestellt.

Ching und P'o gehören Yin an. Ch'i steht teils unter der Herrschaft von Yin, teils von Yang. Ch'i wird nur dann zu Hun, wenn der Mensch beginnt, »sein Pferd zu reiten«. In Hun liegt die Grundlage dafür, das »Selbst umzuschmelzen«.

Aufgrund dieser und mancher anderen Textstellen ist Hun der geistigere Teil der Seele. Diese Charakterisierung steht der Aussage Steiners in der »Theosophie« (GA 9, S. 26) über »Die geistige Wesenheit des Menschen« sehr nahe. »Das Seelische steht also einer zweifachen Notwendigkeit gegenüber. Von den Gesetzen des Leibes wird es durch Naturnotwendigkeit bestimmt; von den Gesetzen, die es zum richtigen Denken führen, läßt es sich bestimmen, weil es deren Notwendigkeit frei anerkennt.«

Daß Hun geistige Seeleneigenschaften hat, drückt sich auch in einem Ausspruch in »Kuan-yin-tzu« (Buch 4, S. 6a) aus:

»Der Geist ist in Hun gespeichert.«

So wird der Mensch zunehmend unabhängiger von seiner Konstitution, die er zwar nach wie vor behält, die aber ihre bestimmende Kraft für seine Seelenhaltung verliert.

Denken wir noch einmal an die Stelle von K'ung über Hun und P'o, so heißt es dort:

»Wenn der Mensch hervorkommt, beginnt er sich zu seiner Gestaltlichkeit zu wandeln. Das Wirksame in der Gestalt heißt P'o; innerhalb des P'o gibt es von selbst Yang-Ch'i. Das Geistige von Ch'i heißt

Hun. Hun und P'o sind Bezeichnungen für das Geistige und das Wirksame ...« (»Ling-shu«, 3. Buch, Kap. I)
Zwischen P'o und Hun besteht ein wesentlicher Unterschied: P'o analysiert, bezieht aber alles Erlebte, alles Wahrgenommene auf sich selbst, Hun dagegen analysiert auch, aber ohne Rückbezug auf sich. Zudem hat Hun Bedeutsames in seinem Bewußtsein, nämlich: Himmel und Erde. Dieses wird von Kuan-yin-tzu deutlich ausgesprochen:
»Das Sehen (ist durch) Hun (bewirkt). Es ist (ursprünglich) ohne Unterscheidung. (Erst) wenn analysiert wird, kommt die Unterscheidung. Dann wird man analysierend sagen: (da ist der) Himmel, (dort ist die) Erde. Das bedeutet, daß sich Hun eingewöhnt hat.« (»Kuan-yin-tzu«, Buch 4, S. 14b)
Im Kommentar von Niu Tao-ch'un heißt es: »Ist schon das unterscheidende Wissen entstanden, dann weiß man, was oben ist, heißt Himmel, und was unten ist, heißt Erde ... Wenn man schon dieses Wissen über Himmel und Erde hat, dann bedeutet das, daß man mit dieser Eingewöhnung des Hun-Wissens sich dem wissenden Wesen anvertraut hat.« Das Sehen ist also zuerst registrierend: »ohne Unterscheidung«; wenn dann analysiert wird, werden Himmel und Erde unterschieden. Es steht nichts davon im Text, daß die Dinge der Außenwelt in Beziehung zum Menschen gesetzt werden, wie es der Seelenhaltung von P'o entspricht, sondern diejenige von Hun ist eine beobachtende, die die Gesetzmäßigkeit der *Dinge* ergründen, »analysieren«, will. Dann hat man Hun erworben.

Mit der gleichen Einschränkung wie im Kapitel »P'o« bringen wir nun den zweiten Teil des dort zitierten Goethe-Satzes.[1]

»Ein weit schwereres Tagewerk[2] übernehmen diejenigen, deren lebhafter Trieb nach Kenntnis die Gegenstände der Natur an sich selbst und in ihren Verhältnissen untereinander zu beobachten strebt: denn sie vermissen bald den Maßstab, der ihnen zu Hilfe kam, wenn sie als

---

[1] Das vollständige Zitat und der dazu gegebene Kommentar von Steiner sind im Anhang (siehe Anmerkung 11) abgedruckt.
[2] Steiner gibt an, daß für Brahma 25 920 Jahre ein Tag ist. Brahma, Wischnu, Schiwa ist die indische Bezeichnung für die Trinität. (GA 323/ S. 127) Ob Goethe bei »Tagewerk« nicht an einen 24-Stunden-Tag, sondern eher an ähnliche Zeiträume gedacht hat?

Menschen die Dinge in bezug auf *sich* betrachten. Es fehlt ihnen der Maßstab des Gefallens und Mißfallens, des Anziehens und Abstoßens, des Nutzens und Schadens. Diesem sollen sie ganz entsagen, sie sollen als gleichgültige und gleichsam göttliche Wesen suchen und untersuchen, was ist, und nicht, was behagt.« (GA 9, S. 20).

Der hier angestellte Vergleich zwischen dem östlichen Menschenbild Chinas und dem modernen von Steiner konnte aus unterschiedlichen Gründen in beiden Fällen nur umrißartig erfolgen. Eine weitere Hinzuziehung chinesischer Texte hätte wegen des bildhaften Charakters lange, umständliche Erklärungen erfordert, um sie westlichen Lesern verständlich zu machen. Genauere Ausführungen zu dem mitteleuropäischen Menschenbild Steiners, das von dessen Blickpunkt eine Erkenntnis des Menschen ist, hätten den Rahmen unserer Ausführungen gesprengt, zudem in allzu viele Einzelheiten – vor allem medizinische hineingeführt.[1] Die Gegenüberstellung auch in relativer Kürze zeigt, daß die Auffassung Steiners eine Brücke ist, begehbar von West nach Ost und von Ost nach West. Das Bindeglied ist die Anerkennung des Menschen als Wesen verschiedener geistiger Sphären und deren physischer Manifestationen. Daher kann man beide Auffassungen spirituell nennen, mit dem Unterschied, daß Steiner die naturwissenschaftliche Denkweise mit einbezieht.

Heute mag in China westliches wissenschaftliches Denken auch vordergründig überwiegen, so daß augenblicklich gar keine Verständigung gesucht wird. Oder doch? Man denke an den Brief der jungen Chinesin (siehe Kap. »Verunsicherung in China«). Es ist anzunehmen, daß die reduktionistische Denkweise, den Menschen nur mit dem Gehirndenken zu erfassen, dem Wesen der Chinesen allzu fern steht und deshalb einer allgemeinen Verbreitung entgegenwirkt, trotz der augenblicklich rasanten Wirtschaftsentwicklung westlicher Prägung.

Nachdem wir nun den »Vergleich« abgeschlossen haben, zeigt sich, daß auf dieser Grundlage ein gegenseitiges Verstehen altasiatischer Überlieferungen und modernen Denkens möglich ist. Damit ist eine Etappe des Weges erreicht, die dem gesteckten Ziel nahekommt.

---

1   Wer sich für diesbezügliche Einzelheiten interessiert, sei auf Friedrich Husemann/Otto Wolff, »Das Bild des Menschen als Grundlage der Heilkunst« hingewiesen. Der erste Band dieses Werkes, das insgesamt 1 300 Seiten umfaßt, ist auch für den Laien verständlich.

Die »Verbindungen«

Ein wesentlicher Unterschied zwischen Chinesen und Europäern

Werfen wir einen Blick zurück auf unseren Ausgangspunkt, so ist festzustellen: China hat frühzeitig, als Mitteleuropa von tiefem Schlaf umfangen war, technische Fähigkeiten bewiesen, die auch in bedeutenden Erfindungen ihren Ausdruck gefunden haben. Seit alters her liegt ein umfassendes medizinisches Konzept vor mit einem differenzierten Menschenbild. Mensch und Natur sind eingespannt in die übersinnlichen Kräfte von Yin und Yang, die ihre Engramme dem Menschen einprägen. Das Bewußtsein des Eingebettetseins in dieses Spannungsfeld ist über lange Zeiträume ein kulturtragendes Element. Für kurze Zeit ist eine gewisse naturwissenschaftliche Einstellung zu beobachten, die bald – nach ca. 500 Jahren – wieder verlassen wird. Während dieser Phase jedoch werden in dem so produktiven China keine Erfindungen gemacht, die für eine *neue* Denkweise sprechen würden. Eingeflochten in diese Überschau ist die Kretschmersche Konstitutionslehre, die uns an unser eigentliches Thema heranführt. Kretschmer beschreibt das Erscheinungsbild der Konstitution, Steiner jedoch erklärt in der »feinen Konstitution« deren Grundlagen. Erst dadurch wird der Aufbau des Menschen, wie er in China aufgefaßt wird, verständlich. Damit haben wir nun die Brücke zu dem folgenden Zitat Steiners, das uns die Beantwortung unserer eigentlichen Frage ermöglicht.

»Und ein Chinese ist einmal ein anderer Mensch als ein Europäer. Ein Chinese trägt noch vielfach Verbindungen zwischen physischem Leib und Ätherleib, Ätherleib und Empfindungsseele, Empfindungsseele und Verstandes- oder Gemütsseele und so weiter in sich, wie sie heute schon ganz verschwunden sind beim europäischen Menschen.[1] Diese Konstitution des chinesischen Menschen entspricht nun der chinesischen Tonleiter«. »Und wenn heute geschildert wird, daß der Mensch aus diesen und diesen Gliedern besteht, die in dieser und je-

---

1   Es könnte eingewandt werden: Diese Angaben Steiners liegen rund 70 Jahre zurück und haben heute keine Gültigkeit mehr. Dagegen spricht, wie auch die folgenden Ausführungen zeigen werden, daß China bis heute weder eine eigenständige Naturwissenschaft noch eine Terzenmusik entwickelt hat.

ner Weise zusammenwirken physischer Leib, Ätherleib, Astralleib und so weiter –, so kann man in einer gewissen Weise sagen: Auch da ist nun innere Musik drin, und diese innere Musik entspricht unserem äußeren musikalischen Tatbestande.« (GA 283, S. 75)

Einem verwandten Problem der Wirkung des Inneren auf das Äußere und umgekehrt sind wir schon einmal begegnet. Erinnert sei an die Stelle, wo von der zunehmenden Taubheit unserer Jugend berichtet wurde (siehe Kap. »Denkt die heutige Wissenschaft falsch?«).

Wenn auch dieser konstitutionelle Unterschied zu verschiedenartigen zivilisatorischen Strömungen in Ost und West geführt hat (siehe Kap. »P'o«), so sind gewiß auch weltgeschichtliche Gesetzmäßigkeiten, die wir nicht berücksichtigen, wichtige Faktoren dieses Phänomens.

Mit Konstitutionsunterschieden hängt die geringe, für uns kaum nachvollziehbare Schmerzunempfindlichkeit der Chinesen zusammen, die natürlich auch ihre Grenzen hat! Vor ca. 15 Jahren erlebte G. Zimmermann in Taiwan einen Akupunkteur, der einem friedlich im Stuhl sitzenden Patienten ein Stückchen Tierdarm in einen Hand-Akupunkturpunkt unter die Haut praktizierte. Ein westlicher, zudem durch vielfältige Sinneseindrücke gereizter Großstadtmensch würde beim ersten Piks in die Haut laut aufschreien. Im Fall dieses chinesischen Patienten reagierte P'o deshalb nicht, weil sein P'o mit dem schmerzunempfindlichen Ching verbunden ist.[1] Dem Europäer, und sicherlich auch allen der westlichen Zivilisation Angehörenden, fehlen diese »Verbindungen« zum lebendigen Ching bzw. Lebensleib, deshalb sind sie schmerzempfindlicher.

Auch ist erstaunlich, daß bei dem umfangreichen medizinischen, heute vorliegenden chinesischen Textmaterial Nerven nie erwähnt werden. Das liegt an dem unterschiedlichen Blickpunkt zwischen Ost und West. Besonders seit dem 15. Jahrhundert gehen wir aufgrund unseres Bewußtseins von physiologisch-anatomischen Befunden und Experimenten aus, in China dagegen werden die physisch nicht sichtbaren Eigen-

---

1 Je höher ein Tier entwickelt ist, umso deutlicher und differenzierter ist die Ausbildung des Nervensystems, bis zum höchst komplizierten, vernetzten des Menschen. Übrigens zeigt A. Portmann die heute mit verfeinerter Technik erhobenen anthropologischen Untersuchungsergebnisse, die die Sonderstellung des Menschen eindeutig belegen. Das alte »Dogma«, der Mensch wiederhole in seiner Embryonalzeit die »Stammesgeschichte« (der Tiere), ist heute überholt (A. Portmann, Biologie und Geist, Suhrkamp, S. 1973, S. 27ff.).

schaften von P'o beschrieben. P'o vermittelt nicht nur Schmerz, sondern nimmt auch Jucken wahr.

Bereits eine oberflächliche Betrachtung zeigt, daß Asiaten bzw. Chinesen anders mit ihrem Körper verbunden sind. Dafür haben wir gewisse Indizien: die hohe Stimme, die Weichheit, Zartheit der Gesten und des Ganges, – wir treten mit der Ferse auf – der Chinese geht wie gleitend über die Erde, vergleichbar einem Fisch, der sich im Element des Flüssigen schwerelos fortbewegt, ebenso wie die chinesischen Artisten mit ihren kunstvollen Bewegungen; wie das chinesische Jugend-Orchester aus einem Beethoven einen Mozart hervorzaubert (siehe Kap. »Tao und die Pentatonik«), auch *wie* sie musizieren, *wie* sie Töne aus dem Instrument locken, mit dem sie zu einer Einheit verschmolzen scheinen[1].

Sind diese Beispiele nicht Ausdruck dafür, daß die Chinesen »Verbindungen« ihrer »Wesensglieder« untereinander haben, daß sie mehr Kräfte bergen, die nicht der Erdenschwere unterworfen sind, daß sie dem Himmel noch näher sind?

In den gleichen Vorträgen sagt Steiner, daß der Mensch beim Quintenerlebnis sich selbst vergißt, »um unter Göttern zu sein«, bzw. das Gefühl hat: »Ich stehe in der geistigen Welt darinnen.« (GA 283, S. 134) Wie könnte ein solches naturgegebenes Bewußtsein sich für die Untersuchungen irdischer Gesetze interessieren? Besonders da Musik bis in das tägliche Leben hinein eine übermächtige Rolle spielte: Die hellen »Glöckchen« auf jedem Acker, in jedem Haus im alten China sind dafür nur ein Symptom. Fast jeder Mensch wurde Tag für Tag von den Klängen eingehüllt, die ihn dem Himmel näher als der Erde brachten.

Dagegen: die konstitutionelle Umwandlung in Mitteleuropa, das veränderte Zusammenspiel der Wesensglieder, das beginnende Fehlen der »Verbindungen« zwischen den Wesensgliedern, ist Hintergrund für ein neues Weltbild, das aus dem Mittelalter in die Neuzeit führt.

Es sind also eng miteinander verbundene Prozesse, die die einen gehindert haben, aufgrund physiologischer Bedingtheiten, diesen Weg zu gehen, wohingegen die anderen, ebenso aus physiologischen Bedingtheiten, diesen Weg gegangen sind. Dieser wesensbedingte Unterschied zwi-

---

1 Das erinnert an über die Wüste reitende Nomaden: Pferd und Reiter sind eine Einheit, die nicht einmal bei perfekten westlichen Reitern zu erreichen ist; bei ihnen bleibt immer noch zwischen beiden eine gewisse Trennung.

schen asiatischer und europäischer Zivilisation wird auch deutlich durch ein Zitat aus der »Theosophie«. Dort wird ausgeführt, daß die »materielle Kultur[1] ... in den Diensten, die das Denken der Empfindungsseele leistet«, besteht (GA 9, S. 34). Diese Empfindungs-Seele der Chinesen ist wegen der bestehenden »Verbindungen« (siehe auch Kap. »P'o«) verschieden von der westlicher Menschen. Sie ist eher geneigt, sich mit den Dingen zu verbinden, als sich ihnen gegenüberzustellen in einem Gegenstands-Bewußtsein, das Voraussetzung unserer Art der Naturwissenschaft ist.

Deshalb entstand in China auch kein Dualismus, kein so krasser Unterschied zwischen Mensch und Natur. Auch wenn es vom P'o-Bewußtsein heißt: »Hier bin ich, da ist der andere«, so schwingt doch noch ein Gefühl der gemeinsamen geistigen Heimat mit. Und gerade wegen seiner Konstitution ist der Chinese fähiger, sich in den anderen hineinzufühlen – im Guten wie im Bösen.

Durch das Einfließen westlichen Gedankengutes ist jedoch ein gewisser Dualismus entstanden, der eine Art seelischer Zerrissenheit bewirkt. Das alte Weisheitsgut ist weitgehend verlorengegangen, westliches Wissen erbringt keine tragenden Grundlagen, oder anders ausgedrückt: das Gehirn nimmt die westliche Denkweise auf, das Herz jedoch sagt nein. Das heißt, die Konstitution erlaubt kein derartiges Denken. Diese Situation wird erschütternd in dem Brief der jungen Chinesin zum Ausdruck gebracht (siehe Kap. »Verunsicherung in China«).

Trotz dieser Spannungen als Folge irdischer Gegebenheiten und unabhängig von ihnen wirkt in China hintergründig altes Wissen, daß der Mensch unter kosmischen Einwirkungen steht. Dieses Zusammenspiel zwischen Makrokosmos und Mikrokosmos wird von dem ebenso bedeutenden wie unbekannten taoistischen Meister Wu Ch'ung-hsü (geb. 1574) folgendermaßen ausgedrückt: »Der Mensch ist Himmel und Erde im Kleinen«[2] (»T'ian-hsien cheng-li chih-lun«, Kap. 2, S. 49).

Auch im 20. Jahrhundert faßt Steiner den Menschen als Mikrokosmos auf. Er gibt außerdem den Bezug der sieben Hauptorgane zu einzelnen Planeten an (GA 128, 2. Vortrag). Für unseren Gedankengang ist

---

1 Wir sagen heute Zivilisation.
2 Eine Erläuterung dieses Ausspruches findet sich im Kapitel »Meister Lis Marionettengleichnis«.

bedeutungsvoll, daß sich die Bewegungsbeziehungen unseres Planetensystems in bestimmten Zahlenverhältnissen zeigen. »Diese Verhältniszahlen drücken sich für die geistige Wahrnehmung durch Töne aus« und sind die realen Hintergründe der Sphärenharmonien[1] (GA 101, S. 233)[2]. Also müßten sich die sinnlich nicht wahrnehmbaren Bewegungsbeziehungen unserer eigenen mikrokosmischen Planetenwelt ebenso in Tönen ausdrücken. Folgt daraus nicht, daß der Mensch seine eigene mikrokosmische Sphärenharmonie hat, die nur »Geistesohren« vernehmbar ist?

Erinnern wir uns an die Überlieferungen von Ling-Lun, so wissen wir durch sie, daß der Mensch seit Urzeiten von Musik durchtönt ist, und daß die 12 Lü Yin und Yang beinhalten. So kann man sagen: Wenn der Mensch gesund ist, so sind sie in Harmonie, ist er krank, so verschiebt sich ihr harmonischer Zusammenklang. Der Mensch tönt unterschiedlich in Gesundheit und Krankheit, in Freude oder Kummer.

Könnten Chinesen und Europäer verschieden klingen? Bringen sie jeweils eine andere Musik hervor und bevorzugen eine andere, weil sie selbst jeweils anders gestimmt sind? Diesen Fragen gehen wir im nächsten Kapitel nach.

Von der Quinte zur Terz

In Europa kann die Umstellung auf die allmählich immer häufiger benutzte Terzenmusik um die Wende des 14./15. Jahrhunderts angesetzt werden. Bis dahin war in unserem Kulturraum die Quintenmusik lebendig und selbstverständlicher musikalischer Ausdruck der damaligen Zeit. Man kannte auch keine selbständige Orchester-Musik, in Klöstern und Kirchen wurde streng am Singen von nicht-polyphonen Chören festgehalten. Wenn Instrumente benutzt wurden, dann »collaparte« d. h. mitgehend mit den Stimmen – also nicht »Kolorieren«. Es vergingen etwa

---

1 Steiner bezeichnet die Sphärenharmonie auch als »Akkord der Sterne« (GA 94, S. 163).
2 Ein völliges Mißverständnis dagegen ist es, wenn etwa 80 Jahre nach dieser Aussage, in Folge unserer hochentwickelten Technik, durch das Auffangen unterschiedlicher, von Sternen ausgehender Wellenlängen diese im Radio hörbar gemacht werden, in der irrigen Meinung, damit die Sphärenmusik aufgefangen zu haben!

100 Jahre, bis sich die reine Instrumentalmusik durchgesetzt hatte und auch allmählich Opern entstanden.

Durch die ganz neue Musik mit Terzen eröffnet sich eine neue Welt, und Musik wird zum inneren Erleben. Aber noch im 17. Jahrhundert drückt die Moll-Terz bei Bach eine objektive Trauer aus, sie ist noch nicht zum tief innerlichen Erleben des Menschen geworden, sondern eher Ausdruck irdisch gewordener Sphärenharmonie. Diesem Grundcharakter widersprechen auch nicht manche Stellen seiner Kompositionen. Erst seit der Zeit Beethovens drückt die Musik des Menschen innere Freude oder Klage aus; diese zu finden, war die Gabe Mitteleuropas an das Musikleben der Erde.

Bis eine solche Musik möglich war, haben teilweise jahrhundertelange Kämpfe stattgefunden; der Bruch mit alten Traditionen vollzog sich nicht nur in der Musikwelt, sondern er durchdrang alle Kulturbereiche.

In dieser Zeit des Umbruchs fanden heftige Auseinandersetzungen statt. Es war die Kampfzeit, während der Repräsentanten des neuen Zeitalters, des neuen Denkens verfolgt wurden und oft genug auf dem Scheiterhaufen endeten.

Gleichzeitig wirkte sich das neue Bewußtsein so aus, daß es direkt in das Zeitalter der großen Entdeckungen und Erfindungen führte und zu unserer heutigen Wissenschaftseinstellung.

Während dieser langwierigen dramatischen Zeit wollten die einen an der Tradition festhalten, die anderen setzten sich für etwas Neues ein. Auch im Musikleben, das in starren Regeln gefangen war, verlief der Übergang mit Spannungen und Schwierigkeiten[1], aber der Siegeszug der Terzenmusik und Polyphonie um den gesamten Globus war nicht mehr aufzuhalten. Diese Zeit des Wandels auf allen Gebieten ist gleichzeitig die Geburtsstunde der naturwissenschaftlichen Denkweise in Europa. Einen derartig konsequenten Bruch, nicht nur führender Geister, mit alten Traditionen hat es in China nie gegeben.

Dieser neue Einschlag in Europa als Ausdruck eines anderen Zeitgeistes zeigte sich in allen Künsten. In der Malerei entsteht die Perspektive, die nicht nur einen anderen Bezug zum Raum ausdrückt, sondern den Betrachter direkt anspricht – ja ihn sogar in das Bildgeschehen

---

1   Etwas von dieser tragischen Stimmung, dem Untergang alter Traditionen, hat Pfitzner in seiner Oper »Palestrina« festgehalten.

hineinnimmt. Immer häufiger werden Individualitäten und nicht mehr Typen gemalt. Eine Kulmination waren unter anderen die Bilder von Rembrandt und van Hals. Es sind in sich ruhende Persönlichkeiten dargestellt, deren aufmerksame Augen dem Betrachter überall hin zu folgen scheinen. Noch Giotto und Cimabue malten in die Ferne blickende Menschen, die den Betrachter gar nicht direkt anschauen, ihn gar nicht zu bemerken scheinen.[1]

Sogar bis in den Konstitutionstypus sind diese Gesichter von den späteren verschieden. Vor dem 15. Jahrhundert blicken uns Astheniker und später Mischtypen oder Pykniker an. Jeder kann sich diesen augenfälligen Unterschied – auch des Gesichtsausdrucks – in Museen betrachten. Die zunehmende Tendenz zur Individualisierung führte zu einer gewissen Hochblüte des Portraitbildes. Noch kurz vorher war die Schule eines Malers Maßstab für den Wert eines Bildes, nun wurde die Persönlichkeit des einzelnen Malers hervorgehoben. So signierte Dürer (1471–1528) eine Reihe seiner Bilder mit »Creator«[2] Dürer. Landschaften und Dinge des täglichen Lebens, früher bedeutungslose Akzidentien, rückten immer mehr ins Zentrum der Aufmerksamkeit, der Mensch interessierte sich für seine Erdenumgebung und nicht mehr für den Himmel.

Dieses neue Bewußtsein wird dem Betrachter kraß vorgeführt in dem Bild Rembrandts (1606–1669) »Die Anatomie des Doktor Tulp«. Der Mensch wird hier zum bezuglosen Beobachtungsobjekt. Eine solche Haltung bietet keinen Raum mehr für kosmische Bezüge.

Und China?

Die »Anatomie des Dr. Tulp« zeigt präzise die Realität des Neuen in Europa. In China dagegen sind nicht einmal annähernd solche Bilder zu entdecken. Sogar während der Sung-Dynastie (960–1279) – also zur Zeit der

---

1 Steiner weist darauf hin, daß die Art der Musik auch mit der »… im Laufe der Jahrhunderte und namentlich der Jahrtausende« sich wandelnden Konstitution der Menschen zusammenhängt« (GA 283, S. 157). Um 1500 wird in der Musik der Schritt von der Quinte zur Terz vollzogen, verbunden mit einem Konstitutionswandel.
2 E. Panofsky, »Renaissance and renascences in western art«.

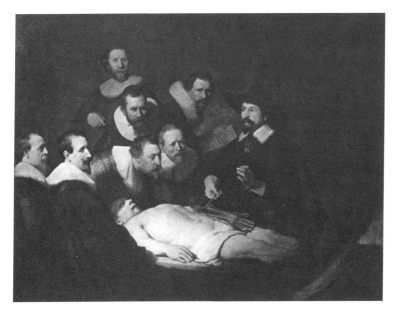

Rembrandt, »Die Anatomie des Doktor Tulp«

Dieses Bild – datiert 1632 – wirkt wie ein mächtiger Paukenschlag, der eine neue Zeit verkündet, die ihren Ausdruck auch darin findet, daß erstmals eine Sektion gemalt wurde. Es ist wie ein Auftakt für die folgenden Jahrhunderte, die ihr Wissen vom Toten zur Erkenntnisgrundlage des Lebendigen machten, um Kranken Heilung zu bringen. Rembrandt ist der erste, der im Widerschein des Lichtes die Art der Individualität zum Erglänzen bringt. Auch auf diesem Bild ist jeder eine eigene Persönlichkeit, die jeweils ein spezifisches Portraitbild darstellt. Haltung, Geste, Gesichtsausdruck und Farbe spiegeln nicht nur den Charakter der Teilnehmer an der anatomischen Unterweisung des Dr. Tulp, sondern ebenso sind die Verteilung von Licht und Dunkelheit prägende Elemente.

naturwissenschaftlichen Zwischenphase –, die auf verschiedensten Gebieten den Anschein erweckt, als würden die alten Fesseln abgeworfen werden, ist keine Wandlung in der Malkunst zu entdecken. Nur in der Musik findet die siebenstufige Tonleiter eine weite Verbreitung. Aber bald nach Beendigung der Interimsphase wird die Pentatonik wiederum vorherrschendes Element im Musikleben. Fast parallel mit dieser Entwicklung schließt sich das Reich erneut von der Außenwelt ab.

Ein Abendländer, der chinesische Bilder betrachtet, hat offensichtlich eine andere Wahrnehmung der Wirklichkeit, daher sind die folgenden Aussprüche erstaunlich. Die Landschaftsmalerei spielte seit dem 10.

Jahrhundert eine bedeutende Rolle. Hierzu äußerte sich der Maler Ching Hao (tätig um 920) in einem fingierten Gespräch mit einem Meister.

»›Was versteht Ihr unter *Ähnlichkeit* und was unter *Wirklichkeit*?‹ ›Ähnlichkeit‹, gab der Alte zur Antwort, ›ist das, was man erreicht, wenn man die Form eines Dinges darstellt und den Geist (*ch'i*) verfehlt. *Chen* (Wirklichkeit, wahres Wesen) bedeutet, daß man beides eingefangen hat, die Form und den Geist. Wenn der Geist weggelassen wird, ist die Form tot.‹« (Lin Yutang, S. 71)

Zu den Fehlern, die begangen werden können, äußerte er:

»Unsichtbare Fehler sind beispielsweise das Fehlen von Stimmung und Atmosphäre oder völlig entstellte Formen. Hier ist viel Tuschebehandlung, doch die Gegenstände sind tot. Derartige Fehler können durch Korrekturen nicht beseitigt werden.« (Lin Yutang, S. 73)

Der Maler Shih-t'ao (1641–ca. 1717) läßt uns einen Blick werfen auf Zusammenhänge, die damals selbstverständlich waren, im Europa des 20. Jahrhunderts aber zum Problem geworden sind:

»Denn was ist die Malerei anderes als die große Methode der Wandlungen und Entwicklungen im Universum? Geist und inneres Wesen der Berge und Wasserläufe, Entwicklung und Wachstum der Schöpfung, die Wirkkraft von *yin* und *yang*, alles wird durch Pinsel und Tusche offenbart, zur Wiedergabe des Universums und uns zur Freude.« (Lin Yutang, S. 149)

Dem Maler, der stets seine »...Verwandtschaft mit den Alten...« sucht, wird entgegengehalten:

»Wer so spricht, vergißt, daß es neben den alten Vorbildern noch ein Selbst (ein ›Ich‹) gibt. Ich bin ich; ich lebe. Ich kann weder mein Gesicht mit den Bärten der Alten bekleben, noch kann ich ihre Eingeweide in meinen Leib tun. Ich habe meine eigenen Eingeweide, meine eigene Brust, und ich ziehe es vor, an meinem eigenen Bart zu zupfen. ... Warum sollte ich mir die Alten zum Vorbild nehmen und nicht mein eigenes Selbst entfalten?« (Lin Yutang, S. 150)

Trotz vieler minutiös gemalter Szenen des täglichen Lebens, auch wenn die Bilder künstlerisch noch so hochrangig sind, blickt *uns* keine wirklichkeitsnahe Welt an. Nie schauen uns unmittelbar und individuell ausgeprägte Persönlichkeiten an, wie sie die holländische Schule während der Renaissance in Europa hervorgebracht hat.

Bis heute gibt es in China keine Portraitmalerei in unserem Sinne, auch wenn der chinesische Betrachter Ausdrucksnuancen, die uns entgehen, entdecken mag. Zwar wird das Alltagsleben gezeigt, aber nie taucht ein Stilleben mit einer Frucht auf, in die man direkt hineinbeißen möchte.

Der chinesischen Malerei fehlt die perspektivische Darstellung, von seltenen Ausnahmen, etwa im 3. Jahrhundert, abgesehen. Das Wichtigste eines Bildes wird groß gemalt, das Unwichtige klein, ebenso wie in unserer mittelalterlichen Tafelmalerei. Chinesische Bilder berühren das Innere des Menschen ebensowenig wie chinesische Musik, beide verbleiben in einer objektiven Sphäre. In der Malkunst ebenso wie in der Musik zeigt sich die *eine* Seite Chinas: das retardierende Element, das starr an Vergangenem festhält, ja, es in die Zukunft tragen will.

Anmerkungen zur »Moderne« in Europa

Eine diametral entgegengesetzte Einstellung ist im Abendland seit Beginn der Renaissance zu beobachten. Für den Maler wird das zu schaffende Werk zur Wegsuche zu neuen, bis dahin unbekannten Ausdrucksformen. Dieses Ringen um neue Sichtweisen ist die Wende zum 20. Jahrhundert, begleitet von leidenschaftlich geführten Diskussionen künstlerischer, philosophischer und theologischer Ansätze. So vielseitig, vielschichtig und wandlungsfähig die europäischen Künste sich zeigen, scheint sich das Geschehen doch um einen gleichen zentralen Punkt zu bewegen, den der russische Maler Wassily Kandinsky für die moderne Kunst mit der »neuen Notwendigkeit, sich mit dem Irrationalen zu befassen« markiert. Er kennzeichnet diesen »Mitte-Punkt«, der im Menschen selbst angesiedelt ist, als einen Verwandlungspunkt, welcher das Geheimnis preisgeben kann, den ersehnten Weg zu weisen zu dem einstmals verlorenen paradiesischen »Innenraum«. Nur in ihm erscheint für die Begründer der abstrakten Kunst, Kandinsky und Franz Marc, die Wahrheit des Seinsgrundes. Und aus ihm fließt der »neue Geist der Kunst«. So formuliert Kandinsky: »Wenn der Künstler äußere und innere Augen hat für die Natur, bedankt sie sich durch Inspiration. Es wird uns endlich zum kosmischen Fühlen führen, zur Musik der Sphären.« Eine andere Äußerung ist noch deutlicher: »Im Spannungsfeld der Komposition wird mit den Mitteln der sichtbaren Welt das Zusammenspiel unsichtbarer Wesenheiten anschaubar gemacht. Die geistigen Urbilder rufen uns im Kunstbild ihr leidenschaftliches ›Ich bin da‹ zu und sind wieder faßbar geworden.« (Kandinsky, »Rückblick«)

Stellvertretend für viele ähnliche Äußerungen von Künstlern dieser Zeit soll folgendes Zitat des Malers Paul Klee belegen, wie im Zentrum des modernen Kunstschaffens der Mensch selbst steht und in seinen Mitte-Kräften jenes Tor bilden möchte, welches ihm die Rückkehr gestattet zum Geiste hin. »Das Herz der Schöpfung aber speist für alles pulsend die Regionen.« (Klee, »Die Ordnung der Dinge«, 1927, IV, Einleitung, S. 24; siehe Kap. »Herz-Denken«) In Aufsätzen und Tagebüchern schreibt Klee: »Der Gegenstand erweitert sich über seine Erscheinung hinaus durch unser Wissen um sein Inneres. Durch das Wissen, daß das Ding mehr ist, als seine Außenseite zu erkennen gibt ... (wird; d. Verf.) das ich zu gefühlsmäßigen Schlüssen angereizt ...« (ib., S. 66) An anderer Stelle heißt es: »Alles Vergängliche ist nur ein Gleichnis. Was wir sehen, ist ein Vorschlag, eine Möglichkeit, ein Behelf. Die wirkliche Wahrheit selbst liegt zunächst unsichtbar zugrunde ... nur die Abstraktion vom Vergänglichen blieb. Der Gegenstand war die Welt, wenn auch nicht diese sichtbare.« (ib., 1917, I/1081, S. 382–383)

Der Kunsthistoriker W. Worringer, jener Vordenker der modernen Kunst, schrieb in seinem bahnbrechenden Werk »Abstraktion und Einfühlung« (1908): »Daß alle künstlerische Produktion nichts anderes ist als eine fortlaufende Registrierung des großen Auseinandersetzungsprozesses, in dem sich Mensch und Außenwelt seit Anbeginn der Schöpfung und in alle Zukunft befinden. So ist Kunst nur eine andere Äußerungsform jener psychischen Kräfte, die in demselben Prozeß verankert das Phänomen der Religionen und Weltanschauungen bedingen.«

Der konstitutionelle Unterschied des Menschen zwischen Pentatonik- und Terzenzeitalter

Im Kapitel »P'o« haben wir bereits den Konstitutionsunterschied zwischen Chinesen und Europäern, der gewiß ebenso für die Bevölkerung der zivilisierten westlichen Welt gilt, behandelt.

Aus den gleichen Vorträgen – »Das Wesen des Musikalischen« – von Steiner, die uns überhaupt erst auf die Fährte brachten, daß ein unterschiedliches Intervalleben Folge der jeweiligen Konstitution ist, stammen die folgenden Zitate: »... vier, fünf Jahrhunderte vor unserer Zeitrechnung ... Da hatte der Mensch beim Quintenerlebnis in der Tat die Empfindung: Ich stehe in der geistigen Welt darinnen.« (GA 283, S. 134) »Im *richtigen* (Hervorhebung vom Verf.) Quintenzeitalter war der Mensch mit dem musikalischen Leben durchaus noch entrückt.«[1] (GA 283, S. 158). Im Kapitel »TAO und die Pentatonik«, als über das Schöpfungskonzept der chinesischen Konstitution berichtet wurde, taucht die Thematik erstmals auf. Diese Konstitution wurde nach einem fünffachen kosmisch-irdischen Prinzip geordnet, auf der die chinesische Pentatonik beruht.

Im Abendland dagegen wird die Fünfton-Musik als leer empfunden. Ganz im Gegensatz zur Terzenmusik, deren Erleben Steiner so beschreibt: »Im Terzenzeitalter ... ist der Mensch mit dem musikalischen Erleben in sich selbst darinnen. Er nimmt das Musikalische an seine Leiblichkeit heran. Er verwebt das Musikalische mit seiner Leiblichkeit. Daher tritt mit dem Terzenerlebnis der Unterschied zwischen Dur und Moll auf... An die menschlichen gehobenen, freudigen, an die deprimierten, schmerzvollen, leidvollen Stimmungen, die der Mensch als der Träger seines physischen und ätherischen Leibes erlebt, knüpft sich das musikalische Erleben mit der Entstehung der Terz, mit dem Hereinkommen von Dur und Moll in das Musikalische.« (GA 283, S. 158). Der Zustand des Menschen selbst ist ein anderer im Quintenerleben, in dem er »entrückt« ist. Dieses ist die Ursache dafür, daß es im Chinesischen keine Worte für Romantik und romantische Musik gibt, die besonders die inneren Stimmungen des Menschen zum Ausdruck bringen. Diese fehlenden Begriffe weisen auch auf wesentliche Bewußtseinsunterschiede hin, die mit konstitutionellen Gegebenheiten verknüpft sind.[2]

---

1   Sehr wahrscheinlich beruhen andere Arten der Pentatonik auf gleichen oder ähnlichen konstitutionellen Gegebenheiten.
2   Nach Steiner haben im Laufe der Menschheitsgeschichte mehrfach Intervallverengungen stattgefunden. In vorhistorischen Zeiten wurde sogar nur die Septime erlebt, im alten Ägypten die Sext (GA 283, S. 143). Ist es Zufall, daß Mozart in der Zauberflöte die ägyptische Einweihungsszene vorwiegend in Sexten erklingen läßt?

Sinneswahrnehmung und Terzenerleben

In den gleichen Vorträgen heißt es: »Natürlich muß er (der heutige Mensch; d. Verf.) etwas Leeres empfinden bei der Quinte, weil er keine Imagination (kein Entrücktsein; d. Verf.) mehr hat und der Quinte eine Imagination entspricht, während der Terz eine *Wahrnehmung* (Hervorhebung vom Verf.) entspricht im Inneren. Also heute empfindet der Mensch etwas Leeres bei der Quinte und muß sie durch das Stoffliche des Instrumentes ausfüllen. Das ist der Übergang im Musikalischen von dem mehr spirituellen Zeitalter zu dem späteren materialistischen Zeitalter.« (GA 283, S. 136)

Wenn die Terz einer Wahrnehmung entspricht, so muß sie durch ein Sinnesorgan wahrgenommen werden, das durchaus nicht so sichtbar zu sein braucht wie Auge oder Ohr. Auch unser Tast- oder Geschmackssinn sind nicht sichtbar, wenn auch das Vorhandensein beider niemand leugnen wird. Sinnesorgane gehören – physiologisch betrachtet – zu den weniger vitalen Bereichen des Organismus, ohne daß hier auf Einzelheiten eingegangen werden kann. Ganz besonders unsere Augen und Ohren sind vorwiegend mineralische, komplizierte physikalische Apparate, die kaum Lebensprozesse enthalten, und gerade dies ist die Voraussetzung zu ihrem einwandfreien Funktionieren. Wie wenig Augen und Ohren mit den Lebensfunktionen des gesamten Organismus verbunden sind, erleben wir an Menschen, die blind und taub sind. Zwar ist generell ihre biologische Lebensqualität herabgesetzt, jedoch ihre Lebensmöglichkeit bleibt unberührt. Sinnesorgane, auch diejenigen zur Wahrnehmung der kleinen und großen Terz, müssen – mehr oder weniger – aus den Lebensprozessen herausfallen.

Fassen wir vielleicht den Begriff der Sinnesorgane zu eng? Steiner rechnet alle großen inneren Organe zu den Sinnesorganen mit unterschiedlichen Aufgaben. Vom Herzen heißt es: »... das Herz ist sogar in einem hohen Grade innerliches Sinnesorgan ...« (GA 319, S. 171). Die ärztliche Erfahrung bestätigt, daß das Herz ein feiner Indikator ist, längst ehe klinische Symptome deutlich werden, »meldet« es Störungen des Patienten: seien es die der Nieren, des Uterus oder anderer Organe[1]. Wenn

---

1 Das Herz selbst wird selten krank, meist erst als Folge jahrzehntelanger Krankheiten des Gesamtorganismus.

beispielsweise unserem Pykniker nach zu üppigem Mahl übel wird, sind es nicht vielleicht Sinnesorgane, die sich über Leber-Galle äußern?[1] Oder er hat gegen bestimmte Speisen – meist aus Erfahrung eine unüberwindliche Abneigung: sind es vielleicht Sinnesorgane, die ihn warnen, daß dieses Essen nicht gut für ihn ist? Könnte die Leber nicht, ebenso wie ein guter Koch, der Speisen, ehe sie auf den Tisch kommen, abschmeckt, das Gleiche tun mit dem ihr Angebotenen?

Diese Fähigkeit des »Wahrnehmen(s) im Inneren« ist offensichtlich die Folge des Verlustes der »Verbindungen« zwischen den »Wesensgliedern«. Gleichzeitig bedeutet es einen Verlust übersinnlicher Kräfte bzw. eine relative Verstärkung physischer Substantialität.

Wenn wir nun heute Sinnesorgane zum Wahrnehmen der Dur- und Moll-Terz haben, so bedeutet dies, daß innerhalb unserer europäischen bzw. westlichen Konstitution ein ganz allgemeiner, wenn auch feiner Devitalisierungsprozeß stattgefunden hat, das heißt, ein Teil unseres Organismus, nämlich derjenige, der zu Sinnesorganen umgewandelt ist, ist bis zu einem gewissen Grade aus den Lebensprozessen herausgenommen. Da nun der chinesische Mensch noch vielfältige Verbindungen hat zwischen physischem Leib, Lebensleib etc., bleibt er lebendiger und durchseelter als wir.

Als Folge dieser unterschiedlichen Konstitution muß auch die musikalische Erlebniswelt eine andere sein. Bei der Quintenmusik fühlte sich der Mensch »... aus sich herausgehoben ... die Chinesen haben es heute noch, das Quintenerleben –, dieser Übergang zum Terzenerlebnis bedeutet zu gleicher Zeit dieses, daß der Mensch Musik mit seiner eigenen physischen Organisation in Verbindung fühlt, daß er sozusagen zuerst dadurch, daß er Terzen *erleben* (Hervorhebung vom Verf.) kann, sich als irdischer Mensch als Musiker fühlt. ... Denn das Terzenerlebnis verinnerlicht das ganze musikalische Empfinden. Daher gab es auch in der Quintenzeit durchaus keine Möglichkeit, das Musikalische zu kolorieren nach dem Anteil des Subjektiven. Der Anteil des Subjektiven war, bevor das Terzenerleben herankam, eigentlich immer der, daß das Subjektive

---

1 »Wir müssen der Leber zuschreiben, ein innerliches Sinnesorgan zu sein für die Ernährungsprozesse.« (GA 316, S. 38) Wenige Zeilen später heißt es: »Ein anderes Sinnesorgan ist das Herz. ... (das) namentlich wahrnimmt die Zirkulation vom unteren nach dem oberen Menschen.«

sich entrückt fühlte, in die Objektivität hinein sich versetzt fühlte. ... Ein Dur und Moll hat in der Quintenzeit überhaupt noch keinen Sinn.« Es wird weiterhin geschildert, daß erst beim Terzenerlebnis der Unterschied zwischen Dur und Moll eintritt durch »... die Verbindung des Subjektiv-Seelischen mit dem Musikalischen ...« Da ist er bald in sich, bald außer sich, die Seele schwingt hin und her zwischen Hingebung und In-sich-Sein.« (GA 283, S. 124f.) Von welch umfassenden Folgen ein derartiger Wandel ist, wurde im Kapitel »Denkt die heutige Wissenschaft falsch?« (s. S. 90) berichtet. Hier sei auf eine Stelle (GA 283, S. 75) hingewiesen, die diese Wirkung auf musikalischem Gebiet beschreibt: »Dem musikalischen Tatbestand, der in der Außenwelt sich abspielt, dem entspricht etwas in der menschlichen Konstitution. ... Auch da ist nun innere Musik drin, und diese innere Musik entspricht unserem äußeren musikalischen Tatbestande.«

Wenn Steiner schreibt: »Eine Sinneswahrnehmung wird zum Seelenerlebnis, wenn sie aus dem Gebiete des Sinnes aufgenommen wird in den Bereich des ›Ich‹« (GA 45, S. 41), so geschah dieses um das 15. Jahrhundert, als die Terzenmusik in Europa geboren wurde.

Im Laufe der Jahrhunderte entwickelte sich die Terzenmusik bzw. die Polyphonie in der Hand großer europäischer Musiker zu einem hochdifferenzierten Instrument. Erst die Vielfalt der Tonarten zeigt, daß ihre Gesetzmäßigkeiten, modifiziert durch die Subjektivität der Komponisten, wiederum einen Bezug auf anderem Niveau als in China zwischen Mensch und Kosmos herstellen (siehe H. Beckh, »Die Sprache der Tonart«). Steiner ordnet die große Terz dem Empfindungsleib, die kleine Terz der Empfindungsseele zu[1]. Das Neue der Terzen-Musik war, daß der Mensch Sinnesorgane zum Wahrnehmen entwickelt hatte und damit ein innerliches Musikerleben ermöglicht wurde. Mit beiden Vorgängen engstens verbunden sind zwei divergente Kulturströmungen.

---

1 Über diese Zuordnung der großen Terz zum Empfindungsleib, der kleinen zur Empfindungsseele, gibt es kontroverse Diskussionen. Jedoch für den Duktus unserer Arbeit sind diese speziellen Fragen zu erörtern nicht erforderlich.

Chinesen im Westen

Wie kommt es denn nun, daß wir im Westen immer mehr chinesische Musiker antreffen, die perfekt unsere Polyphonie wiedergeben?

Wie sich europäische Musik in China einleben konnte, wird dem Abendland durch den chinesischen europäisierten hochbegabten Dirigenten Long Yü vorgeführt. In Peking geboren, verbrachte er seine wichtigsten Entwicklungsjahre in Köln und ist jetzt Chefdirigent der Zentraloper in Peking. Long Yü ist entschlossen, die Tradition klassischer europäischer Musik in China, die durch die Kulturrevolution unterbrochen worden ist, wiederaufzunehmen. Er sagt – in einem Interview (Badische Zeitung, 13.3.93) – »… man müsse ihnen (den Chinesen; d. Verf.) erst beibringen, was Gefühl in der Musik sei«. Dem »Perfekten« fehlt gerade das! Oder soll man sagen: noch?

Müßten die chinesischen Musiker sich nicht erst wandeln, um das zu *können*?

Auch wenn Long Yü in Peking seine Programme mit Verdi, Bizet, Alban Berg füllt, so hat allgemein im chinesischen Musikleben keine grundsätzliche Veränderung stattgefunden. Erst dann, wenn als eigene produktive Schöpfung aus dem Fernen Osten Terzenmusik ertönt, wäre diese Umwandlung vollzogen.

Es ist zu erwarten, daß gerade das hochmusikalische chinesische Volk mit einer traditionell ausgeprägten geistigen Disziplin zukünftig eine bedeutende Rolle in der Musik des gesamten Globus spielen wird.

Konstitutioneller Wandel heute im Westen

Es mag bis jetzt so erschienen sein, als wäre ein konstitutioneller Wandel ein uns fern liegendes Ereignis.[1] Wir können ihn an heutigen Kindern erleben, die sich seit den letzten 30 bis 40 Jahren deutlich seelisch und körperlich verändert haben. Bereits in einem Alter, in dem Kinder früher noch von ihrer Traumwelt umfangen waren, sind sie heute bereits tech-

---

1 Abgesehen davon, daß jede Nacht im Schlaf eine passagere Konstitutionsveränderung stattfindet (siehe Anmerkung 12 im Anhang).

nisch interessiert. Eltern kennen diese – wie naturgegebene – Begabung, die ihre Kinder befähigt, technische Probleme zu lösen, die ihnen selbst oft Schwierigkeiten bereiten. Gleichzeitig sind im Körperlichen noch weit auffälligere Erscheinungen zu beobachten: Anfälligkeiten für Krankheiten, die – noch vor 40/50 Jahren – erst im höheren Alter auftraten, werden heute bereits bei Kindern beobachtet, z. B. bösartige Tumoren. Bereits im jugendlichen Alter treten »Verstimmungen« auf, die sonst ein altes, abgenutztes Musikinstrument zeigt. Welche Ursachen für diese Veränderung eine Rolle spielen, soll nicht untersucht werden; hier interessieren nur die zu beobachtenden Phänomene.

Um das neunte Lebensjahr, das in mancher Beziehung eine kritische Entwicklungsphase ist, findet regulärerweise eine gewisse konstitutionelle Veränderung statt. Meist erst dann beginnt das Kind, Moll und Dur zu erleben. Ob auch unsere europäischen Kinder bis dahin noch diese »Verbindungen« haben?[1] Dem Kind entspricht offensichtlich die Pentatonik, es empfindet sie, im Gegensatz zum Erwachsenen, durchaus nicht als leer oder fremd. Vielleicht mag sich noch mancher Leser an den Augenblick in seiner Kindheit erinnern, als in ihn blitzartig das Erleben von Moll hineinfuhr. Die ganze Kinderwelt hat sich schlagartig verändert. Zwar ist man selbständiger geworden – jedenfalls meint man es –, gleichzeitig kommt aber auch erstmals ein Hauch einer bis dahin unbekannten Trauer über die Kinderseele.

War die Terzenmusik seit Jahrhunderten beherrschendes Element des Musiklebens, so können wir seit Jahrzehnten beobachten, wie der heranwachsenden Jugend Terzen bereits leer oder langweilig werden. Sie beginnen sich für moderne Musik zu interessieren, mit deren vielfach engen Intervallen wie der Sekund. Die Entwicklung strebt immer mehr nach einer Intervallverengung hin. Intervalle, die noch vor einem halben Jahrhundert als Dissonanzen empfunden wurden, gehören heute bereits zur modernen Klassik. Komponisten wie Scrjabin, Schönberg, Hauer und andere, die weniger bekannt sind, arbeiteten an der Ausarbeitung der Vierteltonmusik. Sind es Vorboten einer sich anbahnenden konstitutionellen Veränderung, eines neuen Bewußtseins? (Siehe auch H. Pfrogner, »Zeitenwende der Musik«.)

---

1 Daher wird in Waldorf-Schulen bis zum neunten/zehnten Lebensjahr Flötenunterricht gegeben, der dem pentatonischen Prinzip folgt.

IV. Das Umschmelzen des Selbst in Ost und West

Herz-Denken

Die Unterschiede zwischen China und dem Westen haben wir bisher vorwiegend auf der Grundlage physiologischer Prozesse dargestellt. In den folgenden Kapiteln sollen einige Beispiele zeigen, wie sie sich im chinesischen und europäischen Geistesleben auswirken.

So selbstverständlich wie für den westlich Zivilisierten Denken und Gehirn in Verbindung gebracht werden, so fremd ist dieser Zusammenhang für den Chinesen. Die so unterschiedliche Bewertung des Herzdenkens in China und die Vorrangstellung, die dem Gehirndenken im Westen eingeräumt wird, gehört zu den wesentlichen Gegensätzen zwischen Ost und West.

Das chinesische Schriftzeichen für »Denken« enthält immer das Herz[1], dessen Zeichen Mittelpunkt und Zentrum bedeutet. Alle anderen Organe enthalten als sinngebendes Element »Fleisch«. Nur das Zeichen für Herz hat als einziges Organ »Fleisch« *nicht* als sinngebendes Element.

Das Schriftzeichen für Herz, hsin, erscheint häufig; heute, besonders in der Umgangssprache, ist es weitgehend zur Worthülse geworden. Ganz ähnlich wie bei uns, wenn wir unter unsere Briefe die herzlichen Grüße setzen – kommen sie tatsächlich vom Herzen?

Unser Wort Seele ist nahezu identisch mit dem chinesischen hsin. Das Wort Psychologie wird mit hsin-li-hsüeh als »Lehre der Herz-Prinzipien« übersetzt! Das Wissen von Fakten, ihre logischen Verknüpfungen miteinander oder das begrifflich-analytische Erfassen von Zusammenhängen sind unwesentlich; dagegen wird das fühlende Erleben zum Denkprinzip erhoben. Die fühlenden, seelischen Eigenschaften werden aus ihrem subjektiven, persönlichen Charakter herausgelöst und werden so zur Grundlage einer Erkenntnismethode erhoben. Man

---

[1] Im Anhang (siehe Anmerkung 13) sind einige Schriftzeichen und Redewendungen des täglichen Gebrauchs aufgeführt.

könnte auch sagen: Wer sich selbst erziehen, wer sein Pferd zügeln will, lebt nach den »Prinzipien des Herzens«. Immer wieder wird der direkte Bezug zwischen Denken, Bewußtsein, geistigem Vermögen und dem Herzen hergestellt.

Das Herz wird in China zu den Sinnesorganen gerechnet. Es ist in doppelter Beziehung das wichtigste Organ des Menschen. Im Weisheitsbuch »Su-wen« (Kap. 8) wird ihm bei der Beschreibung der inneren 12 Organe die Rolle des »Herrschers« über alle anderen Organe zugeschrieben. Es wird sogar noch ein zweites Mal erwähnt, als »Herz-Meister«. Als das Sammelwerk »Su-wen« im 8. Jahrhundert aufgeschrieben wurde, waren es Zusammenfassungen weit älterer Überlieferungen. In diesen frühen Zeiten findet man häufig den Vergleich von Organen mit Mitgliedern der Regierung. So wird beispielsweise der Leber die Stellung eines Ministers zugeschrieben, der die Anordnungen des Kaisers auszuführen hat. Der Kaiser als Oberhaupt der Regierung wird als Sohn des Himmels angesehen, dadurch wird die Bedeutung des Herzens noch hervorgehoben. Das Herz ist ein Yang-Wärmeorgan, in ihm wirkt physiologisch der Drei-Erwärmer. Aber im Herzen können diese Prozesse ins Seelisch-Geistige heraufgehoben werden; damit beginnt die Tätigkeit des Herz-Meisters, und so wird allmählich die Herzkammer zur Klarheit gewandelt. An diesem »Ort« sind physiologisch gegebene – P'o/Ch'i – und seelisch-geistig erworbene Tätigkeiten des Menschen eng miteinander verwoben. Das Herz hat also eine Doppelrolle in biologisch-organischer und seelisch-geistiger Beziehung.

Das Herz wird als Speicher des Blutes bezeichnet. Der heutige westliche Leser denkt bei Speicher an Vorrat und gleichzeitig an eine größere Menge, denn sonst muß man eigentlich nichts speichern. Tatsächlich beinhaltet das Herz im Verhältnis zu seiner Größe das meiste Blut gegenüber allen anderen Organen. Das Gehirn hat eine weit geringere Blutversorgung, sie ist gegenüber dem Herzen geradezu ärmlich. Dieser heute naheliegende Aspekt ist jedoch eher nebensächlich, er widerspricht chinesischer Einstellung; denn der Blick ist weniger auf das physische Erscheinungsbild, sondern weit eher auf seelisch-geistige Zusammenhänge

---

1 Wieviel Jahrhunderte oder Jahrtausende sogar mag es zurückliegen, daß diese Vorstellung kein Unbehagen erzeugte oder sogar lächerlich wirkte?

gerichtet. Da Blut und Herz Geist-Ch'i (»Ling-shu«, Kap. 18) enthalten, so sind ihre *Fülle*, ihre Qualität und nicht die Quantität des Blutes das Bedeutsame. In gleicher Weise werden Herz und Blut hohe Eigenschaften zugeordnet. Das Blut, das die Herzkammer ausfüllt, sein Geist bzw. dessen Qualität ist Voraussetzung für die »Geistklarheit«, die einmal in ihm wohnen kann, wenn es zum Herz-Meister geworden ist. Das Herz als Zentrum, als Mitte des Menschen, wird zu seinem Meister.

In krassem Gegensatz zu den hohen Eigenschaften, die dem Herzen zugeschrieben werden, stehen diejenigen des Gehirns. Das Schriftzeichen für Gehirn enthält ebenso wie alle anderen inneren Organe das Bedeutungselement Fleisch. Im Sprachgebrauch erscheint Gehirn im Zusammenhang mit einem niederbewerteten Denken, beispielsweise: dummer Kopf, blödes Hirn. Das heißt selbstverständlich nicht, daß Chinesen nicht mit dem Gehirn denken, sie haben dieses ja vielfältig bewiesen, aber nie war es *nur* das Gehirn-Denken, das sicherlich bei diesen verächtlichen Ausdrücken gemeint war. Diese Art des Denkens, die selbstverständlich eine partielle hohe Intelligenz nicht ausschließt, war dem Teil der Erde vorbehalten, der in den letzten Jahrhunderten die reduktionistische Denkweise perfektioniert hat. Die Chinesen aber haben bis heute nie ganz ihr Herz-Denken verloren; untergründig wirkt das Gefühl für den geistigen Ursprung des Menschen, das »Re-ligere« – Zurückverbinden –, nach wie vor.

So dünn gesät in chinesischen Texten die Ausdrücke über Gehirn-Denken sind, umso ausführlicher und vielfältiger wird über das Herz-Denken berichtet. Aus der Fülle der seit alters her übermittelten Stellen wählen wir einige wenige aus. Das folgende Zitat stammt aus der grundlegenden Schrift chinesischer Medizin. »Das Herz hat das Amt des Herrschers inne, und von ihm geht die Geist-Klarheit aus.« (»Su-wen«)

Der schon mehrfach zitierte berühmte Arzt des 16./17. Jahrhunderts Chang Chieh-pin, kommentiert diese Stelle folgendermaßen:

»Das Herz ist der Herrscher über das ganze leibliche Dasein. Alle Organe und Körperteile werden von ihm befehligt ... Es gibt keine Geistesschärfe oder Weisheit, die nicht in ihm seine Grundlage hätte«.

In diesen Worten kommt wiederum die doppelte Rolle des Herzens klar zum Ausdruck.

Die folgenden Sätze (im 2. Jh. v. Chr. zusammengestellt) stehen bezeichnenderweise im Kapitel »Aufzeichnungen über die Musik« innerhalb des Buches der Sitte (»Li-chi«):

»Von Geburt aus ist der Mensch ruhig: das kommt durch sein Wesen des Himmels. Wird er durch die Außendinge angeregt, so wird er bewegt: das kommt durch seines Wesens Wünsche. Treten die Dinge an ihn heran und kommen ihm zum Bewußtsein, so formen sich Zuneigungen und Abneigungen aus. Haben Zu- und Abneigungen in seinem Inneren keinen Rhythmus, so wird sein Bewußtsein nach außen verleitet, bis der Mensch nicht mehr zu sich zurückfindet und ihm das naturgegebene Prinzip entschwunden ist.

Die Außendinge beeinflussen den Menschen unaufhörlich. Sind aber die Zu- und Abneigungen des Menschen ohne Rhythmus, so verwandelt sich der Mensch selbst zu einem Außending, dadurch, daß die Dinge an ihn herantreten. Hat sich der Mensch zum Außending verwandelt, so bedeutet das, daß er sich den menschlichen Begierden hingegeben hat, indem er das naturgegebene Prinzip in sich untergraben läßt. Dadurch wird sein Herz voll Widersinn und Betrug, Ausschweifungen und Meuterei werden zu seiner Sache«.[1]

Dieser Abschnitt aus dem »Buch der Sitte« schildert den Menschen auf der P'o-Stufe, wenn sein Herz ein Affe ist (siehe Kap. »P'o«).

In einem Text der gedanklich scharfen taoistischen Schrift »Kuan-yin-tzu« heißt es:

»Allein wenn etwas mit dem Ich in Beziehung tritt, wird es stets dies aufnehmen, und im Augenblick verwandelt sich dieses etwas zu Ich«.

»Ich« hat hier, wie ein Kommentator sagt, die Bedeutung »Herz«.

Es ist die Art und Kraft des Ich, die auf verschiedenen Stufen vom »träumenden« P'o bis zum Bewußtsein der Geistklarheit führt.

Wie ein Extrakt chinesischer Auffassungen erscheint die Aufforderung Steiners an junge Mediziner:

»Wir müssen dadurch Mensch sein, daß wir ein ganzer Mensch sind, daß das Herz immer mitdenkt. Wir müssen daher darnach streben, nicht bloß in die Welt hineinzudenken, abstrakt hineinzudenken,

---

1 Im 2. Jh. v. Chr. beschrieb Lü-shi-ch'un-ch'iu (siehe Kap. »Einige Erzählungen und Überlieferungen«), daß die Töne aus dem Herzen stammen. Der soeben zitierte Text ist älter, er wurde erst im 2. Jh. v. Chr. zusammengestellt. Das hier geschilderte Herz gibt gewiß nur Mißtöne von sich!

und das tut heute im Grunde genommen alles Denken. Wir müssen uns klar sein, daß wir untertauchen müssen mit unserem Denken, das Herz müssen wir in alles hineintragen.« (GA 316, S. 203)

Jeder Mensch bekommt ein neues Herz

Die Übereinstimmung zwischen chinesischen Texten und Steiners Angaben über das Herz, über Blut und Ich ist auffallend. Doch die folgenden Ausführungen haben wir in chinesischen Texten nie gefunden. Nach Angaben Steiners ist dieses so außergewöhnliche Organ mehr als alle anderen mit dem individuellen Schicksal des Menschen verknüpft. Dies führt uns an Geheimnisse des Modells Mensch bzw. seiner »Konstitution« heran. Wir zitieren mit einem gewissen Vorbehalt, weil Steiner betont, daß sich die Konstitution des Menschen fast von Jahrhundert zu Jahrhundert »leise« ändert (GA 212, S. 113ff.). Jedoch scheint sicher, daß der Vorgang, weil er grundsätzlich zur physiologischen Entwicklung des Typus Mensch gehört, sich nicht nur heute, sondern auch damals abgespielt hat, vielleicht mit gewissen Modifikationen.

»Das Herz ist, wie alle anderen Organe des Menschen, von Geburt an durchströmt vom Lebensleib[1], der den Vererbungskräften zugehörig ist« (GA 212, S. 116f.).

»Jedoch um die Zeit der Geschlechtsreife erhält jeder Mensch ein neues Aether-Herz[2] (GA 212, S. 117). Diese naturgegebenen Prozesse sind physiologische Vorgänge, die sich im Unbewußten ohne unser Zutun abspielen. »Und alle die Ätherkräfte, die beim Menschen bis zur Geschlechtsreife tätig sind, tendieren dahin, ihm ein solches frisches Ätherherz zu geben«. Dieser Vorgang gilt *nur* für das Herz. Wenige Seiten später heißt es: »… dadurch ist ein Mittelpunktsorgan geschaffen, in dem

---

[1] Die Intensität ist sehr unterschiedlich, es gibt vitalere Organe und weniger vitale wie z. B. unsere Sinnesorgane!
[2] In diesen Umwandlungsprozessen dürften die Ursachen zu suchen sein für die gerade während der Pubertät häufig auftretenden Herzrhythmusstörungen. Ob der eigentliche Hintergrund dafür, daß häufig angeborene Herzfehler in dieser Zeit zum Tode führen, viel eher in der Unfähigkeit, ein neues Ätherherz zu bilden, liegt und weniger, wie man heute annimmt, rein mechanische Ursachen hat?

sich unser gesamtes Tun, unsere gesamte menschliche Tätigkeit zentralisiert.« (GA 212, S. 123)

Jedoch bewußt hat jeder von uns erlebt, wie er sich während dieser Entwicklungsphase der Erwachsenenwelt, in die er vorher eingehüllt war, entgegenstellt. Die Auseinandersetzung, besonders mit den Eltern, beginnt, und die individuellen Charakterzüge der Kinder erscheinen markanter.

In Petras Familie krachte es fast täglich zwischen ihr und den Eltern. War das ihr Kind? Es stand ihnen plötzlich ein selbständiges Wesen gegenüber mit anderen Zielen, als sie es sich gewünscht hatten. Der zornige Vater »kollerte«, dagegen hing die zarte, asthenische Mutter traurig ihren zerstörten Vorstellungen über Petra nach. Beiden war unverständlich, daß Petra nicht nur eine Summe ihres Vererbungsstromes war: »Wo hat das Kind das nur her?«

Das feurige und das lebendige Element des Herzens

Die umfassende Doppelrolle des Herzens findet nach Steiner ihren Niederschlag bis in den molekularen Aufbau. Hier tritt uns der Gegensatz zwischen chinesischer und moderner Sichtweise deutlich entgegen. Die chinesischen Darstellungen, von einem hohen Niveau ausgehend, das Wesentliche erfassend, dringen doch nie bis in die Struktur der Materie. Wir entnehmen aus einem größeren Zusammenhang, den wir jetzt nicht berücksichtigen, Angaben Steiners über die Zuordnung des Wasserstoffs und Sauerstoffs zum Herzen. Ebenso wie beispielsweise Ching/Lebensleib als irdische Matrize das Flüssig-Wäßrige hat, benötigt das Ich als Grundlage für sein Wirken die Wärme (siehe Kap. »Drei-Erwärmer«).

Nun wird der Wasserstoff, der ein hochexplosives Gas ist, dabei hohe Temperaturen erzeugt, dem Herzen zugeordnet. Steiner charakterisiert ihn folgendermaßen: »... der, so nahe es nur möglich ist, verwandt ist mit dem Physischen, und wiederum, so nahe es nur möglich ist, verwandt ist mit dem Geistigen, ... trotzdem er selber das feinste ist, was physisch ist –, das Physische ganz zersplittert, ... hineinflutet in das Ununterscheidbare des Weltenalls.« (GA 327, S. 75) Dieses Gas mit seiner hohen Wärmeentwicklung, mit seiner spezifischen Kraft eignet sich besonders als feinste Erdensubstanz als Mittler zwischen geistigem und irdischem Geschehen. Damit ist zugleich ein Charakteristikum der Ich-Tätigkeit beschrieben.

Erst die neuere Herzforschung hat innerhalb des Herzens Wärmerezeptoren (»Fühler« für Wärmevorgänge) gefunden. 1955 ist es durch moderne Technik gelungen, die umfängliche Durchblutung des Herzens darzustellen, »... so daß ständige Vollversorgung von überallher nach überallhin in diesem System gewährleistet ist.« Eine der wichtigsten Herzmittel, die Strophantuspflanze, regt die Durchblutung und damit die Wärmeprozesse an. Aus einem größeren Zusammenhang haben wir diese Angaben aus dem Buch eines Arztes (H. H. Schöffler, »Die Zeitgestalt des Herzens«, S. 83–85) entnommen. Weitere dort enthaltene Angaben Steiners, die durch heutige Beobachtungen bestätigt werden, würden uns in viel zu komplizierte medizinische Zusammenhänge hineinführen.

Steiner ordnet auch den Sauerstoff dem Herzen zu. Vom Aspekt der Elemente aus gesehen, ist der Sauerstoff Grundlage alles Lebendigen, auch des Blutes. So kann man auch die oben zitierte Angabe von Schöffler zur intensiven Durchblutung des Herzens von dieser Seite aus ansehen. So wird durch die Zuordnung des feurigen Elementes Wasserstoff und des lebenbringenden des Sauerstoffs[1] das Prinzip der Herzwirksamkeit charakterisiert: der Sauerstoff als Ausdruck des physiologischen Organs Herz mit seiner Blutfülle und der Wasserstoff als Grundlage der »Geistklarheit« bzw. des Ich in seinen unterschiedlichen seelisch-geistigen Stufen (siehe auch Kap. »Drei-Erwärmer«).

Womit denkt der Mensch?

Die folgenden Ausführungen Steiners aus einem Vortrag sind wie ein Resümee des bisher Dargestellten, sie beleuchten auch den Inhalt der folgenden Kapitel.

Bisher haben wir die unterschiedliche Art östlicher und westlicher Geistigkeit von verschiedenen Gesichtspunkten aus betrachtet.

---

[1] Hier sind die *Kräfte* von Sauerstoff und Wasserstoff gemeint, nicht die physischen Substanzen! Sonst könnte der Verdacht entstehen, daß sich Wasserstoff und Sauerstoff zu Wasser verbinden würden.

Die Betonung des Gehirn-Denkens im Westen und des Herz-Denkens in China wird in den folgenden Worten Steiners verständlich: »Das Gehirn ist das *leibliche* (Hervorhebung vom Verf.) Werkzeug des Denkens« (GA 9, S. 27); vorwiegend mit diesem Denken sind die großen Leistungen der westlichen Naturwissenschaft vollbracht worden.

Das asiatische Wesen wird folgendermaßen charakterisiert: »Der Asiate denkt eben mehr durch die Seele, der Europäer mehr durch das Leibliche. Und so kommt es denn, daß, weil der Asiate das Intellektuelle gewissermaßen mit einem höheren menschlichen Wesensglied auffaßte, er viel früher zu einem hohen Grade der Zivilisation, aber einer mehr seelischen Zivilisation kam, einer Zivilisation, die weniger abstrakte Begriffe in ihrer Struktur hatte, die aber die Wege weiter hinauf findet zu dem seelisch-geistigen Weltinhalt durch den seelisch-geistigen Menscheninhalt, ohne zu abstrakten Begriffen ihre Zuflucht zu nehmen. Das macht das spirituelle Wesen der asiatischen Zivilisation aus, daß sie im wesentlichen eine seelische Zivilisation ist. Der Asiate ließ im hohen Grade seine Leiblichkeit unbenützt bei seinem Denken; er trug seinen Leib durch seine irdische Laufbahn. Dasjenige, was sein Geistesleben ausmachte, das pflegte er im Rein-Seelischen. Sie verstehen nicht die ganze eigentümliche Artung des asiatischen Wesens, wenn Sie sie nicht von diesem Gesichtspunkte aus betrachten. Der Europäer dachte immer mehr und mehr mit dem Körperlichen. Daher wurde auch bei ihm mehr als beim Asiaten der Grund gelegt zu einer Kultur, welche das Freiheitsprinzip in die Mitte stellen kann. Der Asiate, dem die Intelligenz beschieden war im Seelischen, der war noch mehr darinnen in dem allgemeinen Weltenorganismus. Der menschliche Leib sondert sich ja besonders heraus aus dem übrigen Weltenorganismus, und benutzt man ihn als das besondere Werkzeug des intellektuellen Lebens, so wird man selbständiger, aber auch mehr mit seiner Selbständigkeit an den Leib gebunden als der Asiate, der die Intelligenz innerhalb des seelischen Prinzips entwickelt hat und dafür weniger selbständig wird.« (GA 197, S. 28f.)

Im Kapitel »Die Schöpfung der neuen Herren« haben wir die Folgen beschrieben, wenn *nur* das Gehirn-Denken und seine Logik angewandt werden.

Für den Chinesen ist das Herz-Denken eine ihm angeborene Fähigkeit. Ein Großteil der abendländischen Bevölkerung hat es verloren; es wieder *bewußt* zu erwerben, ist Aufgabe für die Jetzt-Zeit und Zukunft.

Einen wesentlichen Unterschied für das »Umschmelzen des Selbst«, das uns anschließend beschäftigen wird, zeigt das folgende Zitat Steiners: »Denn die Logik des Herzens ist etwas viel Geistigeres als die Logik des Kopfes, und unser Herz ist nicht in demselben Grade physisches Organ für das Denken des Herzens, wie unser Gehirn physisches Organ ist für das Denken des Verstandes.« (GA 119, S. 242)

Auch aus diesen Worten geht hervor, daß die Ausgangssituation in Ost und West, Übersinnliches zu erfassen, eine verschiedene ist. Diejenigen, die mit dem Herzen denken, sind weniger fest im physischen Organismus verankert als die anderen. Daher ist ihr Weg zu einer höheren geistigen Entwicklung leichter zu bewältigen.

Das neue Herz-Denken beruht nicht wie das alte auf der Konstitution, die zur Quintenzeit naturgegeben war, sondern auf derjenigen, die zur Naturwissenschaft geführt hat. In diesem Sinne ist der Herz-Spruch von Steiner zu verstehen, denn im Herzen »lebt« das Ich, und das Blut ist sein Werkzeug (GA 40, S. 39).

> »Im Herzen
> Lebt ein Menschenglied,
> Das von allen
> Stoff enthält,
> Der am meisten geistig ist;
> Das von allen
> Geistig lebt
> In der Art, die am meisten
> Stofflich sich offenbart.
> Daher ist *Sonne*
> Im Menschen-Weltall
> Das Herz;
> Daher ist im Herzen
> Der Mensch
> Am meisten
> In seines Wesens
> Tiefstem Quell.«
> (GA 40, S. 268)

Im nächsten Kapitel wird über das »Denken ohne Gegenstand« berichtet, dessen Voraussetzung das Herz-Denken ist.

Das Umschmelzen des Selbst in China

Denken ohne Gegenstand

»Das Selbst«, schreibt der taoistische Meister Wu Ch'ung-hsü (geb. 1574), »ist das wahre Wesen, solange das Ich in Ruhe ist, die wahre Bewußtheit, wenn es in Bewegung ist, es ist ein anderer Name für den Urgeist.« (WLHT, S. 183; wir kommen auf Meister Wu im Kap. »Meister Lis Marionettengleichnis« zurück). Das Selbst wird auch bezeichnet als die Leere im Herzen, sie kann dann von der Geistklarheit erfüllt werden.

Bis heute gehört das Herz in seiner umfassenden Bedeutung zum taoistischen Schulungsweg. Es ist Zentrum des Gefühlslebens[1] und des Denkens sowie Grundlage jeder moralischen Bildung. Das Herz ist das Hypomochlion zwischen menschlicher Innen- und Außenwelt. Die wichtigste Frage war und ist während der geistigen Schulung mit dem Ziel des Umschmelzens des Selbst: Wie verhält sich das innere, ureigentliche Wesen des Menschen zu seiner äußeren und inneren Wirklichkeit? Das Herz wird als Berührungsstelle zwischen Außen- und Innenwelt aufgefaßt. Innerhalb dieses Spannungsfeldes spielt sich alle Schulung ab: zwischen der inneren Ruhe, die dem inneren Erleben Raum läßt, und den Wirkungen der Außenwelt, die den Menschen in Emotionen mit sich fortzureißen drohen.

Die Voraussetzung für das »Umschmelzen des Selbst« ist das vollständige Leermachen des Herzens, d.h. man muß sich befreien von allen äußeren Gedanken, Meinungen, Vorsätzen, erst dann kann sich diese »wahre Bewußtheit« regen, und dadurch kann man sich zum »wahren Menschen« entwickeln. Dieses Bewußtsein wird auch als der »rechte Ge-

---

1 Deshalb entsteht die Musik im Herzen (siehe Kap. »Einige Erzählungen und Überlieferungen«).

danke« bezeichnet, der nichts anderes ist, als ein Gedanke ohne gegenständlichen Inhalt. In einem taoistischen Text (»Kuei-chung chih-nan«, 14. Jh.) heißt das »ohne Gedanken zu sein« (was durchaus nicht mit dumpfer Empfindungslosigkeit zu verwechseln ist). Dieses »ohne Gedanken zu sein«, das wache, das auf rein geistige Inhalte gerichtete Denken, ohne Anregung von außen, wird in China besonders in taoistischen und buddhistischen Kreisen kultiviert; es ist Grundlage jeder okkulten Schulung in Ost und West.[1]

Wie ein roter Faden zieht sich durch die Weisheitsbücher die Auseinandersetzung darüber, wie dieses Denken ohne Gegenstand, das Leermachen des Bewußtseins, das rechte Denken, die rechte Seelenhaltung zu erlangen ist. Durch diese Art des Denkens kann im Herzen wirklich die »Geistklarheit« entstehen, aber dazu muß man das Herz erst »leeren«, »zur Ruhe bringen« oder gar lernen, »ohne Herz zu sein«, d.h. frei zu sein von allen äußeren Beeinflussungen. Unterschiedliche Bewußtseinsstufen werden durch Charakterisierung des Herzens beschrieben: Das »irrige« Herz, das sich von den Außendingen hin- und herreißen läßt, ist die P'o-Stufe[2], auf der das Herz ein »Affe« und die Bewußtheit ein davonjagendes »Pferd« ist. Dagegen zeigt das wahre Herz »Aufrichtigkeit, Nachsicht, Güte, Anpassung, Mitgefühl, Ehrerbietigkeit und Achtung.« Aber, wie es im »Ch'ing-hua pi-wen« (Buch 2, S. 19af.) weiter heißt, ist das für die taoistische Schulung noch nicht genug, ihre Adepten »halten auch dieses wahre Herz noch für ein irriges Herz. Im Bewußtseinsdunkeln kehren wir zu seinem Anfang um und ergründen seinen Anbeginn. So aber gelangen wir dahin, daß aus dem Nicht-Vorhandensein des irrigen Herzens das wahre eine Herz hervorkommt.«

Noch konkreter schreibt Meister Wu dasselbe: »Alle Eingeweihten und Wahrhaften sagten, daß es das Allerwichtigste ist, zuerst das Selbst umzuschmelzen. Was hier Umschmelzen genannt wird, (heißt) dasjenige

---

1   Es sei betont, daß keine Atemübungen, wie beispielsweise in Indien, durchgeführt werden.
2   Wird nur P'o bzw. Empfindungsleib/Empfindungsseele – welchen Namen es auch bei den verschiedenen Völkern der Erde haben mag berücksichtigt, so bleibt diese Seeleneigenschaft mit gewissen Modifikationen über Jahrtausende in der Menschheitsgeschichte die gleiche. So kann der Eindruck entstehen, als würden sich die Menschen nicht verändern.

durchführen, was durchzuführen erforderlich ist ... demjenigen entsagen, was nicht getan werden soll ... sich in solidem Voranschreiten beharrlich einsetzen und dadurch nach dem bestrebt sein, was gewiß zu bewerkstelligen ist ... hergebrachte Gewohnheiten unterbinden, so daß einen die Gewohnheiten überhaupt nicht in Mitleidenschaft ziehen ... Noch bevor es (das Selbst) umgeschmolzen ist, wird es jedesmal, wenn es sich hinauswendet zum Wandel in seiner unendlichen Mannigfaltigkeit, zum Geiste, wie er im Alltag wirkt: Gleichermaßen Ching und Ch'i hingegeben, jagt es unaufhaltsam nach außen.« (WLHT, S. 181ff.)

Grundvoraussetzung zum »Umschmelzen des Selbst« ist: die naturgegebenen Anlagen so umzuformen, daß die Geistklarheit im Herzen aufleuchten kann – erst dann ist man »Herr im eigenen Haus« geworden.

Das Herz ist Schauplatz der Einweihung

Die Möglichkeit für diese aktiven, dem Willen unterstellten Vorgänge findet ihren Niederschlag in der Zusammensetzung des Herzmuskels. Bereits in der Einleitung haben wir darauf hingewiesen, daß das Herz bis in seinen mikroskopisch-anatomischen Aufbau etwas Besonderes, Einmaliges ist.

Der Mensch hat verschiedenartige Muskeln: Die einen – dazu gehört die Extremitätenmuskulatur – können bewußt bewegt werden; die anderen – zum Beispiel die Gefäßmuskulatur etc. – sind dem bewußten Eingreifen des Menschen unzugänglich, ihre Bewegungen werden reguliert je nach physiologischen Erfordernissen. Nur innerhalb des Herzmuskels sind diese unterschiedlichen Muskelarten miteinander verwoben. Der Herzmuskel ist also der einzige, der *beide* Muskelarten in sich vereinigt. Das bedeutet, daß diese Muskulatur anlagemäßig dazu fähig ist, auch auf bewußte Impulse zu reagieren. Das Ich, das dem Willen immanent ist, könnte also unter bestimmten Voraussetzungen einen Teil der Herzmuskulatur dirigieren. Erst die angeborene anatomische Gegebenheit ermöglicht, das hohe Ziel der Geistklarheit des Herzens oder des Selbst zu erreichen! Die Struktur des Herzmuskels weist also bereits auf seine ihm innewohnende Fähigkeit hin. Sie zeigt die Engramme des Ich, seine zwei Seiten bis in den anatomischen Aufbau: den Drei-Erwärmer bzw. die

Ich-Organisation als glatte Muskulatur, das bewußt agierende Ich als quergestreifte Muskulatur[1].

Das Umschmelzen des Selbst im Abendland

Wir fügen einige knappe Worte zur allgemeinen Orientierung über heutige Einweihungswege des Abendlandes an.

Trotz des gleichen Prinzips der Einweihung in Ost und West gibt es entscheidende Unterschiede.

In China, auch anderswo, scharte sich früher ein kleiner Schülerkreis um einen Meister, der im persönlichen Kontakt seine Anweisungen gab. Manche wanderten oft jahrelang durch die Lande, um einen Meister zu finden, der sie nach schwierigen Prüfungen annahm oder nicht. Im 20. Jahrhundert ist diese Beziehung unabhängiger geworden, im allgemeinen gibt es keine persönliche Bindung an einen Meister, außerdem sind in öffentlich zu kaufenden Büchern entsprechende Anweisungen enthalten.

Steiner setzt der »Philosophie der Freiheit« als Motto voraus: »Seelische Beobachtungsresultate nach naturwissenschaftlicher Methode«. Wir sind bereits im Hinblick auf Heisenberg, der zu einem neuen Denken auffordert, auf dieses Buch eingegangen (siehe Kap. »Die Gesprächsrunde um Werner Heisenberg«). Dieses Übungsbuch »taugt« »mehr für den Wissenschaftler« (GA 322, S. 110f.) und »ist so gemeint, daß man zur unmittelbaren eigenen Denktätigkeit Seite für Seite greifen muß, daß gewissermaßen das Buch selbst nur eine Art Partitur ist … um fortwährend aus dem Eigenen heraus von Gedanke zu Gedanke fortzuschreiten«. Durch diese Aktivierung des Denkprozesses wird ein »sinnlichkeitsfreies Denken« erreicht, also ein Denken, das wie in den taoistischen Schulen ohne Inhalt bzw. Anregung von außen ist.

Steiner stellt als erster das Denken selbst in den Mittelpunkt des Einweihungsprozesses, es ist Voraussetzung und Übungsmaßnahme, um den Schulungsweg zu beschreiben. Damit aber ist die Erkenntnisfrage über-

---

[1] Steiner sagt vom Herzen »es (ist) eben … ein Organ der Zukunft und auf dem Wege, ein willkürliches Organ des Menschen zu werden. Bei dem Eingeweihten ist es heute schon ausgebildet.« (GA 109/111, S. 261)

haupt neu gestellt. Am Ende dieses Buches schreibt er: »Sie soll nicht den ›einzig möglichen‹ Weg zur Wahrheit führen, aber sie soll von demjenigen *erzählen*, den einer eingeschlagen hat, dem es um Wahrheit zu tun ist.« (GA 4, S. 269)

Diese zu erzielende Beobachtung des Denkvorganges könnte ein nach innen gewandtes »Zuschauerbewußtsein« genannt werden. Das Ich beobachtet sich selbst. Nur dem Ich ist es möglich, sich als Tätiges und Beobachtetes zu erfahren. In dieser Situation werden Subjekt und Objekt identisch.

Zur Schulung des Denkens legt Steiner großen Wert auf die Beschäftigung mit der Mathematik, die diese Art der Schulung erleichtert (siehe GA 35, Aufsatz über Mathematik und Okkultismus, S. 7).

Im gesamten Werk von Steiner wird immer wieder auf die notwendige Klarheit des Bewußtseins hingewiesen. Jede mystische, nebulöse Schwärmerei, die er häufig bei seinen Anhängern beobachtet hat, wird strengstens abgewiesen. Ebenso wird oft und oft die genaue Untersuchung der sich bietenden Phänomene gefordert. »Gerade durch die Phänomenologie gelangen wir dazu, deutlich zu sehen, wie in der Außenwelt Geist ist.« (GA 322, S. 116)

Auf einer neuen Stufe konstitutioneller Gegebenheit, die seit etwa dem 15. Jahrhundert gegeben ist, wird erstmals stufenweise die *Erkenntnis* höherer Welten geübt, deren Ausgangspunkt die naturwissenschaftliche Denkart ist.

Im Verlauf dieses Vorgangs durch ein verfeinertes Denken entwickelt sich das Ich selbst weiter – ein Teil des niederen Ich wird zu dieser höheren Stufe umgewandelt. Nur das Ich kann den Menschen wandeln. Genaueres über diesen Prozeß erfahren wir im nächsten Kapitel bei der Betrachtung über das Wu- und Wo-Ich; in China nämlich waren Qualitätsunterschiede und Wandlungen des Ich bekannt.

Im Gegensatz zur »Philosophie der Freiheit« »taugt« »Wie erlangt man Erkenntnisse höherer Welten« (GA 10) »für jedermann ... für diejenigen ..., welche nicht durch ein eigentliches, wissenschaftliches Leben hindurchgegangen sind.« (GA 322, S. 110) Daher gibt es auch eine auffällige Übereinstimmung mit Texten aus vornaturwissenschaftlicher Zeit Chinas.

Aus dem eben Gesagten geht auch hervor, daß heute okkulte Texte für diejenigen, denen naturwissenschaftliche Denkweise geläufig ist, nicht mehr bildhaft bzw. in Gleichnisform verfaßt werden, sondern in begrifflichen Formulierungen. In den beiden letzten Kapiteln werden wir sehen, welch bedeutungsvolle Rolle Gleichnisse in derartigen Zusammenhängen im alten China gespielt haben.[1]

Abgesehen von dem »regulären« Weg hat es im Laufe der Jahrhunderte manche Unbekannte gegeben, die durch Schicksalsschläge oder Krankheiten einen solchen Umschmelzungsprozeß vollzogen haben. Man kann als Arzt beobachten, daß die Schwere einer Krankheit eine tief beeindruckende Wandlung bedingen kann, die oft erst kurz vor dem Tode zeigt, daß ein nächstes Leben auf einem höheren Niveau beginnen wird.

Wir sind am Ende unseres gemeinsamen Weges angekommen. Nun folgen noch zwei Kapitel über Meister Chang und Meister Li, die beide bereits im Hintergrund, von der Öffentlichkeit unbemerkt, gegen Ende der verunglückten naturwissenschaftlichen Interimsphase aufgetaucht sind. Nachdem der Leser einige Beispiele chinesischer bildhafter Formulierungen erfahren hat, die sich erst entschlüsseln, wenn, wie in der Einleitung bereits angedeutet wurde, eine Schicht nach der anderen abgetragen worden ist, können diese beiden Kapitel gebracht werden. Sie werden zeigen, welche Geheimnisse sich hinter den vordergründig so einfachen okkulten Texten verbergen. Durch sie wird erst deutlich, daß die Kunst der chinesischen Medizin auf einem Mysterienwissen, das diese Meister repräsentieren, beruht.

---

1 An vielen Stellen unseres Buches fällt es schwer, nicht auf andere Kulturbereiche hinzuweisen, so auch hier; manchem Leser mögen die berühmten Gleichnisse des Neuen Testamentes an dieser Stelle einfallen; auch damals war eine begriffliche Darstellung noch nicht sinnvoll.

V. Meister Chang: Die Überwindung des Yin – der Kampf um das Ich

Einleitung

Die beiden gegensätzlichen geistigen Tendenzen, denen wir immer wieder beim Studium chinesischer Texte begegnen, kommen wie urbildhaft im Einweihungsweg Meister Changs und in den Anweisungen Meister Lis für seine Schüler zum Ausdruck. Beide sind herausragende Repräsentanten dieser unterschiedlichen Bestrebungen in China. Abgesehen von konstitutionellen Gegebenheiten strahlt beider geistige Haltung – so hat man den Eindruck – auf unsichtbaren Bahnen in das Kulturleben herein. Meister Chang ist der Repräsentant des retardierenden Elementes im chinesischen Geistesleben. Daher ist es Meister Changs Bestreben, zum *Schauen* der geistigen Welt zu gelangen. Meister Li weist seine Schüler an, geistige Zusammenhänge *erkenntnismäßig* zu erfassen. Damit zeigt er bereits keimhaft eine Einstellung, die dem 19./20. Jahrhundert des Abendlandes entspricht.

Chang Po-tuan (983–1083) ist eine außerordentlich interessante und widersprüchliche Persönlichkeit. Auf der einen Seite war er ein kleiner Beamter, Berater eines Armeeführers; sein unruhiges Leben führte ihn in die Weiten Chinas. Auf der anderen Seite war er ein bedeutender Denker und Alchemist, vor allem aber – das wird unsere folgende Geschichte zeigen –, war er ein hoher Eingeweihter. Als berühmter Taoist ist er der Verfasser der oft zitierten Lehrgedichtsammlung »Über das Erwachen zum Wahren« (»Wu-chen-p'ien«).

Vieles an dem Text, den wir nun betrachten, ist im wahrsten Sinne des Wortes merk-würdig, aber auch kontrovers. Der Titel lautet: »Abhandlung über die Überwindung des Yin«. Das Wort Yin jedoch kommt im Text kein einziges Mal vor. Der Bericht über Meister Changs Weg schildert – wie das Negativ-Positiv eines Films – die unablässige Auseinandersetzung mit den Vererbungs-Yin-Kräften: mit Ching, P'o und Ch'i. Nur Ch'i wird anfangs einmal erwähnt; es war bereits umgewandelt, denn sonst wäre Chang auch nicht Meister.

Wer nun eine sachliche Abhandlung (lun) erwartet, wird mit Erstaunen feststellen, daß er mit einer kuriosen, episodenhaften Kurzgeschichte konfrontiert wird, in der Meister Chang ein Streitgespräch mit einem Menschen, der bis zu einem gewissen Grade sein Ebenbild ist, führt. Hier ist schon ein Widerspruch, denn: das der Abhandlung beigefügte Bild zeigt nur *einen* Menschen in asiatischer Meditationshaltung. Solche Bilder sind häufig Gedichten oder Ausführungen Eingeweihter beigegeben, allerdings ist es uns nicht gelungen herauszubekommen, welche Wertigkeit bezüglich des Grades der Einweihung die verschiedenen Krönchen, Bänder etc. haben.

Es wird bald klar, daß es sich in Wirklichkeit doch um eine Abhandlung handelt, die durch die Wahl der lockeren literarischen Form anschaulicher gemacht wird. Je mehr man sich mit dem Inhalt beschäftigt, um so deutlicher offenbart er, oft nur in einem oder wenigen Worten, Geheimnisse des Menschen auf dem »Weg«, wie aus Chang nach langer, langer Zeit ein Meister geworden ist. Würde dieser okkulte Text voll ausgeschöpft, so entstünde ein ganzes Buch. Deshalb haben wir uns darauf beschränkt, einige wesentliche Punkte herauszugreifen.

Meister Chang: der (chinesische) Text

Meister Chang[1] saß einmal in Meditation in seiner dunklen Klause. Seine Gestalt war vergessen und Ch'i umgewandelt. Mit einem Mal erhob sich in beiden Ohren ein Wind. Zuerst war es so, als zirpten die Herbst-Zikaden in den grünen Weidenbäumen des anderen Ufers, und schließlich so, als hörte er die Hsiao-Shao-Musik aus dem neunten Himmel. Verschwommen stand da ein Mensch neben ihm, der an Ohren, Augen, Mund und Nase sich von Meister Chang nicht unterschied.

Indem er auf Meister Chang zeigte, beschimpfte er ihn: »Seit dem großen Einfachen bin ich (**Wu**) Euer (**Tzu**) Sklave. Auch nicht für einen Augenblick hatte ich Ruhe. Welche Strafe habe ich durch Dich (**Ju**) ertragen!«.

Meister Chang konnte nicht anders als lachen und wurde lautlos,

---

1 Der Text ist wie üblich ohne Absätze und Interpunktion geschrieben, die vorliegende Aufgliederung haben wir zum besseren Verständnis vorgenommen.

schweigend wandte er sich an ihn: »Komm, ich (**Wu**) sprech mit Dir (**Erh**). Was Du (**Ju**) sagst, stimmt gewiß. Aber hast Du (**Erh**) durch mich (**Wo**) oder habe ich (**Wo**) durch Dich (**Erh**) gelitten? Setzen wir uns mal und besprechen es!«

Jener sprach: »Zuerst hatte ich (**Wo**) gar nichts zu tun. Seitdem ich mit Euch (**Tzu**) zusammen bin, halten wir einander fest, ob wach oder im Schlafe. Wir wechselten über Äonen die Form und sind nicht selbst so-seiend geworden. Ihr brachtet mich (**Wo**) in Wüsten und in windig frostige Gegenden; schon hast Du mich (**Wo**) nach Osten hinkehren lassen und dann mich (**Wo**) wiederum nach Westen hinkehren lassen, und wir sind aller Art Spukgeistern begegnet. Vom Moment an erst empfange ich die Wohltat, wodurch ich eine Behüttung habe, und die Nahrung, wodurch der Atem harmonisiert wird. Das ist ja schön und gut, aber spät!«

Chang erwiderte: »Das ist nicht meine (**Wu**) Schuld, sondern die Räuberei der sechs Begierden hat es solcherart veranlaßt. Ihr (**Tzu**) seid subtil und verborgen, jene offenbar und augenfällig, ich (**Wu**) wußte, daß es jene gibt, nicht aber, daß *diesen* gibt. Das läßt sich vergleichen mit einem Blinden, der in einem Boot sitzt. Nun weiß er zwar, daß das Boot täglich seine tausend Li[1] fährt, nicht aber, daß sich der Bootsmann tatsächlich darum abmüht. Falls er (der Blinde) nicht will, daß das Boot fährt, dann ruht der Bootsmann.«

Derjenige, der Chang glich, sprach erfreut: »Fast wäre da ein nachlässiger Fürst. Ich (**Wu**) habe ein hundertfach umgeschmolzenes festes Schwert. Wir können gemeinsam diese Räuberei bekämpfen und ihre Wurzeln ausrotten, und gemeinsam gehen wir in die maßgebende Mitte ein. Erst danach geht es an, und wir schreiten alleine in den goldenen Palast.

Meister Chang sprach: »Ja, ja! Ich sehe das gelbe Licht sich nach allen Seiten ergießen und die fünf Farben leuchten.«

Derjenige, der ihn aufgesucht hatte (auf ihn blickte), hörte seine Worte und sprach: »Den Weg, die Räuber fortzuschaffen, sollten wir nicht zu schnell vornehmen. Gehen wir zu schnell vor, dann fordern wir sie gerade zur Feindseligkeit heraus. Am Anfang ist ihr Unheil nicht durch Kraftanstrengungen zu überwinden. Du/Ihr (**Nai/Tzu**)[2] sollte(s)t

---

1 Ein Li ist ca. 1/2 Kilometer.
2 gemäß Textvarianten

immer nur gelassen bleiben, und mir (**Yü**) überlasse es, sie im Herzen zu überwachen. Dann werden sie für ewig ruhen. Manchmal spielen sie trügerische Gestalten vor: Betrachte sie nur als stete Nichtigkeiten. In einem Kampf werden uns die drei Reinen gewiß, und alle Spukgeister werden ferngehalten.«

Textbetrachtung

Meister Changs Erlebnisse in seiner dunklen Klause

»Meister Chang saß einmal in Meditation in seiner dunklen Klause« (1. Satz der Abhandlung). Das chinesische Wort Yu-Shih ist ein gebräuchlicher Ausdruck für einen Raum, in den man sich von der Außenwelt zurückziehen kann; deshalb haben wir das Wort Klause gewählt, weil es – abgeleitet vom lateinischen claudere – die Abgeschlossenheit von der Außenwelt am deutlichsten zum Ausdruck bringt.

»Seine Gestalt[1] war vergessen…« (2. Satz der Abhandlung). In dieser Situation der geistigen Schau, wie sich später noch zeigen wird, spielt die eigene Leiblichkeit keine Rolle mehr, aber dieser Ausdruck »seine Gestalt vergessen« hat auch noch einen anderen Sinn. Die gegebene Gestalt von Yin (siehe Kap. »Einige Erzählungen und Überlieferungen«) ist durch die Vererbungskräfte bedingt; diese Gestalt hat Meister Chang überwunden. Der Ausdruck »Gestalt vergessen« bzw. die »Gestalt auslöschen« ist ein allgemein üblicher okkulter Terminus technicus. Hierzu sagt Steiner, es ist »sozusagen das Elementare«, «wenn das Bewußtsein ein okkultes und nicht bloß mystisches Erleben werden« soll. (GA 137, S. 95)

Gleich darauf heißt es: »und Ch'i war umgewandelt«. Ch'i war schon vor Beginn dieser Meditation umgewandelt, sonst hätte sie überhaupt nicht beginnen können, schon gar nicht auf dem geschilderten Niveau.

---

1 Jeder Mensch prägt im Laufe seines Lebens bis zu einem gewissen Grade seine Gestalt. Wohl bleibt die vererbte Grundstruktur erhalten, aber Menschen werden nicht nur älter bzw. alt, sondern sie haben individuell modifizierte Züge, die am deutlichsten im Gesicht ablesbar sind.

Vor der Umwandlung, als Meister Chang noch Chang war, jagte wohl auch er »unaufhaltsam nach außen« (siehe Kap. »Womit denkt der Mensch?«).

Die diesmalige Meditation – wie viele mögen vorausgegangen sein? löste, nachdem die »Gestalt vergessen« und »Ch'i umgewandelt« worden war, das nun folgende Ereignis aus: »Dann erhob sich mit einem Mal in beiden Ohren ein Wind«, dieses Hören kann kein physisch-sinnliches sein, sonst würde Meister Chang den Wind von außen und nicht i n den Ohren, auch nicht gleichzeitig in beiden Ohren wahrnehmen[1].

Im dritten bis fünften Satz »Zuerst war es so, als zirpten die Herbst-Zikaden …« wird eine dreifache Steigerung und Differenzierung des Gehörten angegeben. Das erste Mal erhob sich ein Wind: das ist undifferenziert und allgemein. Das zweite Mal heißt es genauer: »Zuerst war es so, als zirpten die Herbst-Zikaden[2]«. Auf dieser Stufe unterscheidet Meister Chang ein leises Geräusch, *Herbst*-Zikaden, und erst als er sich noch eine intensivere geistige Wahrnehmung erworben hat, hört er die Hsiao-Shao-Musik[3] aus dem neunten Himmel; dieses ist der Ausdruck für die höchste Stufe, die das menschliche Bewußtsein erreichen kann.

Die dreifache Steigerung der Hörfähigkeit wird auch ausgedrückt durch die zunehmende Entfernung des Gehörten.

Erstens: In beiden Ohren – hier ist noch ein Rest einer gewissen leiblichen Gebundenheit.

Zweitens: In den grünen Weidenbäumen des anderen Ufers – hier wird eine Trennung angedeutet durch einen vorher nicht erwähnten Fluß. Diesseits befindet sich Chang – das Gehörte kommt von drüben. Daß dieses »Drüben« keine sinnlich-räumliche Angabe ist, geht daraus hervor, daß Herbst-Zikaden in grünen Weidenbäumen zu hören sind. Meister Chang ist bereits fähig, die weit leiseren Töne des Herbstes zu

---

1 Keinesfalls darf die hier beschriebene Bewußtseinsveränderung von Meister Chang verwechselt werden mit einer pathologischen Persönlichkeitsspaltung. Diese ist ein passiver, die Seele vergewaltigender Prozeß, wohingegen Meister Chang seine Seelenveränderung aktiv durch intensive Schulung erreicht hat (siehe Kap. »Einige Erzählungen und Überlieferungen«).
2 Zikaden werden als Symbol für Unsterblichkeit und das Weiterleben nach dem Tode aufgefaßt.
3 Diese Musik ertönt aus dem neunten, dem höchsten Himmel – neun ist die vollkommenste Zahl (siehe Kap. »Einige Erzählungen und Überlieferungen«).

hören. Aber die Weiden sind grün und nicht gelblich, wie es dem Herbst entsprechen würde. Auch daß gerade Zikaden gehört werden, ist bedeutungsvoll, weil in China Zikaden vielfach als Sinnbild gelten für einen sich vervollkommnenden Menschen, denn sie machen einen über Jahre verlaufenden Entwicklungsprozeß durch, werfen immer wieder ihre Hüllen ab, bis sie zur eigentlichen Zikade herangereift sind: Sie werden zu den Insekten gerechnet und ernähren sich vielfach von Wurzeln. Das heißt, es sind Tiere, die zwar fliegen und dadurch eine gewisse Erdenferne haben, aber sie sind auch der Erde verbunden durch die Wurzelnahrung. Da sie zwischen Himmel und Erde leben, kann man sie in diesem Zusammenhang als ein Bild für den Menschen auffassen. Die Weide wiederum gilt als Frühlingssymbol, weil sie als erster Baum intensiv grünt und sproßt. Außerdem wird ihr die Kraft zugesprochen, böse Geister zu vertreiben und die guten anzulocken, daher wird gerade die im vollen Saft stehende Frühjahrsweide genannt, als Zeichen für die Zunahme der geistigen Kraft Meister Changs und dafür, daß hier keine Wirkungsmöglichkeit für böse Geister besteht.

Drittens: »Aus dem neunten Himmel« – diese Angabe läßt überhaupt keine räumlich-sinnliche Zuordnung mehr zu. Jetzt ist Meister Changs Entwicklung so weit vorgeschritten, daß er nun fähig ist, in die allergrößte für den Menschen mögliche Ferne hineinzuhören. Es spielen sich also in der sich allmehlich entwickelnden Bewußtseinssteigerung während der Meditation mehrere Prozesse ab: Die übersinnliche Hör-Fähigkeit wird zunehmend differenzierter, und dasjenige, was er hört, rückt weiter von ihm ab. In dem Maße, wie er sich selbst verwandelt, wird er schließlich sogar fähig, gewiß erst nach vielen Inkarnationen, die Hsiao-Shao-Musik aus dem neunten Himmel zu hören, die auch Ling-lun hörte, als er die himmlische Musik zur Erde herabbrachte (siehe Kap. »Einige Erzählungen und Überlieferungen«).

Wer ist der rätselhafte Mensch neben Meister Chang?

All dies wirkt wie eine »Vorbereitung«, wie eine notwendige Vorstufe für das, was dann kommt und wohl auch nach dieser Vorbereitung erst kommen kann: das Auftreten eines verschwommen neben Meister Chang stehenden Menschen. Das sich zwischen beiden entwickelnde Streitgespräch läßt uns Zeuge werden von einer seit Urzeiten – seit Äonen – bestehenden, äußerst problematischen, aber sehr engen Beziehung. Offensichtlich hat jeder durch den anderen gelitten, besonders ist der eine zeitweise sehr erzürnt auf den an ihn gekoppelten. Erst ganz zum Schluß werden sie doch Freunde. Wer ist dieser zweite Mensch? Was hinter diesem Rätsel steckt, wollen wir nun versuchen herauszubekommen.

Im Text heißt es: »Verschwommen stand da ein Mensch neben ihm, der an Ohren, Augen, Mund und Nase sich von Meister Chang nicht unterschied« (5. Satz der Abhandlung). Die Betonung gerade dieser Sinnesorgane, den wichtigsten Mittlern zwischen Außen- und Innenwelt, die ja das Charakteristikum des Gesichtes sind, deuten darauf, daß er sich wohl in allen anderen Bereichen von Meister Chang unterschied.

Das neue Herz

Auffallend ist das Fehlen von Herz und Tastsinn. Beide Sinne stehen in engster Verbindung zum Ich des Menschen. Wäre nicht jeder Mensch bis in die Fingerspitzen individuell, durchicht, so wäre die Polizei weltweit um eine Methode der Verbrecherfahndung ärmer! Ist es Zufall, daß heute in der zivilisierten westlichen Welt bereits vom frühesten Kindesalter an durch eine Plastik-Umwelt dieser Sinn verkümmern muß?

Im Chinesischen wird vom Tastsinn so gesprochen wie vom Auge, das zum Sehen da ist; ebenso ist der ganze Körper Tastsinn. Erinnern wir uns an das Kapitel über den Drei-Erwärmer; er verwandelt nicht nur die aufgenommene Nahrung zur Eigensubstanz, sondern seine drei Äste durchwärmen alle Organe. Diese wiederum werden auf der Hautoberfläche repräsentiert – das ist ja die Grundlage für die Akupunkturbehandlung. In diesem wichtigen Sinn, dem »Durch-Icher« des Menschen, unterscheidet sich der »verschwommen neben ihm Stehende« von Meister Chang.

Warum aber wird bei der Aufzählung der Sinnesorgane das Herz weggelassen? Im Kapitel »Umschmelzen des Selbst« haben wir bereits ausgeführt, daß das Herz der Schauplatz ist, der Entscheidungsort dieses Prozesses. Ja, im Kommentar zu Kuan-yin-tzu sind sogar Herz und Ich identisch (siehe Kap. »Womit denkt der Mensch?«). Auch in diesem zentralen, höchsten »Wesensglied« des Menschen unterscheiden sich also Meister Chang und der neben ihm Stehende.

Ausgerechnet die beiden dem Ich eng verbundenen Sinnesorgane werden indirekt durch ihr Fehlen als Unterscheidungsmerkmale angegeben zwischen Meister Chang und dem verschwommen neben ihm auftauchenden Menschen. Heißt das nicht, daß das »Was« der Außenwelteinflüsse bei beiden gleich sein kann, ihre Wirkung jedoch unterschiedlich?

Um die Situation von Meister Chang zu charakterisieren, bringen wir das Zitat aus dem Ch'ing-ching ching: »Der sie (die Begierden) verbannen kann, schaut innen sein Herz, und das Herz ist nicht sein Herz. Er schaut außen seine Gestalt, und die Gestalt ist nicht seine Gestalt. Er schaut im Ferneren die Außendinge, und die Außendinge sind nicht die seinen. Ist er schon zu diesen Drei erwacht, dann gerade sieht er die Leere.« (»Über die Reinheit und Ruhe«)

Bis zu diesem Augenblick ist Meister Changs übersinnliche Seherkraft nur fähig, diesen »Menschen« »verschwommen« wahrzunehmen. Erst im folgenden Satz ist die volle Sehfähigkeit erreicht und das Gegenüber klarer sichtbar. Nun hat Meister Chang sich so weit in seinem übersinnlichen Hören und Sehen entwickelt, daß er konturierter den vorher verschwommen neben ihm Stehenden als sein Gegenüber wahrnimmt.

Wu und Wo

Ehe wir uns dem Fortgang der Geschichte zuwenden, müssen wir noch über eine Unklarheit in chinesischen Texten berichten.

Dem aufmerksamen Leser mögen im übersetzten Text die in Klammern gegebenen Worte nach »Ich« oder »Du« bzw. »Ihr« aufgefallen sein. Es erschien uns so erstaunlich, daß in einem solch kurzen Text vor allem für die Selbstbezeichnung drei und auch für die zweite Person mehrere Worte benutzt werden.

Relativ einfach und eindeutig zeigt sich das für die zweite Person, die im Chinesischen ziemlich klar definiert ist.

Tzu: Höflichkeitsform Sie, Ihr, Meister, womit Respekt, aber gelegentlich auch Distanz bekundet wird.

Ju/Nai: Du im freundschaftlichen Sinne, man ist auf gleicher Stufe.
Erh: Dieses Du hat eine etwas herablassende Bedeutung.

Schwieriger wird die Unterscheidung zwischen den verschiedenen Bezeichnungen für »Ich«. Eindeutig definiert ist im Chinesischen lediglich das gegen Ende des Textes auftretende »Yü«. Es ist so zu verstehen: »Ich, meine Wenigkeit«, und wird vor allem in Schriften von deren Verfassern gebraucht (siehe Anmerkung 14 im Anhang).

Eine definierte Unterscheidung von »Wo« und »Wu« in der bisherigen sinologischen Literatur ist uns nicht bekannt. Beide werden üblicherweise als Synonyme aufgefaßt. Uns ist an verschiedenen taoistischen Texten aus dem jeweilgen Kontext eine gewisse Regelmäßigkeit im Gebrauch von »Wo« und »Wu« aufgefallen. Beide Schriftzeichen sind so verschieden, daß mit Sicherheit kein Schreib- bzw. Druckfehler vorliegen kann.

Im Schriftzeichen »Wu« ist in der älteren Form eine oder zwei »Fünf« und darunter der »Mund« oder auch das »Herz« zu finden. Es hat sich uns daraus – die Fünf ist die Zahl der »Erde« – und aus verschiedenen Texten ergeben, daß diesem »Ich« *nie* Ewigkeitscharakter zukommt, also ein »Ich« ist, dessen Bestehen mit dem Tode aufhört. Es scheint auf etwas dem Menschen auf der Erde Gegebenes hinzudeuten.

»Wo« und »Wu« tauchen, wie sich nach einer gewissen detektivischen Textanalyse zeigte, in unterschiedlichen Zusammenhängen auf. So sind wir zu folgendem, vorläufigen Ergebnis gekommen: Obwohl »Wo« meist dann erscheint, wenn das »höhere Ich«, d. h. dasjenige, dem Ewigkeitscharakter zukommt, gemeint ist, so erscheint es trotzdem auch, wenn das egoistische Selbst angesprochen wird. Das Schriftzeichen stellt eine Hand mit einer Lanze dar, wohl ein Symbol für Selbstbehauptung und Selbstverteidigung. Der Widerspruch kann erst im weiteren Verlauf der Betrachtung aufgelöst werden. Diese Hinweise werden dem Leser eine Hilfe sein zur Beurteilung, wie die Gesprächspartner sich gegenseitig, je nach der unterschiedlichen Situation, einschätzen.

Die Auseinandersetzung beginnt sogleich heftig

Jetzt können wir den Faden unseres Berichtes wiederaufnehmen. Inzwischen entpuppt sich der vorher nur verschwommen neben Meister Chang stehende Mensch als Sklave.[1]

Unvermittelt überschüttet er Meister Chang mit heftigen Vorwürfen, aber nicht nur das, sondern er zeigt, zur Unterstützung seiner Beschimpfungen, mit dem Finger auf ihn. »Seit dem großen Einfachen bin ich (Wu) Euer (Tzu) Sklave.« All dies ist ein erstaunliches und ungewöhnliches Benehmen eines Sklaven gegenüber seinem Herrn. Welchen Rang nimmt denn der Sklave ein, wer ist tatsächlich Herr, und wer ist Sklave?

Der aggressive Sklave wirft Meister Chang vor, er habe ihn seit dem »großen Einfachen«[2] zu seinem Sklaven gemacht.

Mit dem »großen Einfachen« mag hier die Zeit gemeint sein, als der Mensch sich noch in der Seins-Welt befand. Dann begann der Weg in die Da-Seins-Welt und damit offensichtlich die Versklavung des anderen, neben ihm stehenden Menschen. Denn der Sklave benutzt bei den Worten: »... bin ich Euer Sklave«, das Wu-Ich: Chang hat ihn versklavt, erniedrigt und auf das Niveau des Wu-Ich herabgedrückt[3]. Von dieser Position ausgehend, nennt ihn der Sklave jetzt Meister (Tzu). Diese Situation war für ihn offensichtlich sehr unerquicklich, sie hat ihm nicht nur erhebliche Unruhe gebracht, sondern noch weit mehr, denn er bricht in die Worte aus: »Welche Strafe habe ich durch dich ertragen!«. Dieses »dich« (Ju) zeigt die Anrede unter zwei – zur Zeit des Uranfangs – Gleichgestellten an.

---

1   Das Bild vom Sklaven benutzt auch Steiner: »Solange der äußere Mensch die Oberhand und Leitung hat, ist dieser ›innere‹ sein Sklave und kann daher seine Kräfte nicht entfalten.« (GA 10, S. 28)
2   Es dürfte sich um die Zeit des Wu-chi/Tai-chi handeln, die derjenigen in der Bibel entsprechen dürfte: »Als Himmel und Erde noch nicht getrennt waren«.
3   Deshalb wird das Wu-Ich benutzt, weil hier der Beginn der Erdenwirksamkeit des Ich angedeutet werden soll.

Meister Changs Lachen

Auf die Vorhaltungen des Sklaven reagiert Meister Chang merkwürdig und widersprüchlich: Er »konnte nicht anders als lachen und war sprachlos« (8. Satz). Üblicherweise lachen wir über eine komische Situation. Dieses dürfte hier nach den bitteren Vorwürfen, die der Sklave ihm gegenüber erhoben hat, gewiß nicht der Fall sein. Aber warum lacht nun Meister Chang? Der Sklave ist bis ins Tiefste getroffen, aber auch Meister Chang ist es. Er lacht ja kein befreiendes, heiteres Lachen, sondern er »*konnte* (Hervorhebung vom Verf.) nicht anders als lachen«. Ist es Zeichen seiner eigenen Überforderung?

Und wieso war Meister Chang sprachlos (lautlos)? Haben diese beiden sich nie miteinander ausgetauscht? Sie sind doch seit Urzeiten beisammen!

Der Mensch kann sprachlos werden vor Freude, vor Schreck, vor Erschütterung, auch vor Staunen.

Daß Meister Chang sich »schweigend« dem Sklaven zuwendet, zeigt nicht nur, daß er sich selbst völlig ausschaltet, um mit diesem »leeren« Bewußtsein den Sklaven wahrzunehmen. Er wäre ja nicht Meister, wenn er diese Haltung nicht schon vor Beginn dieser Meditation gehabt hätte, und so wendet er sich an den Sklaven, um ihr gegenseitiges Verhältnis zu besprechen. Und doch: Wieso reagiert Meister Chang einem Sklaven gegenüber so sanft und warum wehrt er sich nicht? Ganz im Gegenteil, er stimmt ihm zu: »Was Du sagst, stimmt gewiß. Aber hast Du durch mich oder habe ich durch Dich gelitten?«

Meister Chang spricht hier vom Standpunkt seines Erden-Ichs (= Wu«Ich«) und spricht mit dem Sklaven, den er nun mit: »Ich sprech mit Dir (Erh)« anredet. Dieses Erh hat eine etwas abwertende, geringschätzige Bedeutung. Denn – in Meister Changs Rückerinnerung an die damalige Zeit – war der Sklave doch tatsächlich ein entscheidendes Hemmnis, als Chang sich den »Fremdeinflüssen« so hingegeben hatte, wie sie gerade eben kamen. In welche Abenteuer mag Meister Chang, der damals noch Chang war, verwickelt gewesen sein?

Ein Gedicht, das unter dem Titel »Das reine Yang« unmittelbar nach der Abhandlung über Meister Chang steht, scheint uns Changs damalige Situation trefflich zu schildern: »Zu jenen Tagen durch Wind und Staub in dieser Welt legte sich von selbst das Krumme mir in die Quere; nun haben sich die Wogen gelegt, und das Meer liegt ruhig, der Friede steigt empor. Bedauernswert doch jene, die nicht so weit gekommen sind, um dies Geheimnis zu verstehen. Noch halten sie wohlbereitet die Waffen zur Überwachung ihrer Ich-Burg (wo-ch'eng)«. Auch diese Worte sind ein Beispiel dafür, wie das Wu-Ich auf der P'o-Stufe reagiert, aber sich zu Wo erheben kann.[1]

Kehren wir nun zurück zu dem Streitgespräch. Wenn Meister Chang sagt: »Was du (Ju) sagst, stimmt gewiß,« so spricht er ihn als einen auf gleicher Stufe Stehenden an. Meister Chang ist in diesem Augenblick ganz in seine Rückerinnerung versunken an sein damaliges Leben und seine gespannte Beziehung zu dem Sklaven. Nun scheint eine völlige Verwirrung einzutreten: Eben noch hat Meister Chang mit dem Wu-Ich gesprochen; jetzt gebrauchte er plötzlich das Wo-Ich. Nur eines scheint ganz sicher: Jeder von beiden hat dem anderen zu Leide gelebt. Meister Chang spricht hier vom Standpunkt seines höheren Ich aus und redet den Sklaven, wenn auch nur ein klein wenig, herablassend mit Erh an. Auch wenn Meister Chang sich als Chang damals noch auf der P'o-Stufe befand – der niederen Stufe des Wo-Lanzen-Ich, das erst auf der höchsten Stufe zum wahren, unsterblichen Ich werden kann –, ist er sich trotz aller schweren Vorwürfe des Sklaven doch seines Wertes bewußt und auch versöhnlich gestimmt, weil er diesen ernsten, tiefgehenden Konflikt durch ein Gespräch zu lösen versuchen will.

Es ist erstaunlich, daß Meister Chang in einer so ernsten Situation nicht anders konnte als lachen. Dieses Lachen hat mehrere Ursachen:
1. Meister Chang lacht über seine damaligen Irrtümer, die dem »Sklaven« soviel Unbill gebracht haben; gleich darauf wechselt er zum Wo – dem wahren – Ich und spricht den Sklaven mit Erh[2] an. Meister Chang ist in diesem Moment soweit, daß er die Realität seines höheren Ich ahnt.

---

1 Eine sehr hübsche, humorvolle Charakteristik der Differenz – bei dem höheren Streben des Menschen – zwischen seinem höheren und seinem niederen Ich, ist die Novelle von Pirandello, »Gespräche des großen und des kleinen Ich« (»Es geschah an einem Tag«).
2 An dieser Stelle wäre Ju – auf gleicher Stufe stehend – verständlich. Ist Erh möglicherweise die Folge von den vielen über Jahrhunderte erfolgten Abschriften?

2. Er lacht, weil er sich erhebt über die damals begangenen Torheiten[1].
3. Aber er lacht auch, weil er blitzartig erkennt: Er steht seinem höheren Wesen gegenüber – eine wahrhaftig überwältigende Situation[2], trotz seines hochentwickelten Ich.

Das Gespräch war stets »lautlos« und »schweigend«, denn es spielt sich im Inneren von Meister Chang ab, es ist ein Gespräch, das er mit sich selbst führt.

Wer ist »Jener«?

Nun ist aus dem versklavten Partner »Jener« geworden. In chinesischen Texten kommt es häufig vor, daß der Autor die Inhalte in Argumenten pro und contra kritisch diskutiert. Zum Beispiel findet man das bei dem Arzt Chang Chieh-pin. Auch die berühmten Fragen an den legendären, weisen »gelben Kaiser« folgen diesem Darstellungsprinzip.

Trotz der vorangegangenen Szene, aber auch ihretwegen, ist die Situation zwar geklärt, aber – wie sich gleich zeigen wird – entspannt ist sie *noch* nicht.

»Jener« stellt eine Rückschau an und zieht das Resümee über gemeinsam verbrachte Zeiten. »Zuerst hatte ich gar nichts zu tun«, d. h. zur Zeit des großen Einfachen. Aus der jetzigen Äußerung geht hervor, daß damals keine Spannungen zwischen ihnen bestanden haben. Seitdem »halten wir einander fest, ob wach oder im Schlafe. Wir wechselten über Äonen die Form und sind nicht selbst so-seiend geworden.« Offensichtlich haben sie viele, viele gemeinsame Leben verbracht, wenngleich im Chinesischen üblicherweise dafür der Ausdruck »Gestalt wechseln« gebraucht wird; dennoch kann in diesem Zusammenhang die gemeinsame Reinkarnation beider angenommen werden.[3] »Jener« wirft Chang vor, daß sie nicht »selbst so-seiend« geworden sind.

---

1 »Wenn unser Ich veranlaßt wird, sich im Lachen zu erheben über das, was man in dem Zusammenhang als Torheit erkennt ...« (GA 124, S. 146).
2 Auf einer weit niederen Stufe, doch vergleichbar, ist der Vorgang bei Menschen, deren Ich sehr unterentwickelt ist, »... deren Lachen und Weinen unwillkürlich eintritt« (GA 107, S. 271f.).
3 Frühzeitig taucht im europäischen Geistesleben der Reinkarnationsgedanke, teils

Ursprünglich sind sie beide – wie alle Wesen – aus dem Reich des Seins hervorgegangen. Aber sie sind trotz allem immer noch dem Reich des Da-Seins und nicht dem Reich des Seins verbunden.

»Jener« beschreibt nun, warum er so zornig auf Meister Chang ist, denn er hat ihn in »Wüsten und in windig frostige Gegenden« gebracht. »Schon hast Du mich nach Osten hinkehren lassen und dann mich wiederum nach Westen hinkehren lassen ...« Der Osten ist ja das Tor der Geburt, der Westen das Tor des Todes. Inzwischen sind also viele Inkarnationen vergangen, während derer beider Interessen weit auseinanderklafften. Jener betont dezidiert den Unterschied zwischen ihnen dadurch, daß er für sich das Wo-Ich benutzt. Aber sein Vorwurf geht noch weiter, denn »wir sind aller Art Spukgeistern begegnet«. Unter Spukgeistern werden die Verführer des Menschen, die ihn in die Verstrickungen eines genüßlichen Lebens verflechten, verstanden. Sie können kleine, harmlose Geisterchen sein, aber auch große und mächtige! (Bei Pirandello handelt es sich mehr um die kleinen, ungefährlicheren.)

Erst als Meister Changs Bewußtsein so weit entwickelt ist, daß er mit Jenem ein offenes Gespräch über ihre gemeinsame Vergangenheit führen kann, werden die vorher beschriebenen Schwierigkeiten und Spannungen zwischen ihnen abgemildert. Aber auch jetzt noch wirft Jener ihm vor: »Das ist ja schön und gut, aber spät«, denn erst »vom Moment an« empfängt Jener »die Wohltat«. Meister Chang hat sich also derart geändert, daß sein Verhalten eine Wohltat für Jenen ist.

Der nun folgende Satz ist gar nicht ins Deutsche übertragbar. Im Abriß über die Besonderheiten der chinesischen Sprache wird erwähnt, daß das Subjekt eines Satzes häufig fehlt. Wörtlich würde der Satz heißen: »... wodurch eine Behüttung habe.« Wenn man dem Satz das Wort »ich« zufügt, dann würde es bedeuten, daß Jener eine Behüttung erhalten hat. Ohne das »ich« könnte der Satz eine weit umfassendere Bedeutung haben, nämlich jeder Mensch würde in einer vergleichbaren Situation sich eine Behüttung erworben haben. In dem Wort Behüttung ist der Sinn

---

dichterisch verbrämt, teils nüchtern, teils deutlich postuliert im 18. Jahrhundert wieder auf (siehe Bock, »Wiederholte Erdenleben« und Lessing, »Erziehung des Menschengeschlechts«). Seit Mitte des 19. Jahrhunderts verschwindet dieser Gedanke. Von Steiner wird eine genaue Reinkarnationslehre aufgestellt.

»behüten« enthalten. Nun gibt Steiner[1] an, daß in der Sprache der Geheimwissenschaft »eine Hütte bauen« Ausdruck dafür ist, sich selbst mit vollem Bewußtsein eine geistige Heimat gebildet zu haben (GA 10, S. 127). Belassen wir den Satz ohne das »ich«, dann hätten Jener *und* Meister Chang eine geistige Heimat – der andere bei dem einen und vice versa – gefunden. Wenn wir den Satz mit »ich« schreiben, so hätte sich nur Jener eine geistige Heimat gebildet. Die Behütung bzw. Behüttung bezieht sich gewiß auf beide. Bereits hier, aber auch unmittelbar anschließend, zeigt sich: Meister Changs Wesen und dasjenige von Jenem sind, wie in einer mathematischen Gleichung, voneinander abhängig, denn als Folge der Behütung bzw. Behüttung von Jenem empfängt Jener die Wohltat und Nahrung, außerdem wird sein Atem harmonisiert. Meister Changs Ch'i ist ja von Anfang an harmonisiert, sonst wäre die Auseinandersetzung gar nicht möglich. Diese Stelle zeigt wiederum die gegenseitige Abhängigkeit, die erst ganz deutlich im folgenden Gleichnis zum Ausdruck kommt. Aber das Motiv der gegenseitigen Einwirkung klingt bereits hier auf.

Jener hat ja offensichtlich schlimme Zeiten durchgemacht, denn Chang hat ihn gezwungen, in »leblosen Wüsten«, ohne Nahrung in »windig frostigen Gegenden« existieren zu müssen. Beim Zuhören war Meister Chang in Rückerinnerungen an lang vergangene Zeiten versunken, es zogen Bilder vorüber, die immer wieder zeigten, wie sehr er verstrickt in ein buntes, tätiges Leben war. Ja, Jener, ihm seit Urzeiten eng verbundene, hatte Recht: Ihn, den Fremdling, im Trubel solcher Ereignisse zu bemerken, war keine Zeit geblieben. Bestürzt stellte Meister Chang fest: Ich habe ihn glatt übersehen. Wie hätte Jener existieren können?

Nun erst hat sich das Verhältnis zwischen den beiden so geändert, daß sie die »Behüttung« – eine geistige Heimat – gefunden haben.

Und doch kommt zum Schluß von Jenem: »Das ist ja schön und gut, aber spät.«

---

1   Außer dieser Stelle gibt es häufig eine auffallende Übereinstimmung der Formulierungen zwischen alten chinesischen Einweihungstexten und denjenigen Steiners, weil das Prinzip echter Einweihungen, seitdem es sie auf der Erde gibt, stets das gleiche ist. Unterschiede entstehen durch zeitbedingte, kulturelle etc. Verschiedenheiten (GA 137, S. 25).

Ein Gleichnis

Chang, der zu dieser Zeit noch nicht Meister war, verteidigt sich und erwidert: »Das ist nicht meine Schuld, sondern die Räuberei der sechs Begierden hat es solcherart veranlaßt.« Die Räuberei der sechs Begierden ist ein bildhaft-verschlüsselter Ausdruck für die sechs naturgegebenen Sinnesorgane, die Chang während seines Lebenslaufs verführt und verstrickt haben (siehe Kap. »P'o«).

Steiner führt aus, daß überall, wo Sinnesorgane (Augen, Ohren) sind, da wirkt physiologisch als Puffer die Astralorganisation (GA 350, S. 110). Dieser Puffer ist also der »Ort«, wo wir durch unsere Leidenschaften mitgerissen werden können, und die hier genannte »Räuberei der sechs Begierden«, d. h. der Sinne, war deshalb Räuberei, weil sie Chang die Möglichkeit, eine höhere Entwicklung durchzumachen, rauben konnte.

Im jetzigen Zeitpunkt hat Meister Chang all dieses überwunden. Aus unserem Text und aus dem klassischen »Buch des Reinen und der Ruhe« geht hervor, daß ein Meister nicht mehr nur die Qualität des physiologischen Herzens haben kann, sonst stünde er auf der Wu-Ich-Stufe.

Chang fährt in seiner Verteidigung fort und sagt: »Ihr seid subtil und verborgen, Jene offenbar und augenfällig. Ich wußte, daß es jene (die Begierden der sechs Sinnesorgane) gibt, nicht aber, daß es Euch (Tzu = Meister) gibt.

Nun bringt Chang zu seiner Rechtfertigung das Gleichnis vom Blinden und dem Bootsmann. Hier wird die enge Beziehung zwischen den beiden Partnern ganz deutlich. Der Blinde kann den Bootsmann sogar am Weiterfahren hindern – und erst jetzt ist Meister Chang die eigentliche Beziehung zwischen ihnen beiden noch klarer geworden. Dadurch wird die Situation grundsätzlich eine andere.

Zwei Freunde

Nach dieser neuen Erkenntnis Meister Changs ist aus Jenem »derjenige, der Chang glich« geworden, sie sind also auch gleich in ihrem Herzen und Tastsinn geworden.

An dieser Stelle kommt zum Ausdruck, daß Meister Chang nun ein

»neues, anderes« Herz hat[1], das ihm, beziehungsweise seinem Wo-Ich, die Möglichkeit gibt, mit *diesem* Herzen als Maß und Mitte alle Lebensentscheidungen zu vollziehen. Das Herz, das aus dem Feuer geboren ist, ist ein Synonym für Ich, daher ist also das Wo-Ich jetzt zur Grundlage aller Entscheidungen geworden.

Welch enorme Umwandlung Meister Chang bis zu diesem Augenblick erfahren hat, erhellt eine Stelle aus der okkulten Schrift, der auch dieser Text über Meister Chang entnommen ist. Der Begriff Konstitution kann uns dem näher bringen, was unter Yin verstanden wird, die Überschrift der Abhandlung heißt auch: »Die Überwindung des Yin«. Im ersten Teil des Textes (»Ch'ing-hua pi-wen«, 1. Buch, S. 7b) wird auseinandergesetzt, was der Geist ist. Er hat grundsätzlich zwei Erscheinungsformen: als Urgeist, der dem »Vorkonzeptionellen« entstammt, und als den auf die Außenwelt gerichteten »Geist der Begierden«. Das chinesische Wort Ch'i-chih bedeutet wörtlich Ch'i-Stoff[2] oder – diese Übersetzung erschien uns allerdings mißverständlich – »Verstofflichung durch Ch'i«. Sobald der Mensch Gestalt angenommen hat, beginnt dieser Ch'i-Stoff in ihm zu wirken. Im Zusammenhang mit dem früher Ausgeführten (siehe Kap. »Die Konstitution des Menschen nach E. Kretschmer« und »Der Vergleich«) haben wir uns entschlossen, diesen »Ch'i-Stoff« mit Konstitutionswesen zu übersetzen. Es heißt weiter an dieser Stelle: Wenn sich der Mensch nicht von diesem Konstitutionswesen beherrschen läßt, indem er sich nach und nach überwindet, dann kann der »Urgeist« allmählich in Erscheinung treten, und damit handelt er mehr und mehr aus seinen ureigenen Entschlüssen heraus, ohne Fremdbestimmung aufgrund seines Konstitutionswesens. Innerhalb dieses eben genannten Textes wird noch ein anderes Zitat erwähnt, dessen Ursprung wir nicht eruieren konnten: »Durch die Geschehnisse schmilzt man das Herz um, so daß die Gefühlsregungen nicht mehr der Fremdbestimmung unterworfen sind.« Das Herz, heißt es im Anschluß daran, soll wie ein Spiegel sein, der die Gestalten ganz genau reflektiert, mit ihrem Verschwinden aber nichts mehr von ihnen zurückbehält. Das heißt, der

---

1   Dieses »Herz« darf nicht verwechselt werden mit der physiologischen Umwandlung des Herzens um die Pubertätszeit (siehe Kap. »Herz-Denken«).
2   Stoff ist hier ebensowenig als physische Substanz aufzufassen wie Ch'i oder ching oder wie bei Steiner Lebens-, Seelen- oder Ich-Leib.

Mensch soll auf die Geschehnisse reagieren, wenn sie sich ereignen, danach soll aber sein Herz wieder »nur selbst Herz« sein. Diese Stelle bedeutet also nichts weniger, als daß es einem solchen Menschen gelungen ist, das dem Menschen jeweils zur Verfügung gestellte Instrument nach seinen eigenen Intentionen zu benutzen. Damit hat Meister Chang selbstverständlich auch seine Disposition, die ja nur Folge der Konstitution ist (siehe Kap. »Herz-Denken«), verändert bzw. überwunden.

Chang ist ebenbürtig – jedenfalls fast – mit seinem wahren Wo-Ich geworden, und dieses kann in seiner ihm entsprechenden Art und Weise wirksam werden. Daß beide gemeinsam »eingehen« in die maßgebende Mitte, weist darauf hin, daß wiederum etwas getan werden muß. Die Mitte ist nicht von Natur aus gegeben, sondern durch einen mühsamen Entwicklungsweg erworben. »Erst danach geht es an« – also neue Aufgaben stehen bevor. Jedoch »… wir schreiten alleine (ohne die Räuberei der sechs Begierden) in den goldenen Palast«.

»Jener, der Chang glich«, spricht erfreut: »Fast wäre da ein nachlässiger Fürst (der Sinn ist: die ganze Sache hätte auch schief gehen können),« – aber – »Ich (Wu) habe ein hundertfach umgeschmolzenes festes Schwert. Wir können gemeinsam diese Räuberei bekämpfen und ihre Wurzeln ausrotten«. Erstaunlicherweise spricht »derjenige, der Chang glich« jetzt mit dem Wu-Ich, d. h. er stellt sich auf die Stufe des Erden-Ichs. Jedoch hat er ein »hundertfach umgeschmolzenes festes Schwert«, das ihm ermöglicht, die dem Herzen innewohnenden Kräfte zum höheren Ich zu entwickeln. Diese Selbstüberwindungskraft, sich von Stufe zu Stufe zu entwickeln, hat »derjenige, der Chang glich« hundertfach durchgemacht, und nun können sie gemeinsam »die Räuberei« bekämpfen.

Das im Herzen verankerte Ich begibt sich in das Erdengeschehen hinein, es kann sich darin verstricken. Deshalb ist diesem Wu-Ich die Unsterblichkeit verwehrt; solange steht der Mensch auf der P'o-Stufe. »Durch P'o weiß man, dieses bin ich und jenes der andere« (»Kuan-yin-tzu«, Kap. IV), es ist die niederste Stufe eines Individualisierungsprozesses – »das Herz ist ein Affe«.

Im sterblichen Wu-Ich ist jedoch die Kraft enthalten, sich zum unsterblichen Wo-Ich zu entwickeln. Dieses wird bildhaft im Zeichen für das Wu-Ich durch die Fünf als Erdensymbol, das Herz und den Mund dargestellt. Der Schauplatz ist das Herz, das Tätigkeitsfeld die Erde.

Beim Wo-Ich ist das Herz auch der Schauplatz, das Handwerkszeug die Lanze, die die Entwicklung von Stufe zu Stufe erficht. Beide Male spricht der Mund aus, welche Stufe Wu oder Wo erreicht hat.

Für diesen Kampf der Umwandlung des niederen zum höheren Ich haben viele Dichter der Weltliteratur wunderbare Worte gefunden, wie zum Beispiel Goethe: »... Und solang du das nicht hast, dieses Stirb und Werde! bist du nur ein trüber Gast auf der dunklen Erde.« (Der vollständige Text des Gedichtes findet sich im Anhang, Anmerkung 15.)

Chang sieht, gewiß nach vielen – wie vielen? – Inkarnationen das gelbe Licht, sein Ziel ist erreicht. Das Gelbe Licht ergießt sich nach allen Seiten, d. h. er hat einen hohen Grad der Einweihung, der Erleuchtung erreicht; es leuchten die fünf Farben, d. h. alle Farben auf.

Noch einmal Wu- und Wo-Ich

Ehe wir mit dem Bericht fortfahren, muß nochmals auf das so besondere Organ Herz eingegangen werden. Im Kapitel »Herz-Denken« haben wir die Eigenart der mikroskopisch erkennbaren Mischung zweier Muskelarten beschrieben, die sonst im Organismus nur getrennt vorkommt. Beide Muskelarten verwesen wie der ganze Organismus des Menschen beim Tode. Aber das sterbliche Wu-Ich hat nur Vergängliches in sein Herz eingeprägt, das Wo-Ich jedoch Wesentliches, also auch die Impulse zum Umschmelzen des Selbst, die den Menschen der Übermacht des Vererbungsstromes entheben. Sich aus diesen Zwängen zu befreien, ist gewiß Meister Chang weitgehend gelungen. An dieser Stelle der Untersuchung wird der eigentliche Sinn des Herzmuskelaufbaus ganz klar; seine Einmaligkeit, seine Besonderheit offenbart sich in der Möglichkeit, zwei Funktionen zu erfüllen. Die unbewußt funktionierende Muskulatur ist Matrize für das Wu-Ich, die bewußt zu betätigende für das Wo-Ich[1]. China hat zwar diese Fähigkeiten des Ich erkannt, aber die Engramme des Ich, die sich in die ineinander verwobene Herzmuskulatur einprägen, zu unterscheiden, ist erst durch den gewaltigen naturwissenschaftlichen

---

1 Nach Steiner ist das Herz ein Zukunftsorgan. Eingeweihte haben heute schon die Möglichkeit, den Herzmuskel zu betätigen (siehe Kap. »Herz-Denken«).

Fortschritt möglich geworden. Diese Phänomene zu deuten, erfordert eine moderne spirituelle Naturwissenschaft, die den Geist in der Materie wiederfindet.[1] Das Ich ist das geistigste Wesensglied des Menschen, das »... am meisten stofflich sich offenbart ...« (siehe Herz-Spruch im Kap. »Herz-Denken«).

Es werden der Erde also beim Tode zwei grundsätzlich voneinander unterschiedene Substanzen zurückgegeben. Stirbt der Mensch, ob er nun verbrannt oder beerdigt wird, so ist das, was er als Substanz hinterläßt, von wesentlich anderer Qualität, je nachdem, ob er nur sein Wu-Ich oder vorwiegend sein Wo-Ich betätigt hat. Nun sei folgende Hypothese erlaubt. Im Kapitel »Herz-Denken« haben wir auch über die Zuordnung des Sauerstoffs und des Wasserstoffs, wie sie Steiner angibt, berichtet. Jetzt könnten die damaligen Ausführungen etwas erweitert werden. Der Sauerstoffprozeß ist vorwiegend Grundlage für das sterbliche Wu-Ich, wohingegen das Wo-Ich dem feurigen Wasserstoffprozeß zuzuordnen ist. Weil das Ich zur Wirksamkeit Wärme benötigt, so wird beim Umschmelzen des Selbst, einer höchst intensiven Tätigkeit, mehr Wärme produziert als im durchschnittlichen, »normalen« Leben. Darin mag eine der Ursachen für die Langlebigkeit vieler Eingeweihter liegen. Ihr Wasserstoffprozeß (siehe Kap. »Herz-Denken«) ist hochentwickelt. Paradox könnte man diese Vorgänge so beschreiben: Die Ursache ist das Ich, aber auch die Wirkung ist das Ich. Eine derartige Verknüpfung kommt *nur* im Wirkensbereich des Ich vor. Der gleiche Vorgang vollzieht sich beim Umschmelzen des Selbst im Abendland: Das beobachtende Ich ist gleichzeitig das beobachtete Ich, Subjekt und Objekt fallen zusammen.

Denken wir nochmals zurück an Herrn Lederberg (siehe Kap. »Die Schöpfung der neuen Herren«); hätte er etwas über das Wesen der Substanzen, ihrer Geheimnisse geahnt, so würde seine selbstverständlich richtige Angabe über die Zusammensetzung unserer Erbsubstanz, unse-

---

[1] Hier wird auch klar, was mit dem Beispiel der dröhnenden Discothek-Musik gemeint war. - Es ist stets das Ich, das den Verstan – in welche Richtung auch immer – leitet und zu einem Entschluß führt. Wenn auch dieser Prozeß dem Unaufmerksamen unbewußt bleiben mag. Das Ich hat diese zivilisatorische Erscheinung verursacht, und ebenso wirkt sie auf das Ich zurück. Auch in diesem Beispiel sind Ursache und Wirkung das Ich.

rer DNS (Desoxyribo-Nuclein-Säure), ein ganz anderes Gewicht bekommen, in andere Dimensionen hineinragen.

Freundschaftliche Beratungen

Wir kommen wieder auf unsere beiden »Gesprächspartner« zurück. Das Verhältnis zwischen beiden ist nun ein ganz anderes geworden. Auch der Mensch, der anfänglich verschwommen neben Meister Chang stand, hat im Laufe vieler Inkarnationen selbst Erfahrungen gesammelt, die er dem ihm gegenüber so rücksichtslos lebenden Partner verdankt. Aber nun ist eine neue Situation der beiden anfangs so feindlichen eineiigen Zwillinge entstanden. Ob die chinesischen Wörter mit »derjenige, der ihn aufgesucht hatte« oder mit »der auf ihn blickte« übersetzt werden – aus ihnen spricht eine wohlwollende Haltung. Aber in diesen Formulierungen kommt auch zum Ausdruck, daß Meister Chang selbst konturierter, noch konzentrierter innerhalb seiner Meditation ist, so daß er für sein höheres Ich *wahrnehmbar* wird; »der auf ihn blickte, hörte seine Worte«, die ihn früher zu Changs ungebärdigen Zeiten gewiß nicht erreicht hätten. Meister Chang wird sogar mit Nai – also als ein auf gleicher Stufe Stehender – angesprochen, ja sogar als Meister: Tzu.

Das Geschehen zwischen beiden ist ein spiegelbildlicher Vorgang. In der Phase der Meditation, als er beginnt, hörend wahrzunehmen, »erhob sich in beiden Ohren ein Wind«, dann hört er zunehmend deutlicher die Herbst-Zikaden, sogar die Hsiao-Shao-Musik, und damit verknüpft ist: »Verschwommen stand da ein Mensch neben ihm.« Im Dialog, als das Wo-Ich Sklave bzw. Jener war, wird nichts über Changs Wahrnehmungsfähigkeit berichtet. Erst als Meister Chang das gelbe Licht erblickte, wurde er für den anderen, der ihn sogar »aufgesucht hatte« bzw. auf ihn blickte, wahrnehmbar, und er konnte seine Worte hören.

Kehren wir aus diesen Höhen des Schauens von Meister Chang zurück auf das Niveau eines ganz »normalen« Bürgers, so sind wahrscheinlich auch Changs erste Schritte vergleichbar mit denen von Petras Vater. Er war nach der letzten Explosion nachdenklich geworden; damals, als Petra ohne dicken Pulli und zu lange draußen in der Kälte gespielt hatte und zu spät nach Hause gekommen war, lag sie ziemlich lange wegen einer hoch fieberhaften Erkältung im Bett. Er hatte sich ernsthaft vorgenommen, Petra das nächste Mal erst anzuhören – Kinder, dachte er, leben eben in einer anderen Welt als Erwachsene. Petras damalige weinende Erklärung: »Das Spiel war noch nicht fertig« müßte man – meinte er nun – vielleicht auch bedenken. Obendrein hätte er seiner überlasteten Frau wenigstens die Arbeit abnehmen können, das Badewasser für Petra einzulassen, die drei Kleinen quengelten eh schon nach dem Essen. Der Vater war fest entschlossen, sich zu ändern.

Es war sein erster Versuch, sein Wo-Ich, das noch auf der P'o-Stufe stand – sein Herz war noch ein Affe –, tastend zu seinem wahren Wo-Ich hinzuführen. Gewiß benötigte er dafür noch kein Schwert, auch keine Lanze, aber ein kleines geschärftes Messer bräuchte er schon. An dieser kleinen Begebenheit wird wiederum deutlich, daß das Ich gleichzeitig Ursache und Wirkung ist. Eine derartige Verflechtung existiert auf der ganzen Welt sonst nicht.

Kehren wir nochmals zurück zu Meister Chang und seinem Zwilling: Trotz des schon erreichten Grades der Einweihung kommt wiederum eine Mahnung; sie ist jedoch erstmals an beide gerichtet. Wir sollten die Räuber nicht zu schnell »fortschaffen«. Auch jetzt, wenn er Meister Chang mit Nai-Tzu anredet und damit beider Gleichartigkeit betont, besteht doch noch ein, wenn auch geringer, gradueller Unterschied zwischen beiden, denn »derjenige, der auf Meister Chang blickte«, fordert ihn auf: »Du solltest immer nur gelassen bleiben und mir/Yü« – also auch freundschaftlich gemeint – »überlasse es, sie im Herzen zu überwachen«; sein Herz bzw. sein Ich ist wohl noch stärker als dasjenige Meister Changs, denn dann werden die Räuber »für ewig ruhen«. Wiederum kommt eine Warnung (von demjenigen, der Chang glich): »Manchmal spielen sie (die Räuber) trügerische Gestalten vor«. Es sind also nicht die gleichen Räubereien der sechs Begierden, die sich auf die sinnliche Welt beziehen, sondern nun, da Meister Chang ein noch höheres Bewußtsein erlangt hat, muß er sich hüten, trügerische geistige Wesen zu mißdeuten und sich irreleiten zu lassen. Aber da jetzt beide gemeinsam kämpfen, werden »die drei Reinen« (hohe geistige Wesenheiten) ihnen helfen, alle Spukgeister fernzuhalten.

Dieser Kampf um das Ich ist der tatsächliche Lebensinhalt des im äußeren Leben so unscheinbaren Chang. Sein fast hundertjähriges Erdenleben fiel in die Zeit des aufkeimenden, sich aber doch nicht entfaltenden naturwissenschaftlichen Einschlags in China. Jetzt erst wird die ungeheure Diskrepanz zwischen dem damals im Schatten stehenden Meister Chang und den im hellen Licht der Öffentlichkeit lebenden Kaisern ganz deutlich.

Der Bericht über Changs Einweihungsweg läßt die überall in der Geheimwissenschaft anerkannte Tatsache deutlich werden, daß mit einer strengen Schulung nicht nur eine Erweiterung des Bewußtseins erzielt wird, sondern auch erhebliche Veränderungen physiologischer Prozesse vor sich gehen. Wenn es beispielsweise heißt: »Sein Herz war nicht sein Herz«, so verbergen sich hinter dieser unscheinbaren Bemerkung enorme seelisch-geistige Umwandlungsprozesse, die bis in die anderen Wesensglieder hineinwirken; dadurch wird auch die Qualität des physischen Leibes, der Gestalt, verändert, die so zu einer Lebensverlängerung führen kann.

Diese verschiedenen Entwicklungsetappen wurden – wie wir bereits berichtet haben – mit verschiedenen Metallen bezeichnet (siehe Kap. »Naturwissenschaftliche Zwischenphase«).

Als zweites Beispiel eines Einweihungsweges bringen wir Meister Lis Marionettengleichnis. Trotz gleichartiger Methode – von der in beiden Fällen nichts erwähnt wird – ist der Tenor ein sehr unterschiedlicher. Wird der Umschmelzungsprozeß Meister Changs in okkult verschlüsselter, bildhafter Sprache dargestellt, so herrscht bei Meister Li eine nüchterne offene Sprache vor.

VI. Die eine Öffnung »geheimes Kräftefeld«

Meister Lis Marionettengleichnis

Bei diesem Gleichnis Li Tao-ch'uns[1] geht es nicht, wie bei Meister Chang, um das Aufzeigen eines Einweihungsweges, sondern um die sachlich nüchterne Aufforderung eines Meisters an seine Schüler: »Erkennt, und ihr werdet zur Vollkommenheit gelangen.« Sie sollen die Tätigkeit des Ich beobachten. In diesen Worten zeigen sich zwei auffällige Übereinstimmungen mit der Auffassung Steiners: erstens, daß heute der Weg ins Übersinnliche durch *Erkenntnis* erfolgen soll, und zweitens, daß die *Beobachtung* übersinnlicher Vorgänge erforderlich ist (siehe Kap. »Umschmelzen des Selbst im Abendland«).

Von Meister Li konnten wir lediglich ermitteln, daß er mit größter Wahrscheinlichkeit dem Ch'üan-chen-Orden angehörte und im 13. Jahrhundert lebte. Innerhalb taoistischer Kreise sind seine Werke wohlbekannt und werden häufig zitiert, und das ist auch der Grund, daß ich (G. Z.) rein zufällig auf diesen bemerkenswerten Text gestoßen bin: Für meine Übersetzungsarbeit »Das Große Werk« wollte ich einige Zitate von Li belegen. Das bedingte eine sorgfältige Durchsicht seiner Werke, mit denen meines Wissens außerhalb taoistischer Kreise sich noch niemand beschäftigt, geschweige denn von ihnen Übersetzungen hergestellt hat. Dabei entdeckte ich, sozusagen als Nebenprodukte, etliche hochinteressante Texte.

Der Ch'üan-chen-Orden wurde von Meister Wang Che (1112–1170) in Nordchina am Unterlaufe des Huang-ho in einer politisch sehr unsicheren Zeit begründet. Damals wurden diese Reichsteile von Volksstämmen aus den nördlichen Weiten der Steppen und Wälder erobert.

---

[1] Für diesen Text aus dem Werk Li Tao-ch'uns »Sammlung Mittlere Harmonie« (»Chung-ho-chi«) gilt insofern das gleiche wie für denjenigen über Meister Chang, daß wir, mehr oder weniger aphoristisch, versuchen, die wichtigsten Gesichtspunkte herauszuschälen, um allzu umfangreiche Ausführungen zu vermeiden.

Etwas später drangen die unaufhaltsamen mongolischen Horden ein und unterjochten schließlich das gesamte chinesische Reich. Neu an diesem Orden ist, daß die Meister nicht nur eine Gruppe von Schülern um sich scharten, sondern weit im Lande herum Gemeinden auch mit Laienanhängern begründeten. Diese Art der Orden war eine charakteristische Zeiterscheinung des 12. Jahrhunderts. Indessen bestand dieser als einziger bis in die Gegenwart fort. Große sozio-politische Bedeutung erlangte er durch Wangs Schüler Ch'iu Ch'ang-ch'un (1148–1227), der von den Mongolenherrschern als Berater berufen und später als Oberhaupt über alle religiösen Belange eingesetzt wurde. Mit seinem Tode verging auch rasch die politische Bedeutung des Ordens, die eng verknüpft war mit dem ganz außerordentlichen Charisma dieser Persönlichkeit.

Meister Li gibt die folgende Definition von Ch'üan-chen:
»Ch'üan-chen heißt sein ursprüngliches Wahres (chen) vervollkommnen (ch'üan). Ist Ching vollkommen, Ch'i vollkommen und der Geist vollkommen, dann spricht man von ch'üan-chen. Haben sie noch Mängel, so sind sie nicht vollkommen (ch'üan); haften ihnen noch Unlauterkeiten an, dann sind sie nicht wahrhaft (chen).« (Chung-ho-chi, S. 48b)

Diese Auslegung von Ch'üan-chen wurde auch von späteren Meistern dieses Ordens zitiert. Sie gab die Richtung an, wonach man suchte. Es ging darum, den wahren innersten Kern in sich selbst zu finden und ihn auszubilden, zu enthülsen. Es ist deshalb auch nicht verwunderlich, daß man neben Zitaten aus den klassischen chinesischen Büchern des Altertums auch solche der buddhistischen Literatur findet, denn in keiner Lehre ist an sich Wahrheit zu finden und, wie aus späterer Ch'üanchen-Literatur hervorgeht, keine ist auch an sich besser als die andere.

Wu Ch'ung-hsü (geb. 1574)[1], der ebenfalls dem Ch'üan-chen-Orden

---

1   Wu Ch'ung-hsü ist ebenfalls eine Persönlichkeit, von der außerhalb taoistischer Kreise kaum Notiz genommen wurde. Bruchstückweise wurde aus seinen Werken in westliche Sprachen übersetzt. Er ist der Lehrer von Liu Hua-yang (geb. 1736), den wir später zitieren. Aufmerksam geworden bin ich (G. Z.) auf beide Persönlichkeiten durch den noch lebenden Ch'üan-chen-Taoisten Ch'en Wen-chung, dessen Schüler ich geworden bin. Eingehend beschäftigt habe ich mich mit ihren Lehren in meiner Dissertation »Die Lehren der taoistischen Meister Wu Ch'ung-hsü und Liu Hua-yang«. Eine Übersetzung von Lius Werk »Chin-hsin ch'eng-lun« liegt von mir unter dem Titel »Das Große Werk« (Origo Verlag, Bern, 1987) vor.

angehörte, drückt diesen Weg zu seinem eigenen »ursprünglich Wahren« prägnant aus:

»Über das Umschmelzen des Selbst ist zu sagen, daß es von der Erarbeitung am Anfang bis zu ihrem Schluß im wahren Ich begründet liegt.« (»T'ien-hsien ch'eng-li«, S. 33)

Wie es im Kommentar heißt, ist das *wahre Ich* das ursprüngliche Antlitz des Selbst, ist das ureigentliche Wesen des Menschen. Wer zu diesem wahren Wesen wiederkehren kann, der erreicht seine menschliche Vollkommenheit, wird zum wahrhaften Menschen. Dieses *wahre Ich* dürfte dasselbe bedeuten, was Meister Li in seinem Gleichnis den *Gebieter* nennt.

Wir bringen zunächst die ungekürzte Übersetzung[1]:

»Die eine Öffnung ›geheimes Kräftefeld‹ ist ein ganz geheimer und ebenso wichtiger Angelpunkt. Sie ist nicht das Yin-t'ang (Stelle zwischen den Augenbrauen), ist nicht die Fontanelle, ist nicht der Nabel, ist nicht die Blase, sind nicht die beiden Nieren, ist nicht das, was vor den Nieren und hinter dem Nabel ist und ist nicht das, was zwischen den beiden Nieren ist. Oben reicht sie bis zum Scheitel und unten bis zu den Fersen. Wenn man sie, wo auch immer, in dem aus den vier Elementen (Erde, Wasser, Wind (d. h. Luft; d. Verf.) und Feuer) gebildeten Körper[2] zu finden vermeint, so ist es das nicht; aber man kann sie auch nicht außerhalb, getrennt von diesem Körper finden. Daher haben die Eingeweihten[3] die Menschen nur mit dem einen Wort ›Mitte‹ darüber unterrichtet; das ist es.

Nun will ich es euch anhand eines Gleichnisses leichter verständlich machen: Wenn sich eine Marionette mit Händen und Füßen bewegt

---

1 Der Originaltext wird ohne jegliche Satzzeichen an einem Stück gebracht, wie es bei chinesischen Texten üblich ist.
2 Es handelt sich um die uns bekannten vier Elemente, die zusammen mit dem Buddhismus aus Indien als Begriffe übernommen wurden. Der aus ihnen gebildete Körper muß so aufgefaßt werden, wie er sich zwar physisch zeigt, aber lebendig und beseelt ist.
3 Im Chinesischen steht hier »sheng-jen«, es wird üblicherweise mit Heiliger übersetzt. Auch an dieser Stelle übersetzen wir mit Eingeweihter; im enzyklopädischen Wörterbuch »Chung-wen ta tz'u-tien« steht folgende ganz allgemeine Definition: »Ein Mensch, der an Charakter, Fähigkeiten und Weisheit über die anderen hinausragt.«

und in jeder nur erdenklichen Art hüpft und springt, so gehen diese Bewegungen doch nicht von der Marionette selbst aus, sondern es sind die Fäden, die sie bewegen. Indessen ist oben an den Fäden ein Handgriff angebracht, der vom Puppenspieler bewegt wird.

Kennt ihr nun diesen Puppenspieler? Ihr sollt nicht weiter im Unklaren sein. Ich erkläre es euch geradeheraus. Die Marionette läßt sich vergleichen mit dem Körper, die Fäden mit dem geheimen Kräftefeld und der Puppenspieler mit dem Gebieter. Wenn sich der Körper mit Händen und Füßen bewegt, so gehen diese Bewegungen nicht von den Händen und Füßen selbst aus, sondern werden vom geheimen Kräftefeld dazu veranlaßt. Zwar setzt sie das geheime Kräftefeld in Bewegung, aber der Gebieter ist es, der das geheime Kräftefeld veranlaßt, sie in Bewegung zu setzen.

Wenn ihr diesen bewegten Handgriff erkennen könnt, was braucht ihr euch dann noch Sorgen zu machen, daß ihr die Vollkommenheit[1] nicht erlangt?« (»Chung-ho-chi«, Buch 2, S. 11a f.)

In Meister Lis Anweisungen treten häufig doppelsinnige Worte auf, die gleichzeitig auf eine sinnlich wahrnehmbare und sinnlich nicht wahrnehmbare Welt hinweisen. Beispiele dafür sind Paß, Handgriff und Marionette. Nur das Wort »Kräftefeld«, der eigentliche »Angelpunkt«, das zu Erkennende, gehört eindeutig zu sinnlich nicht wahrnehmbaren Bereichen.

Zunächst einiges zum Titel: »Die eine Öffnung ›geheimes Kräftefeld‹« ist sinngemäß übersetzt. Der chinesische Ausdruck, den wir mit Kräftefeld wiedergeben (hsüan-kuan), bedeutet wörtlich: geheimes oder dunkles Tor, Paß oder Durchgang, d. h. ein Weg, der zwei an sich getrennte Regionen miteinander verbindet, ein Übergang von einem Hier

---

[1] Wörtlich steht *zum Hsien werden*. Das Schriftzeichen für »hsien« hat zwei Formen: 1. Mensch und Berg zusammen. Berge waren in China stets Objekte der Verehrung. So gibt es auch *fünf heilige Berge*, die den vier Himmelsrichtungen und der Mitte zugeordnet sind. Der erhabenste ist der mythische K'un-lun im fernen Westen, der von den höchsten Gottheiten und Unsterblichen bewohnt wird. Er ist der Ursprung der Welt, dort erst trennen sich Yin und Yang für ihre Erdenwirksamkeit. Somit drückt der Berg Erhabenheit aus. 2. Mensch und Umwandlung: das Bild des sich selbst umwandelnden, vervollkommnenden Menschen. In vielen taoistischen Schriften wird »Hsien« mit *Buddha* gleichgesetzt.

in ein Dort. »Kuan« bedeutet auch Drehpunkt. Wir wählten Kräftefeld[1], um den Sinn des Drehpunktes im Spannungsfeld zwischen den physischen Körperbewegungen und den Impulsen, die zu diesen führen, nahezulegen, denn um einen solchen Drehpunkt handelt es sich.

Das Wort »Ch'iao«, die *Öffnung*, wird gewöhnlich als ein Eingang von außen nach innen verstanden. Beispielsweise bedeutet *sieben Öffnungen*: Augen, Ohren, Nasenlöcher und Mund. Als Öffnung von außen nach innen wird das Wort auch im Sinne eines Geheimnisses verwendet: einer Öffnung zu etwas noch Unbekanntem, solange man den Zutritt durch sie hindurch noch nicht gefunden hat. Um eine solche Öffnung zu etwas Geheimem handelt es sich im Text. Daß sie die *eine* Öffnung genannt wird, charakterisiert ihre Einzigartigkeit: *Nur* durch sie hindurch ist der Übergang möglich, einen anderen Weg gibt es nicht.

Die Marionette ist bei uns wie auch in China ein bekanntes Bild für einen Menschen, der nach dem Willen eines anderen handelt. In Meister Lis Gleichnis ist dieser andere sein höheres, unsterbliches Selbst.[2]

Anhand nur dieses Textes könnte man sich als diesen anderen, der der Gebieter heißt, zunächst ein lenkendes, determinierendes Wesen vorstellen. Daß dies durchaus nicht die Meinung Meister Lis ist, zeigt folgendes Zitat aus seinen »Gesprächen«:

»Der Gebieter ist das ureigentliche wahrhafte so-seiende Wesen, ist der über Äonen nicht vergängliche Urgeist.« (»Ying-ch'an-tzu yü-lu«, Buch 5, S. 8a)

Damit drückt Meister Li aus, daß dasjenige, was den Menschen zum Menschen macht, von dem sein Leben bestimmt wird, eine unsterbliche Entität ist, die sich mit seinem Tode vom Körper löst. Dieser Urgeist ist gewiß als sein Seelenkern zu bezeichnen, der dem Menschen über seine

---

1   Ein Kräftefeld ist etwas physisch-sinnlich nicht Wahrnehmbares. Heute verwenden wir oft gedankenlos das Wort *Kraft* oder *Kräftefeld*, ohne uns bewußt zu werden, daß diese selbst unsichtbar, erst ihre Wirkungen physisch erlebbar sind, z. B. elektrische Kraft, magnetisches Kraftfeld, Wachstumskräfte, Seelenkräfte, geistige Kräfte etc.
2   Es ist bemerkenswert, welch ähnliches Bild Steiner – in einem Wahrspruchwort – gibt (GA 40, S. 200):
    »Dein Werk sei der Schatten, den dein Ich wirft,
    Wenn es beschienen wird durch die Flamme
    Deines höheren Selbst.«

jeweilige Inkarnation hinaus seine Identität gibt, gerade dieser und kein anderer zu sein, wie sehr er sich auch wandeln mag. Lis Definition gleicht inhaltlich demjenigen, was Wu Ch'ung-hsü das »wahre« Ich nennt, des Menschen höheres, unsterbliches Selbst.

Sinngemäß hat sich uns die Aufgliederung des Textes in vier Abschnitte ergeben.

Im ersten Schritt wird gesagt, wo die »Öffnung« nicht zu finden ist: Sucht ihr an körperbezogenen Stellen, so geht ihr fehl. Diese negative Belehrung schließt mit der paradoxen Feststellung, daß die geheimnisvolle Öffnung weder innerhalb noch außerhalb des Körpers zu finden sei. Die positive Belehrung besteht in einem einzigen Wort: Mitte.

Im zweiten Schritt gibt Meister Li den Schülern ein Bild: Eine Marionette bewegt sich scheinbar selbst, doch in Wirklichkeit gehen ihre Bewegungen über die Fäden und den Handgriff vom Puppenspieler aus.

Im dritten Schritt – dem Gleichnis – sollen die Marionette dem Körper, die Fäden dem geheimen Kräftefeld entsprechen. Der Puppenspieler ist dem Gebieter vergleichbar. Nur etwas läßt Li ungeklärt: Er sagt nicht, was der Handgriff bedeuten soll. Das überläßt er seinen Schülern.

Er überläßt es ihnen, obschon oder vielleicht gerade weil ihm der Handgriff das allerwichtigste ist. Das ist der vierte und letzte Schritt, die Aufforderung: *Erkennt* den bewegten Handgriff!

Nachdem der Meister im ersten Satz die zentrale Bedeutung des Kräftefeldes, des »Angelpunkt(es)«, der »Mitte«, dessen Erkenntnis Aufgabe für die Schüler ist, ausgesprochen hat, führt er im zweiten Satz in ausdrücklichen Negationen aus, wo diese geheime Öffnung, das Kräftefeld, nicht zu finden ist. Dann heißt es über diese Öffnung: »Oben reicht sie bis zum Scheitel und unten bis zu den Fersen«, also von Kopf bis Fuß. Außerdem wird noch speziell darauf hingewiesen, daß sie sich nicht *im* Körper befindet, der aus den vier irdischen Substanzen, den Elementen Erde, Wasser, Luft und Feuer, gebildet ist. Trotzdem ist sie auch nicht *getrennt* von diesem Körper. Und doch ist sie die *Mitte*.

Die zentrale Bedeutung dieser Mitte ist uns bereits im Kapitel »Meister Chang«, als Meister Chang eine hohe Stufe auf dem Wege zum Umschmelzen des Selbst erreicht hatte, entgegengetreten. Fraglos spricht Meister Li den gleichen Bereich an: Die Vollendung ist erst erreicht, wenn der Mensch aus dieser Mitte, seinem Kern, handelnd in die Geschehnisse eingreift. Was im Chinesischen mit Kräftefeld, der Mitte, gemeint ist, wird von Steiner folgendermaßen charakterisiert: »Wie der physische Körper im Gehirn, so hat die Seele im ›Ich‹ ihren Mittelpunkt.« (GA 9, S. 39) – oder auch »Die Seele, oder das in ihr aufleuchtende Ich, öffnet nach zwei Seiten hin seine Tore: nach der Seite des Körperlichen und nach derjenigen des Geistigen.« (GA 9, S. 42)

Mit dem Ausschließen aller an das Leibliche gebundenen Bewußtseinsveränderungen wird dezidert auf den Unterschied zwischen dem Weg, den Meister Li seinen Schülern weist, und gewissen okkulten Strömungen, deren Praktiken seinen Schülern sicherlich bekannt waren, hingewiesen. Damit setzt er sich eindeutig ab von allem Visionär-Halluzinatorischen, das zwar auch Unsinnliches – aus welcher Geistigkeit es stammt, soll offen bleiben – erlebbar macht, aber ohne Wandlung des Herzens. Das Bewußtsein bleibt dabei auf seiner jeweiligen Entwicklung, beispielsweise auf der P'o-Stufe, stehen. Die so erzeugten visionären Bilder oder Töne gehören zu krankhaften Gegenbildern dessen, was beispielsweise Meister Chang nach vielen Inkarnationen schließlich in seiner Klause erlebte.

Durch die negative Wertung der Orte, an denen sich das geheime Kräftefeld nicht befindet, drückt Meister Li seine Zugehörigkeit zu demjenigen geistigen Strom aus, über deren Vertreter wir u. a. im Kapitel »Woran schloß Steiner an?«, »Herz-Denken« und »Umschmelzen des Selbst« berichtet haben. Selbstverständlich gehört auch Meister Chang zu ihnen. Sie alle gehen den Weg zur Vollkommenheit über die Verstärkung des Willens, das heißt ihres Ich. Weil die Methoden, dieses zu erreichen, seitdem es derartige Bestrebungen innerhalb der Menschheitsgeschichte gibt, grundsätzlich die gleichen sind, treten über Jahrtausende hinweg fast gleiche Formulierungen auf (siehe Kap. »Umschmelzen des Selbst im Abendland«).

Im Gleichnis ist der unsichtbare Puppenspieler der Übermittler der Intentionen des Gebieters, dessen Bedeutung den Schülern Meister Lis gewiß bekannt war. Nennt er ihn doch den »... über Äonen nicht vergänglichen) Urgeist«. Das heißt, er ist das Innerste, Individuellste, das Ich des Menschen, dessen höchstes Ziel durch das Umschmelzen des Selbst erstrebt wird. Das Ich des Menschen macht ihn zum unverwechselbaren, der sich in seinen physiologischen Manifestationen gegen Fremdes wehrt, zum Beispiel bei Organtransplantationen. Deshalb müssen sich die Chirurgen raffinierte Methoden gegen diese Abwehrreaktion im Kampf *gegen* das Ich ausdenken. *Dieses* Ich hat – wie es im »Lei-ching« steht (siehe Kap. »Drei-Erwärmer«) – einen Namen, aber keine Gestalt, sie wechselt je nach den Anforderungen, die an den Drei-Erwärmer gestellt werden.

Das Ich kann nur als Immaterielles, Geistiges aufgefaßt werden. Unter dieser Voraussetzung wird klar, daß dieses *Kräftefeld* selbst – im Gleichnis die Fäden – keine physische Existenz haben kann. Aber es kann sich mit dem Physischen verbinden, stellt es doch gerade eine Brücke zwischen diesem »Ich« und dem physischen, »aus den vier Elementen gebildeten« Körper dar. Dadurch wohnt dieses Kräftefeld zwar dem ganzen Körper inne, kann aber unmöglich auf eine bestimmte Stelle lokalisiert werden.

In den beiden Kapiteln »Herz-Denken« und »Umschmelzen des Selbst« haben wir den Weg zu beschreiben versucht, wie der Mensch sein Ich von Stufe zu Stufe entwickeln bzw. umschmelzen kann. Diese Aufgabe stellt Meister Li seinen Schülern und versinnbildlicht ihnen diesen Weg durch das Marionettengleichnis, mit dem Unterschied zu allen bisher genannten Texten, daß er zusätzlich die *Erkenntnis* des Handgriffs fordert.

Bevor wir versuchen, den Sinn des Handgriffs zu beschreiben, wenden wir uns der einen Seite der Matrize des Ichs, dem physischen Menschen, der Marionette zu. Diese Marionette hat eine doppelte Hinwendung, einmal zu einer ihre Bewegungen impulsierenden unsichtbaren Welt und zum anderen zur Raumes-Sinnes-Welt, denn sie bewegt sich ja mit Händen und Füßen in jeder nur erdenklichen Art, hüpft und springt. Die Brücke zwischen beiden Bereichen sind die Fäden, die am vom Puppenspieler betätigten Handgriff angebracht sind.

Andererseits wird der Körper auch über seine Sinnesorgane zur Bewegung aus der physischen Welt angeregt. Zuerst entsteht der Entschluß zur Bewegung, zur Tat. Ist beispielsweise mein Zimmer von stickiger Luft erfüllt, so entschließe ich mich, das Fenster zu öffnen. Durch den Entschluß, der mir bewußt ist, wird sozusagen die »Öffnung« entschlüsselt, aber der Vorgang selbst bleibt dennoch im Unbewußten, im Dunklen des »geheimen Kräftefeldes« verborgen.

Der Gebieter wirkt aus dem für uns Unsichtbaren über den »Paß«, die »eine Öffnung, das geheime Kräftefeld« ins Sichtbare hinein. Dadurch wird die Öffnung eine *Mitte* zwischen sichtbarer und unsichtbarer Welt.

Die Vorstellung, die jeder willentlichen Bewegung vorausgeht, taucht zunächst in ein Unbewußtes unter. Was als nächstes in Erscheinung tritt, ist die reale Bewegung. Und was sich zwischen der Vorstellung, dem Entschluß und der realen Bewegung abspielt, sind Willensimpulse, die sich im Bilde der Marionette über Handgriff und Fäden auf die physisch sichtbare Äußerung und Tätigkeit der Puppe übertragen. Von der Seite des physischen Körpers aus kann dieses Zwischenglied bis zur Physiologie der Nerven zurückverfolgt werden, aber nicht weiter. Dieser unbekannte Rest, eben die Fäden des Gleichnisses, gehören in den Bereich des geheimen Kräftefeldes, und weil es unbekannt ist, ist es geheim. Nun geht aber jede Bewegung vom Gebieter aus. Diesem Gebieter steht als Zwischenglied der Wille zur Verfügung, der wiederum im Zusammenhang mit dem »Handgriff« steht. Der Handgriff ist der Seele zuzuordnen; Meister Li aber fordert seine Schüler auf, den *bewegten* Handgriff zu erkennen. Das heißt, nur das Ich kann ihn bewegen, in welche Richtung auch immer. Diesen Handgriff allerdings dirigiert der Puppenspieler. Dieser ist also ein nach zwei Seiten hin Wirksames. Das tritt besonders auffällig zutage bei Bewegungsabläufen, die wir erst erlernen müssen, sei es im Sport, beim Tanzen, Musizieren oder auch beim Schreibenlernen. Wie anstrengend kann dieses Erlernen mitunter sein! Welche Kämpfe hatte die kleine Petra zu bestehen, die einen Schuß des cholerischen Temperamentes ihres Vaters zu bewältigen hatte! Welcher Zorn ergriff sie, bis endlich eine Seite des Schulheftes ordentlich geschrieben abgeliefert werden konnte. Und später wirbelte sie in das interessante Leben hinein. Aber wie lange dauerte es, bis sie etwas von der Mittelstellung des Handgriffes ahnte. Ihre Fäden waren ohne Knoten, ihr Instrument – ihre Puppe – aber zart, also mußte sie auf vieles verzichten. Aber ganz gewiß hat sie energisch an dem »Handgriff« gearbeitet.

War Petra sich des Gebieters auch nicht bewußt, so drückte er sich doch in der Auswahl der gebotenen Möglichkeiten aus. Die Sprache des Gebieters äußert sich im *Was* des Ausgewählten und in dem, *wie* es bewältigt wird.

Kehren wir nun zum Bild des Gleichnisses zurück. Auch der Handgriff hat eine doppelte Hinwendung durch die willenshafte Seelenbetätigung aus der sinnlich nicht wahrnehmbaren Welt des geheimen Kräftefeldes in die Raumeswelt hinein. Denken wir an die »Schöpfung der neuen Herren«, so betätigen sie innerhalb der Raumes-Welt diesen

Handgriff intensiv. Die Schüler Meister Lis könnten dies auch tun, – ihre Seelenhaltung, ihr Wille jedoch wird von Meister Li durch die Aufforderung zur Erkenntnis des Handgriffs in die Sphäre des Gebieters gelenkt.

An dieser Stelle sollte sich der Leser das Kapitel »Der Vergleich« ansehen, es ist die Verständnisgrundlage für das jetzt Dargestellte. Zwei Einzelheiten sollen besonders betont werden: über P'o – Empfindungsleib/Empfindungsseele – und Hun. Beide sind seelische Bereiche, die in ihrer unterschiedlichen Art Ausdruck der Entwicklungsstufen des Ich sind. P'o ist der physisch-sinnlichen Welt zugewandt. Diese Art des Bewußtseins sammelt Kenntnisse und Wissen, deshalb ist das Herz während dieser Phase ein Affe. Erst auf der Stufe von Hun stellt sich die Haltung ein, die Goethe so charakterisiert: »Alles Vergängliche ist nur ein Gleichnis«. Die Bewußtseinsstufe von Hun betrachtet die Welt als Ausdruck einer physisch-sinnlich nicht wahrnehmbaren Welt, deren Gesetze sich als Abbild im Physischen manifestieren. Der Mensch erwirbt sich Erkenntnisse, die eng verwoben sind mit seiner eigenen Weiterentwicklung auf seinem Weg zur Weisheit.

Hun untersucht die Gesetze, die nicht der Raumeswelt angehören, nach denen aber die Dinge der Raumeswelt angeordnet sind. Es sind zwei Hinwendungen der Seele, die bildhaft im Marionettengleichnis als »bewegter Handgriff« beschrieben werden. Die Erkenntnis des Handgriffs beinhaltet die Richtung, der sich das Ich zuwendet: entweder nur der Raumeswelt, dann steht es auf der P'o-Stufe, oder der übersinnlich-geistigen Welt, dann steht es auf der Hun-Stufe. Das Endziel der Aufforderung Meister Lis ist, das Wesen, die Art des Ich zu erkennen.

Dem Puppenspieler stehen die Handgriffe zur Verfügung, um die Fäden zu betätigen, an denen die Puppe hängt. Und gerade diese Handgriffe, die der Puppenspieler im Griff hat, sollen die Schüler erkennen. Heißt dies nicht gerade, sein Werkzeug, sein Instrumentarium, in die Hand zu bekommen, das heißt, es zu meistern? – Interessanterweise drückt das chinesische Wort für meistern, »ch-ang-wo«, in der konkret wörtlichen Bedeutung »mit Händen ergreifen« aus. – Der Gebieter ist es, der über die Fäden die Marionette bewegt, sie ist das ihm zur Verfügung gestellte Instrument, mit dem er sich selbst zum Ausdruck bringt. Nun können dem »seit Äonen unvergänglichen Urwesen«, dem Gebieter, zur Realisierung seiner ihm eigenen Impulse Hemmungen entgegenstehen. Die Fäden sind brüchig oder verknotet, die Puppe ist schief und krumm. Von seiner Stärke, seiner Geschicklichkeit hängt es ab, ob er dennoch sie so zu bewegen fähig ist, wie es seiner Kunst des Spielens entsprechen würde. Ist sein Instrumentarium sehr schlecht, so ist eine wenig ausdrucksvolle Vorführung doch eine große Leistung des Gebieters. Ein anderes Mal, in einem anderen Leben, wenn er eine bessere Puppe in den Griff bekommt, wird seine Vorführung umso beeindruckender sein. Denn nur die lange Übung, über Äonen, macht den wahren Meister.

Die gleiche Situation anders ausgedrückt: Das Tätigkeitsfeld des Gebieters bzw. des Puppenspielers kann mit einer Bühne verglichen werden. Das Spiel der Marionette auf der Bühne wird jedoch vom Gebieter bzw. dem Puppenspieler in unterschiedlicher Art geleitet. Beide existieren hinter der Kulisse, vom Zuschauer nicht wahrnehmbar. Der Handgriff und die Fäden sind die Vermittler zwischen zwei Welten: der sichtbaren und unsichtbaren. Physisch sind auch sie nicht sichtbar, aber ohne sie könnte die Marionette bzw. Puppe gar nicht auf der Bühne tätig werden.

Meister Lis Denkart ist so modern, daß plötzlich Entsprechungen zu Goethes Forschungsart auffallen. Portmann (siehe Kap. »Die anderen Forscher«) hob hervor, daß es einer der großen Verdienste Goethes war, nie hinter die Kulisse schauen zu wollen. Zu Portmanns Äußerung kann hinzugefügt werden, daß Goethes große Kunst darin bestand, durch eine intensive Versenkung in die Phänomene den Leser unversehens doch einen Blick hinter die Kulisse tun zu lassen. Das nennt Goethe: anschauende Urteilskraft.

An dieser Stelle möchten wir auf Kleists meisterhaften Essay »Über das Marionettentheater« aufmerksam machen. Was Kleist über das Marionettentheater schreibt, berührt scheinbar unser chinesisches Marionettengleichnis überhaupt nicht. Und doch treten bei Kleist ungenannt der Gebieter und sein Werkzeug auf. Am Beispiel eines noch naiven jungen Mannes führt er uns bildhaft dessen natürlich-graziöse Bewegungen vor Augen, *ehe* er darüber reflektiert. Erst wenn der erwachsene Tänzer, heißt es weiterhin, fähig ist, die durch Sinnesorgane ausgelöste physische Bewegung – der Marionette – aus ihrem wahren Ursprungsort bewußtseinsmäßig zurückzuführen, wird sie wiederum natürlich. Dies gilt für jeden Künstler, auch den reproduktiven. Erst wenn er etwas erlebt oder erhascht vom Bereich des Gebieters, wird Technik zur Kunst. Kleist schließt sein Gespräch: »Mithin ... müßten wir wieder vom Baum der Erkenntnis essen, um in den Stand der Unschuld zurückzufallen?« Sein Gesprächspartner antwortet: »Allerdings, ... das ist das letzte Kapitel von der Geschichte der Welt«. Insofern hat Meister Li vor rund 700 Jahren dieses letzte Kapitel aufzuschlagen begonnen.

Gehen wir nun zurück zu unserem chinesischen Gleichnis: Wann und wie werden die »Fäden« des »geheimen Kräftefeldes« gespannt und wann und wie ergreift der »Gebieter« den »Handgriff«?

Zunächst eine Stelle aus Liu Hua-yangs »Hui-ming ching« (»Das Buch vom weisen Lebensgrund«, dat. 1794, S. 387):

> »Unmittelbar bevor Vater und Mutter dieses leibliche Sein gezeugt haben, entsteht in dieser Phase der Empfängnis zuerst diese Öffnung, dann erst nehmen Wesen und Lebensgrund tatsächlich Wohnung darin.«

Eine Zeile vor dem Zitat wird diese Öffnung auch die geheime Öffnung genannt, so daß man annehmen kann, daß dasselbe wie in Lis Gleichnis gemeint ist. Auch Liu sagt in diesem Zusammenhang, es sei das allerwichtigste, über sie ins klare zu kommen, und daß sie zustande kommt, wenn sich Ch'i entfaltet. Dies, meinen wir, heißt nichts anderes, als daß sie durch Geistig-Seelisches vermittelt wird. Wenn *unmittelbar vor* der Zeugung die »Öffnung« entsteht, dann ermöglicht es die Zeugung, daß der vorkonzeptionelle Impuls im Irdischen eingreifen kann. Die »Fäden« werden also schon gespannt, bevor eine Spur der »Marionette« überhaupt vorhanden ist.

Zu diesem Zeitpunkt, unmittelbar vor der Zeugung, wird also die geheime Öffnung wirksam[1]. In dieser Phase kann der sich inkarnierende Mensch also noch nicht aus den vier Elementen Erde, Wasser, Luft und Feuer bestehen. Er ist lediglich in geheimnisvoller Weise mit ihnen verknüpft.

Wir sind überzeugt, daß Steiner, wenn auch mit anderen Worten, denselben Vorgang in einem Vortrag vor Jungmedizinern beschreibt (GA 316, S. 59f.):

---

[1] Als ein Abbild dieser Vorgänge, die sich bereits im Physischen abspielen, kann eine Öffnung zwischen rechtem und linkem Herzen angesehen werden. Auf dem Weg zur Erdenreife ist der Embryo nicht mehr unirdisch, aber auch noch nicht irdisch: Er lebt in der Mitte zwischen zwei Welten. Diese Situation findet ihren physiologischen bzw. physischen Abdruck im halb venösen, halb arteriellen Kreislauf des Embryos. Die Öffnung schließt sich unmittelbar nach der Geburt, danach sind beide Kreisläufe streng getrennt.

»Wie kommt der Mensch zustande? Die physische Anlage wird zunächst durch die Befruchtung geschaffen, diese physische Anlage muß sich vereinigen mit dem Ätherleib (Lebensleib; d. Verf.) des Menschen. Der Ätherleib des Menschen kommt aber nicht zunächst durch die Befruchtung zustande, sondern der Ätherleib wird gebildet um dasjenige herum, was später Ich-Organisation und Astralorganisation (Empfindungsleib und Empfindungsseele; d. Verf.) wird, um das Geistig-Seelische, das aus den geistigen Welten herunterkommt, das da war im vorirdischen Leben. Wir haben es also mit dem eigentlichen Kern des Menschen als mit dem Geistig-Seelischen zu tun, das eben vorhanden ist, erstens aus früheren Inkarnationen, zweitens aus der Zeit zwischen Tod und neuer Geburt, lange bevor eine Befruchtung geschehen ist. Dieser geistig-seelische Kern des Menschen, er gliedert sich an, bevor er einen Zusammenhang bekommt mit demjenigen, was durch die Befruchtung als physische Keimzelle entsteht, zuerst den ätherischen Leib.«

Vergleichen wir diese Worte Steiners mit denjenigen Lis, so sehen wir in dieser Phase eine Entsprechung zwischen der »Öffnung«, das heißt dem »Kräftefeld«, und dem »Ätherleib«. Ob im nachgeburtlichen Leben die »Öffnung« noch mit dem »Ätherleib«, der dann modifiziert wird, identisch ist oder wesentlich mehr umfaßt, soll hier offen bleiben.

Wir betrachten das chinesische Begriffspaar Wesen (hsing) und Lebensgrund (ming), das im Zitat von Liu auftaucht. Es wird uns von der vorkonzeptionellen Entstehung des Menschen wieder hinführen zur Wirksamkeit des *Gebieters*. Im folgenden Zitat schildert Wu Ch'ung-hsü mit prägnanten Worten die Entstehung der Welt im Großen und im selben Atemzug diejenige des Menschen im Kleinen. Das Ganze ist eingebettet in die Meditation im leeren Bewußtsein:

»Dringt man zur Unterschiedslosigkeit in der vollständigen Leere vor, so kommt es einem, daß es gleichsam einen Ch'i gibt. Er heißt Tao-Ch'i, auch der vorhimmlische (vorkonzeptionelle)[1] Ch'i. Dieser

---

1 Vorhimmlisch ist eine wörtliche Übersetzung des chinesischen Ausdrucks hsien-t'ien. Wir sind aufgrund verschiedener Stellen zur Überzeugung gekommen, daß dieser Begriff auf die geistige Welt, in der das »Urwesen« vor der Zeugung war, hinweist. Da in Meister Wus Zitat nicht nur auf die vorkonzeptionelle Entstehung des Menschen hingewiesen wird, taugt auch dieses deutsche Wort nicht.

Ch'i bleibt lange in Ruhe und bildet eine Einheit. Kommt er allmählich in Bewegung, so teilt er sich auf. Als Yang steigt er auf und bildet den Himmel, und das ist ebenso, wie der Mensch sein *Wesen* hat. Als Yin sinkt er ab und bildet die Erde, und das ist ebenso, wie der Mensch seinen *Lebensgrund* hat. Ist die Bewegung des Yang zum höchsten Punkt gelangt, so tritt Ruhe ein; ist die Ruhe des Yin zum höchsten Punkt gelangt, so tritt Bewegung ein. Kommunizieren die Kräfte von Yin und Yang, so tritt der Mensch ins Leben. Demnach kann der Mensch dadurch Leben erwirken (Nachkommen zeugen), weil er die beiden Kräftearten von Yin und Yang vollkommen in sich trägt und die Grundprinzipien, die das Wesen und den Lebensgrund begründen, in ihm wirken. Daher heißt es: Das Dasein des Menschen ist Himmel und Erde im Kleinen.« (»T'ien-hsien ch'eng-li«, Kap. 2, S. 48f.)

In diesem Zitat wird ein einziges Prinzip für die Weltentstehung, das Werden des Menschen und den Prozeß, der durch Bewußtseinsleere in Gang gesetzt wird, untergelegt. Wichtig in unserem Zusammenhang ist die Entsprechung des Wesens mit dem Himmel und Yang und diejenige des Lebensgrundes mit der Erde und Yin. Das bedeutet, daß das Wesen als der agierende, initiierende und der Lebensgrund als der reagierende Aspekt angesehen werden muß. Es stellt sich dann die Frage, was dieser Tao-Ch'i oder vorhimmlische bzw. vorkonzeptionelle Ch'i sei. Als der in der Bewußtseinsleere Wirkende weist er wohl auf dasselbe hin, was in Meister Lis Gleichnis Gebieter genannt wird. Im menschlichen Erdenleben wird er durch Bewegung zum Wesen und durch Ruhe zum Lebensgrund. Der Gebieter dürfte identisch sein mit dem, was Wu als das wahre Ich bezeichnet.

Chu Yüan-yü (18. Jh.), der ebenfalls dem Ch'üan-chen-Orden angehörte, scheint dasselbe, was Wu den Tao-Ch'i nennt, zu meinen, wenn er sagt, noch vorher »ist dieses Wesen vollkommen und eins mit der großen Leere.« Lediglich die Betrachtungsweise ist insofern eine andere, als er vom Standpunkt des Wesens, wie es sich nachgeburtlich zeigt, ausgeht. Nach der Zeugung, sagt er weiter, würde der Körper aus den vier Elementen Erde, Wasser, Feuer und Wind im irdischen Dasein gebildet. »Ein Funke wahren Wesens fällt in ihn hinein, dann erst kann der Lebensgrund seinen Stand haben.« (»Ts'an-t'ung-ch'i ch'an-yu«, dat. 1729, S. 142)

Versuchen wir, die Ausdrücke Wesen und Lebensgrund, die beide in chinesischen Texten als unmittelbar zusammengehörig betrachtet werden, zu erfassen, so kann man sie vielleicht am einfachsten mit dem Was und Wie des menschlichen Lebens wiedergeben, nämlich was der Mensch in seinem innersten Wesen selbst ist, und wie er sein Schicksal gestaltet.[1]

Dazu ein konkretes Beispiel: Daß eine Krankheit auftritt, gehört in den Bereich des Lebensgrundes, ihre Bewältigung ist dem Wesen anheimgestellt. Beide sind insofern eng miteinander verwoben, daß gerade diese Krankheit auftritt. Innerhalb schicksalhafter Abläufe sind das, was einen Menschen ausmacht – das Wesen und die Art und Weise, wie ihm das Schicksal – der Lebensgrund – mitspielt, untrennbar. Um auf das Bild des Marionettenspiels zurückzukommen: Dem Spieler sind zunächst Marionette, Fäden und Handgriff, aber auch die Bühne mitsamt gefülltem Zuschauerraum gegeben; vorerst ist ihm das Stück, das er spielen wird, nur im Grundkonzept vertraut, weder Verlauf noch Ende sind ihm bekannt. Zu was nämlich das Stück wird, hängt wiederum von der Wechselwirkung zwischen Wesen und Lebensgrund ab; das Stück ist ja in Wirklichkeit noch nicht fertiggeschrieben.

Kehren wir nun zum Steinerschen Zitat zurück. Offenbar ist dieser »Ätherleib« (Lebensleib), der vor der Zeugung »um dasjenige herum, das später Ich-Organisation und Astralorganisation wird,« gebildet wird, mit dem geheimen Kräftefeld – den »Fäden« – gleichzusetzen. Dieser Ätherleib ist die Grundlage, die durch den Lebensgrund gegeben wird. Es wird auch hieraus deutlich, daß das geheime Kräftefeld weder *im* Körper noch getrennt von ihm ist, weil es gar nicht räumlich-physisch existiert. Was der »geistig-seelische Kern des Menschen« genannt wird, ist dasselbe, was Li den »Gebieter« nennt und – vorkonzeptionell – von Chu als das »Wesen« bezeichnet wird, das »vollkommen und eins mit der großen Leere« ist.

---

[1] Es sei dazu eine oft zitierte Stelle des I-ching gebracht, die Wilhelm folgendermaßen übersetzt: »Die Heiligen erforschten das Wesen (hsing), wodurch sie zu den Schicksalskräften (ming) vordrangen.« (I Ging, S. 244). An einer anderen Stelle heißt es: »Der Mensch wird auf der Erde geboren, sein Geschick (ming) hängt im Himmel.« (»Su-wen«, Kap. 25) »Hängen« ist wörtlich, so wie ein Apfel am Baum hängt oder die Marionette an den Fäden!

Dem gleichen Motiv der Spannung, der Ungleichheit zwischen hsing-Wesen und ming-Lebensgrund, sind wir bereits in Changs Entwicklungsweg zum Meister begegnet. Seit Urzeiten sind Wesen und Lebensgrund aneinander gekoppelte Partner. Erst als sich Chang aus den Zwängen des Lebensgrundes befreit hatte, seine Yin-Kräfte überwunden und damit seine Meisterschaft erlangt hatte, erst dann wurden beide zu Freunden.

Besonders seit den Kapiteln »Herz-Denken«, »Umschmelzen des Selbst« und »Meister Chang« kreisen wir immer wieder um die Problematik der Individualität des Menschen, das heißt um die verschiedenen Manifestationen und Entwicklungsmöglichkeiten seines Ich; damit verwoben ist die Frage nach der jeweiligen Wirklichkeit bzw. Wahrheit; sie wird auf jeder Stufe unterschiedlich beantwortet.

Beide Meister repräsentieren zwei gegensätzliche Strömungen im Geistesleben Chinas. Meister Chang bleibt dem alten, seit Urzeiten bestehenden Ziel, eine höhere Welt zu *schauen*, verhaftet. Dagegen ist Meister Li insofern modern zu nennen, als er die *Erkenntnis* einer höheren Welt erstrebt. Wäre es möglich gewesen, die von ihm inaugurierte Geistesströmung zur Wirksamkeit zu aktivieren, hätte China damit nicht eine spirituelle Naturwissenschaft begründen können? Wären aber die gleichen konstitutionellen Veränderungen erforderlich gewesen wie im Westen? Aus den Versuchen von Eccles ist zu ersehen, daß Immaterielles physisch meßbare Wirkungen hat. Werden die Bewußtseins- ebenso wie die Konstitutionsänderung durch einen geistigen Impuls bewirkt?

Abschließend sei an eine Passage aus der Einleitung erinnert. Dort wurde berichtet, daß ich durch eine Stelle im Vortragswerk Steiners aufmerksam wurde, die einen konstitutionellen Zusammenhang zwischen der Art der Musik innerhalb einer Kultur anzeigt. Mit diesem Schlüssel war es möglich zu erklären, warum China keine eigenständige Naturwissenschaft hervorbringen konnte – weder eine westlicher noch spiritueller Prägung.

Nun gibt es noch eine andere Stelle im Vortragswerk Steiners, die bedeutsam ist. Es wird General Smuts, der Südafrika Minister Englands, zitiert, der aus einer »instinktiven Genialität heraus« auf die Verlegung der »Kulturinteressen« von »der Nordsee und dem Atlantischen Ozean nach dem Stillen Ozean« hinweist. Steiner fährt fort: »Vor dieser Veränderung steht die Menschheit. ... Aber nunmehr brauchen wir eine Seelenverfassung, die eine Weltkultur wird umspannen können. Wir brauchen ein Vertrauen, das Orient und Okzident gegeneinander ausgleichen kann. ... Die Menschen glauben heute nur über wirtschaftliche Fragen verhandeln zu dürfen, über die Stellung, die Japan im Stillen Ozean haben wird, über die Art und Weise, wie man China wird gestalten müssen, damit ein offenes Tor für die übrigen, kommerziellen, Handel treibenden Völker der Erde geschaffen werde, usw. ..., diese Fragen werden auf keiner Konferenz der Erde entschieden, bevor den Menschen nicht bewußt wird, daß zum Wirtschaften Vertrauen von einem Menschen zum anderen gehört, und dieses Vertrauen, es wird in der Zukunft nur auf geistige Art errungen werden können. Die äußere Kultur wird die geistige Vertiefung brauchen.« (Steiner, GA 207, 23. 9. 1921, S. 28f.)

Wenn es gelungen ist, zu diesem Verstehen und Vertrauen beigetragen zu haben, ist der Sinn dieser Arbeit erfüllt.

Anhang

Anmerkungen

1. Die Hautfarbe, die Gewebekonsistenz etc. werden genau angesehen. Das Gesicht wird ganz besonders aufmerksam betrachtet, weil sich in ihm speziell Regionen jedes Körperteils und jedes inneren Organsystems widerspiegeln. Fast ebenso wichtig ist die Untersuchung der Zunge. Ferner werden Augen und Fingernägel einer genauen Inspektion unterzogen.
Das Hören, welches das Riechen mitbeinhaltet (das entsprechende Schriftzeichen kann für beides stehen), bezieht sich auf die Stimme, Atemgeräusche, Husten, Niesen etc. Wichtig ist sowohl der Körpergeruch wie auch der Geruch, der im Krankenzimmer herrscht.
Hinzu kommt das Abtasten der verschiedenen Körperteile wie Brust und Bauch, dann aber auch ein feines Betasten längs der Meridiane, wobei das Empfinden des Patienten mit einbezogen wird. Die Puls-Diagnose führt zur Vervollständigung des Krankheitsbildes.
Das Fragen umfaßt die genaue Geschichte der Familie, die eigenen Lebensumstände, Gewohnheiten etc., auch alles über Krankheit, Körperbefinden, grundsätzlich also das, was wir unter Familien- und Eigenanamnese verstehen.
Ein solches Schema, das die Situation des Patienten möglichst genau zu erfassen suchte, war früher auch innerhalb der westlichen Medizin Grundlage jeder ärztlichen Untersuchung. Erst als in den letzten 50 Jahren zunehmend naturwissenschaftliche Methoden angewandt wurden, entstand unsere heutige Apparate-Medizin. Mit pedantischer Gründlichkeit wird erforscht, welche Viren oder pathologischen Bakterien den Patienten befallen haben – er selbst tritt mehr und mehr in den Hintergrund. Der Mensch wird aufgeteilt in immer kleinere pathologische (kranke) Areale, die entsprechende Diagnose bzw. Therapie wird zunehmend computergerecht vorgefertigt.
Ein wichtiger Unterschied zwischen der klassisch-chinesischen Untersuchungsmethode und der heutigen westlichen besteht darin, daß, ob es sich um die Puls-Diagnose oder klinische Untersuchungen

handelt, stets gegenseitige Bezüge berücksichtigt werden. Bei der Puls-Diagnose: vorwiegend der Bezug des Pulses zu Yin-Yang, dem ganzen Menschen, bei der klinischen Diagnose der Bezug zum seelischen und körperlichen Gesamttypus und zu den einzelnen Symptomen. Bei uns gab es ja noch bis zum ausklingenden 19. Jahrhundert ein gewisses Streben in dieser Art, Patienten zu beurteilen, aber heute gibt es in der offiziell herrschenden Medizin praktisch nur noch die bezugslose, isolierte Bewertung von Labor- oder physikalischen Untersuchungen.

2. 1991 erschien von einem bekannten amerikanischen Journalisten ein Buch (R. K. G. Temple, »Das Land der fliegenden Drachen«). Es ist ein brillantes und spannend geschriebenes Resümee der Arbeiten Needhams. Hierzu sind einige Anmerkungen notwendig, wobei zu unserem Leidwesen die anfänglich so schillernde Brillanz zersplittert und recht trübe wird.
Temple schreibt: »Völlig im klaren war man sich darüber, daß das Herz wie eine Pumpe arbeitet«. »Die chinesischen Ärzte demonstrierten ihren Studenten die Herz- und Kreislauffunktionen mit Hilfe einer außergewöhnlichen, aber anschaulichen Vorrichtung aus Blasebälgen und Bambusrohren« (S. 124). Ob es ein Übertragungsfehler aus dem Werk Needhams ist? Oder ein grober Übersetzungsfehler? An dieser Stelle, wie in dem ganzen Buch, wäre eine nachprüfbare Literaturangabe unabdingbar.
Liest man die vorhergehende Seite bei Temple, so wird der Verdacht, chinesische Texte völlig mißdeutet zu haben, bestätigt. Es heißt dort: »Nach Vorstellungen der alten Chinesen gab es zwei unterschiedliche Flüssigkeitskreisläufe im Körper. In dem einen wurde das Blut vom Herzen durch Arterien, Venen und Kapillargefäße gepumpt. Und in dem anderen strömte qi (Ch'i; d. Verf., siehe Kap. »Ch'i«), eine ätherische Form der Energie, die von den Lungen aus in unsichtbaren Bahnen durch den Körper gepumpt wurde.«
Das Wichtigste auch hier: die Quellenangabe! Man fragt sich, was ätherisch ist. »Energie« ist physisch wohl kaum sichtbar, wie kann sie durch eine – physische – Pumpe gepumpt werden?
Kurz vorher heißt es, daß »... aufgrund des umfangreichen Textmaterials keine Zweifel darüber aufkommen, daß sich die Theorie des

Blutkreislaufs spätestens seit dem zweiten Jh. v. Chr. als Lehrmeinung durchgesetzt hatte.« In Europa wird Harvey (1628) als Entdecker des Blutkreislaufes angesehen; »die Chinesen waren schon 2000 Jahre vorher draufgekommen« (S. 123). Auch hier fehlt der nachprüfbare Literaturhinweis.
Was Needham zum Kreislauf schreibt, klingt allerdings recht anders: »Als in späteren Zeiten das wissenschaftliche Denken der Chinesen die Existenz natürlicher Zyklen – bisweilen vor anderen Zivilisationen – erkannt hatte, zeitigte diese Vertiefung in kreisförmige Bewegungen interessante Resultate: z. B. den meteorologischen Kreislauf des Wassers oder den Blutkreislauf und das Zirkulieren von pneuma im menschlichen und tierischen Körper. Diese Vorstellungen waren in fast allen Schulen, nicht nur bei den Neo-Konfuzianern, vorherrschend. In diesem wie in anderen Fällen kann man eine deutliche Verbindung zwischen der zyklischen Weltanschauung und jenem anderen Paradigma des wissenschaftlichen Naturalismus der Chinesen erkennen: der Wellentheorie im Gegensatz zum Atomismus«. (J. Needham, »Wissenschaftlicher Universalismus«). Ob Needham das Buch von Temple überhaupt gelesen hat?

3. Im 20. Jahrhundert weist Steiner darauf hin, daß zum Beispiel Blei nie als Substanz, sondern nur als *Prozeß* im menschlichen Blut vorhanden sein dürfe (R. Steiner, GA 316, 3. Vortrag). Nun wird bei der westlichen Bevölkerung – auch bei uns – seitdem es gelungen ist, labormäßig Spuren-Elemente nachzuweisen, Blei substantiell im menschlichen Blut – schon bei Kindern – festgestellt. Es sind willkürlich festgelegte Grenzwerte postuliert worden, unterhalb derer Blei unschädlich sei (Bleischäden und -vergiftungen führen zu schweren und schwersten Gesundheitsschäden, zum Beispiel zu frühzeitigen Verkalkungen, Schwachsinn etc.). Unwillkürlich wird man an die im Laufe der Jahrzehnte immer weiter herabgesetzten Grenzwerte für Radioaktivität erinnert, die anfangs auch für unschädlich gehalten worden sind. Dieser verhängnisvolle Irrtum, Prozesse mit Substanzen zu verwechseln, auf den Meister Chang vor rund 1000 Jahren aufmerksam machte, ist ebenso Hintergrund des mehr oder weniger offen ausgetragenen Kampfes zwischen einer medizinisch rein naturwissenschaftlichen Denkweise und der Homöo-

pathie. In der Gegenwart, im Kampf um Wert oder Unwert von Heilmitteln, sind wir Zuschauer oder Betroffene der gleichen Kontroverse, denn, der allgemeinen Denkhaltung folgend, werden Heilmittel nur dann als wirksam anerkannt, wenn ihre *Substanzen* labormäßig nachweisbar sind. (Dabei richtet man sich nach der Loschmidtschen Zahl, nach der bis zu einer Verdünnung von 10^{23} noch Moleküle nachweisbar sind. Höhere Verdünnungen enthalten keine Substanz mehr.) Die ärztliche Erfahrung jedoch zeigt, daß gerade höhere Verdünnungen – vor allem Potenzen – höchst wirksam sind. (Grob geschildert, bedeutet Potenzieren meist eine stufenweise Verdünnung von 1:10 der Grundsubstanz des Heilmittels; gängige Potenzen gehen meist bis D 30.) Etwa ab D 60 und höher – D 100 usw. – ist der eigentliche Hochpotenzbereich; mit ihm muß therapeutisch sehr vorsichtig umgegangen werden. Es ist also genau umgekehrt, wie meist angenommen wird: Je weniger »Substanz« enthalten ist, umso stärker ist die Wirkung; jedenfalls bei Heilmitteln.

4. »The dominant style of work in this period was reductionist: investigations were concentrated on the artificially pure, stable, and controllable processes achieved in the laboratory; and the favourite theories were those involving the simplest physical causes, using heavily mathematical arguments. Almost all the philosophy of science in this period assumed that a real science is one modelled on theoretical physics. The prestige of this style is shown by the many attempts to extend it to the human sciences. Its limitations, as now seen, were centred in a dangerous ignorance of the facts and principles of the behaviour of the natural environment.« (J. R. Ravetz, »Encyclopaedia Britannica«, Macropaedia, Vol. 16, Chicago/London, fa 1975, S. 366 ff.)

5. Als Kuriosum sei die Hypothese eines kalifornischen Evolutionsforschers japanischen Ursprungs, Susuno Ohno, erwähnt, der vor wenigen Jahren mit Hilfe eines Computersystems Beziehungen zwischen menschlichen Genen und Musik zeigte. Mit seiner fragwürdigen Methode weist er nach, daß Chopins Trauermarsch »Informationen« für ein Enzym der Krebsgenese enthält (DNÄ, 2./3. Jan. 1987). Hier wird Naturwissenschaft zur Spekulation – vergleichbar der

Krebsforschung, die in den letzten Jahren manche ex kathedra verkündeten Forschungsergebnisse still hat ruhen lassen. So werden auch diese hypothetischen Annahmen von Ohno mit vielen Krebstheorien wieder still verschwinden.

6. Gegen diese Maßnahmen ist es zu heftigen Kritiken aus der Ärzteschaft gekommen. In der Antwort wird ausdrücklich darauf hingewiesen, daß im Gegensatz zu anderen Ländern in Deutschland strengere Richtlinien vorlägen und daß man sich bemühe, die hormonelle »Lenkung« der weiblichen Sterilität so vorzunehmen, daß Mehrlingsgeburten in Zukunft vermieden werden (Dt. Ärzteblatt, 86, Oktober 89, Heft 41). Diese Methoden sind bis jetzt unbekannt, weil nur durch *Über*dosierung von Hormonen eine Konzeption zu erreichen ist. – Im übrigen geht die Diskussion am Grundproblem vorbei.

7. Die erstaunliche Terminologie der Abkürzungen stammt meist aus den USA. Die gebräuchlichsten ergeben sinnvolle Wörter, beispielsweise: die Befruchtung durch irgendeine medizinische Hilfsmaßnahme heißt ART (Assisted Reproductive Technologies = unterstützende Techniken der Fortpflanzung), art = Kunst.
GIFT (Gamete Intra-Fallopian Transfer = Einführung der befruchteten Eizelle in den Eileiter). Bekommt die Frau damit ein Geschenk (gift), oder wird sie vergiftet?
MIST (Micro-Insamination Sperm Transfer = Insamination (Einführung des Spermas durch mikroskopisches Aufstechen der Eizelle), vielleicht eine reichlich nebelumhüllte (mist = Nebel) Angelegenheit, oder sollte es sich um das deutsche Wort Mist handeln? AIDS (Acquired Immune Deficiency Syndrome = Erworbenes Immunschwäche-Syndrom), aids = Hilfen oder (er sie es) hilft.

8. Derselbe Muller war 1939 Mitverfasser der »Edinburgh Charakter of the Genetic Rights of Man«. Gemäß dieser Charta liegen die wichtigsten genetischen Ziele in der Verbesserung der Gesundheit und vor allem der Intelligenz, so daß es schließlich ein jeder als sein Geburtsrecht ansehen könnte, als Genie zur Welt zu kommen. Als selbstverständlich wird die Verhinderung der »genetischen Entar-

tung« angesehen (vgl. »Basler Appell gegen Gentechnologie«, S. 22). Um diese Zeit fand die »Vernichtung unwerten Lebens« in den deutschen psychiatrischen Kliniken statt.
Mit einem konkreten Vorschlag wartet der Nobelpreisträger F. H. C. Crick auf, der Teilnehmer am Symposium in London war: Die Regierungen sollten Geburten durch Zusätze in der Nahrung verhindern und für jene Elite, die eine Lizenz für Kinder hat, ein Gegenmittel ausgeben – ein Menschenrecht auf Kinder gäbe es nicht.
Der Kampf gegen »genetische Entartung« hat indessen schon eine längere Geschichte. Es sei hier nur der Schweizer Psychiater und Ameisenforscher August Forel (1848–1931) erwähnt, der in der Schweiz ein so großes Ansehen genießt, daß er auf den Tausend-Franken-Scheinen prangt. Auf der einen Seite war er tatkräftiger Sozialdemokrat, der sich u. a. gegen den Militarismus wandte und sich für das Frauenstimmrecht schon 1912 einsetzte. Auf der anderen Seite konnte er als Eugenetiker Worte wie die folgenden schreiben: »Es ist eigentlich schrecklich, daß die Gesetze uns zwingen, Früchte, die als Kretinen, Idioten, ... und dergleichen geboren werden ... am Leben zu erhalten ... Ehrlich ausgesprochen täten, die aufopfernden Pfleger und Lehrer solcher Idioten besser, letztere sterben zu lassen und selbst tüchtige Kinder zu zeugen.« (ib., S. 213)
Die Propagierung zur »Vernichtung unwerten Lebens« besteht bis heute fort. Beispielsweise wird in dem 1985 (!) in Oxford erschienenen Buch »Should the baby live? The problem of handicapped children« (Soll das Kind leben? Das Problem behinderter Kinder) von Peter Singer und Helga Kuhse, Ethikerin in Australien, beide innerhalb der Genetik bekannte Persönlichkeiten, gemäß einer Zusammenfassung von Ludger Wess (ib., S. 56ff.) u. a. von zulässigem »Infantizid« (Kindtötung) gesprochen, falls bei behinderten Kindern »Personalität und Selbstbewußtsein« nur rudimentär entwickelt seien. Es gelte, den überholten Begriff der Unverletzlichkeit des Lebens durch eine rationale Ethik abzulösen, die der modernen Zeit angemessen sei. »Lebensunwertes Leben« sei zu vernichten.

9. Den Vergleich dieses von Aristoteles gekennzeichneten viergliedrigen Menschen mit ähnlichem Chinesischen unternehmen wir nicht als erste. Needham zieht diesen Vergleich anhand einer Stelle des

vorchristlichen konfuzianischen Philosophen Hsün-tzu (305–235) (vgl. Science and Civilisation, Vol. 2, S. 21 ff.): »Wasser und Feuer haben Ch'i, aber kein Leben, Pflanzen haben Leben, aber kein Bewußtsein. Tiere haben Bewußtsein, aber keinen Gemeinsinn. Der Mensch hat Ch'i, Leben, Bewußtsein und darüber hinaus Gemeinsinn, deshalb ist er der Vorzüglichste in der Welt.« (Buch 5, Kap. 9, S. 7b)
Hsün-tzu fährt fort, daß der Mensch fähig sei, Rinder und Pferde sich zunutze zu machen, obschon sie stärker bzw. schneller als er seien. Das kann er, weil er sich zu einem gesellschaftlichen Ganzen organisiert, in dem ein jeder die ihm zukommende Stellung hat. Dieses harmonische Ganze ist für ihn nur unter der Voraussetzung des Gemeinsinns – der Gerechtigkeit, wie dieses Wort auch übersetzt wird – möglich. Daß das charakteristisch Menschliche der Gemeinsinn sei, ist, wie Needham feststellt, bezeichnend für das chinesische Denken. Die Frage, warum er gerade von Wasser und Feuer für das Unbelebte spricht, soll offen bleiben.

10. »Der Teufel des gemeinen Volkes ist zumeist hager und hat einen dünnen Spitzbart am schmalen Kinn, während die Dickteufel einen Einschlag von gutmütiger Dummheit haben. Der Intrigant hat einen Buckel und hüstelt. Die alte Hexe zeigt ein dürres Vogelgesicht. Wo es heiter und saftig zugeht, da erscheint der dicke Ritter Falstaff, rotnasig und mit spiegelnder Glatze. Die Frau aus dem Volk mit dem gesunden Menschenverstand zeigt sich untersetzt, kugelrund und stemmt die Arme in die Hüften. Heilige erscheinen überschlank, langgliedrig, durchsichtig, blaß und gotisch.
Kurz und gut: Die Tugend und der Teufel müssen eine spitze Nase haben und der Humor eine dicke. Was sagen wir dazu? Zunächst nur soviel: es könnte sein, daß Dinge, die die Phantasie der Völker in jahrhundertelangen Traditionen auskristallisiert, objektive völkerpsychologische Dokumente wären, Niederschläge von Massenbeobachtungen, auf die vielleicht auch für den Forscher ein kleiner Seitenblick sich verlohnt.« (E. Kretschmer, »Körperbau und Charakter«, S. 1)

11. »›So soll den echten Botaniker weder die Schönheit noch die Nutzbarkeit der Pflanzen rühren, er soll ihre Bildung, ihr Verhältnis zu dem übrigen Pflanzenreiche untersuchen; und wie sie alle von der Sonne hervorgelockt und beschienen werden, so soll er mit einem gleichen ruhigen Blicke sie alle ansehen und übersehen und den Maßstab zu dieser Erkenntnis, die Data der Beurteilung nicht aus sich, sondern aus dem Kreise der Dinge nehmen, die er beobachtet.‹
Auf dreierlei lenkt dieser von Goethe ausgesprochene Gedanke die Aufmerksamkeit des Menschen. Das erste sind die Gegenstände, von denen ihm durch die Tore seiner Sinne fortwährend Kunde zufließt, die er tastet, riecht, schmeckt, hört und sieht. Das zweite sind die Eindrücke, die sie auf ihn machen und die sich als sein Gefallen und Mißfallen, sein Begehren oder Verabscheuen dadurch kennzeichnen, daß er das eine sympathisch, das andere antipathisch, das eine nützlich, das andere schädlich findet. Und das dritte sind die Erkenntnisse, die er sich als ›gleichsam göttliches Wesen‹ über die Gegenstände erwirbt; es sind die Geheimnisse des Wirkens und Daseins dieser Gegenstände, die sich ihm enthüllen.
Deutlich scheiden sich diese drei Gebiete im menschlichen Leben. Und der Mensch wird daher gewahr, daß er in einer dreifachen Art mit der Welt verwoben ist. – Die erste Art ist etwas, was er vorfindet, was er als eine gegebene Tatsache hinnimmt. Durch die zweite Art macht er die Welt zu seiner eigenen Angelegenheit, zu etwas, das eine Bedeutung für ihn hat. Die dritte Art betrachtet er als ein Ziel, zu dem er unaufhörlich hinstreben soll.« (R. Steiner, GA 9, S. 20f.)

12. Ursache des Erscheinungsbildes der Konstitution ist die »feine« Konstitution; beide bleiben durch das ganze Leben erhalten. Jedoch hat jeder, der aus dem Schlaf erwacht, eine Phase der veränderten »feinen« Konstitution durchgemacht. Der Schlafende, der im Bett liegt, ist ein ganz verschiedener Mensch von dem fühlenden, tätigen und denkenden Tages-Menschen.
Vielfältige Untersuchungen haben charakteristische Unterschiede des Blutdrucks, der Herzfrequenz etc. des Schlafenden gegenüber dem Wachenden ergeben. Auch die Atmung ist langsamer und tiefer – den Menschen regt ja nichts mehr auf! Ebenso zeigt das Elektroen-

cephalogramm[1] einen typischen unterschiedlichen Stromverlauf zwischen Wachen und Schlafen. Diese elektrischen Vorgänge werden durch das Fernsehen umgedreht, insofern, als die für die Nacht typischen Alpha-Wellen erscheinen. Der Mensch meint also wach zu sein, ist aber in der physiologischen Situation des Schlafes! (R. Patzlaff, »Bildschirmtechnik und Bewußtseinsmanipulation«, S. 60–63)

13. Beispiele von Schriftzeichen:

1   EEG sind Strommessungen des Gehirns, entsprechend denjenigen des Elektrokardiogramms – EKG – des Herzens.

Chinesische Redewendungen

Das Herz ist ein Affe: zerstreut sein (P'o-Situation).
Der Mund sagt ja, das Herz sagt nein: der Mensch ist falsch. Mund und Herz sind gleich: aufrichtig.
Zwei Herzen – drei Gedanken: unkonzentriert. Ein Herz – ein Gedanke: konzentriert.
Klein-Herz: vorsichtig sein.
Das gute oder exzellente Herz: Gewissen. Ohne Herz sein: gewissenlos.
Denken im Herzen: man macht sich seine stillen Überlegungen.
Hat man Zahlen im Herzen, weiß man gut über eine Sache Bescheid.
Ist ein Mensch herzenswendig, so würde man ihn bei uns gescheit nennen.
Herzensschnitt: jemand hat eine Idee, ein Konzept. Schnitt bedeutet in diesem Zusammenhang: nach einem Plan schneiden, wie beispielsweise Zuschneiden von Kleidern. Das Substantiv ist im Deutschen wie im Chinesischen von dem Verb zuschneiden abgeleitet.
Herzensgrund: Urteilsfähigkeit und Gewissen.
Alle Zeichen für Gefühlsregungen sind sowieso mit dem Herzen kombiniert.
Auch bei uns gibt es Ausdrücke, die mit dem Herzen verknüpft sind (auch mit anderen Organen), wenngleich sie allmählich, bei zunehmend abstrakter Kürze der Umgangssprache, aus dem Sprachgebrauch verschwinden. Beim Herzen ist die Verquickung zwischen seelischem und organischem Befinden so eng, daß nicht zu unterscheiden ist, ob das eine oder andere gemeint ist; beispielsweise: das enge, schwere oder kalte Herz, einen Stich ins Herz bekommen oder ein Herz wie ein Stein. Ist es die Weisheit des Sprachgeistes, der damit das Wesen des Herzens charakterisiert?
Zu den vielen Wort-Neuschöpfungen Steiners gehört auch das Herz-Denken; dagegen gibt es im allgemeinen Sprachgebrauch eine solche Kombination, außer in Märchen oder mundartlichen Dichtungen nicht. Ein recht typisches Beispiel aus schweizerischer mundartlicher Prosa ist: »Verschiedene Gedanken wachsen bei gleicher Witterung in den Herzen der Menschen, es ist aber der Grund der Herzen verschieden«. Oder »... bei den einen wachsen Giftkräuter, bei den anderen Heilkräuter« etc. (J. Gotthelf, »Uli der Knecht«). Es

ist das Gleiche – bildhaft ausgedrückt –, was in den vorhergehenden Ausführungen mehr begrifflich beschrieben worden ist.

14. »Iche«: Wo = Lanzen-Ich, das auf der niederen Stufe P'o entspricht (»Durch P'o weiß man: dieses bin ich und jenes ist der andere«). Auf der höchsten Stufe ist das »*wahre Ich*«, das nicht an die Erde gebunden ist.
Wu = Doppel-Fünf-Herz-Erden-Ich.
Yü = Ich, meine Wenigkeit – nett zu jemandem, kameradschaftlich.

»Due«:
Tzu: Höflichkeitsform Sie, Ihr, Meister, womit Respekt, aber gelegentlich auch Distanz bekundet wird. Ju/Nai: Du im freundschaftlichen Sinne, man ist auf gleicher Stufe. Erh: Dieses Du hat eine etwas herablassende Bedeutung.

15. Selige Sehnsucht

Sagt es niemand, nur den Weisen,
Weil die Menge gleich verhöhnet,
Das Lebend'ge will ich preisen,
Das nach Flammentod sich sehnet.

In der Liebesnächte Kühlung,
Die dich zeugte, wo du zeugtest,
Überfällt dich fremde Fühlung,
Wenn die stille Kerze leuchtet.

Nicht mehr bleibest du umfangen
In der Finsternis Beschattung,
Und dich reißet neu Verlangen
Auf zu höherer Begattung.

Keine Ferne macht dich schwierig,
Kommst geflogen und gebannt,
Und zuletzt, des Lichts begierig,
Bist du, Schmetterling, verbrannt.

Und solang du das nicht hast,
Dieses: Stirb und werde!
Bist du nur ein trüber Gast
Auf der dunklen Erde.

16.

Bildlegende zu Hieronymus Bosch (um 1450–1516), Venedig, Dogenpalast »Der Aufstieg in das himmlische Paradies« (unsigniert und undatiert).
Das Herausfallen aus einem geborgenen paradiesischen »Innenraum« in einen unbekannten außerparadiesischen »Außenraum« ist ein Erleben, das nicht nur dem christlichen Seinsverständnis innewohnt, sondern allgemein das Denken der Menschen strukturiert. Die Erinnerung an den verlorenen Innenraum scheint Sehnsuchtskräfte zu entfachen nach Rückkehr in ein verlorenes Paradies. Es führt zur Suche nach dem »Schlupfloch« in die Ewigkeit und findet in eindrucksvollen Sprachbildern oder Motiven der Malerei seinen Niederschlag.
Beschreibt Meister Li in

seinem Marionettentheater die »Sphäre« der Fäden, welche die Marionette halten und führen, als »die eine Öffnung geheimes Kräftefeld«, so verwendet er dafür den Begriff: Süan-Kuan, welches auch: dunkles Tor oder Durchgang heißt. Ein Sprachbild, in dem jenes Schlupfloch erscheint.

Für die abendländische Tradition soll jenes von dem Niederländer Hieronymus Bosch gemalte Bild vorgestellt werden, in dem die Seelen den dunklen Weltenraum durchschweben und einem vom Himmelslicht erleuchteten Röhrengang, eben jenem »Schlupfloch« zur Ewigkeit, zustreben. Bosch gestaltet ganz aus der Tradition der großen Mystiker, welche das Geschehen von Kosmos und Erde in eindrücklichen, subjektiven Visionen ins Bild setzen.

Bibliographie

Abkürzungen

GA: Gesamtausgabe von R. Steiners Werken
TT: Tao-tsang (taoistisches Sammelwerk, das Anfang des 16. Jahrhunderts erstmals gedruckt wurde)
WLHT: Wu-Liu Hsien-tsung (Ausgabe der Werke von Wu Ch'ung-hsü und Liu Hua-yang), Hrsg. Teng Hui-chi, 1897, Nachdruck, Taipei 1962

Chinesische Werke

Chang Chieh-pin: Ching-yüeh ch'üan-shu (gesammelte Werke), 1. Aufl. um 1700 (ca. 60 Jahre posthum)
– : Lei-ching (Der Klassiker – d. h. Nei-ching – nach Kategorien angeordnet) mit einem Anhangsband Lei-ching t'u-i, dat. 1624
Chang Po-tuan: Wu-chen-p'ien (Buch zum Erwachen zur Wahrheit), dat. 1075, TT 64, Nr. 143
Ch'ing-ching ching (Buch des Reinen und der Ruhe), ca. 8. Jh., in TT 533, Nr. 578
Ch'ing-hua pi-wen (Geheime Schrift des Ch'ing-hua), in TT 114, Nr. 240
Chuang-tzu (taoistisch-philosophisches Werk), ca. 4. Jh. v. Chr., Übers. siehe R. Wilhelm
Chung-kuo i-shih-huo wen-hsüan (Biographische Auslese aus der chinesischen Medizingeschichte), Jen-min Wei-sheng Verl., Peking 1981
Huang-ti nei-ching siehe Nei-ching
I-ching (Buch der Wandlungen), 1. Jahrtausend v. Chr., Übers. siehe R. Wilhelm
Kuan-yin-tzu (Wen-shih chen-ching), ca. 8. Jh. n. Chr. in TT 450/453, Nr. 727 (mit dem Kommentar von Niu Tao-ch'un), TT 453/454, Nr. 728 (mit dem Kommentar von Ch'en Hsien-wei)
Kuei-chung chih-nan (Richtlinien zur ›maßgebenden Mitte‹), Verf.

Ch'en Hsü-pai, 14. Jh., in Tao-tsang chi-yao, S. 7109 ff.
Lao-tzu (Tao-te ching), ca. 8.–5. Jh. v. Chr.
Li-chi (Buch der Sitte), zusammengestellt im 2. Jh. v. Chr., Übersetzung siehe R. Wilhelm
Li Shih-chen: Pen-ts'ao kang-mu (umfassende Pharmakopöe), 1593
Li Tao-ch'un: Chung-ho-chi (Sammlung Mittlere Harmonie), dat. 1306, in TT 118/119, Nr. 240
– : Ying-ch'an-tzu yü-lu (Gespräche des Li Tao-ch'un), dat. 1320, TT 729, Nr. 1053
Ling-shu siehe Nei-ching
Liu Hna-yang: Chin-hsien ch'eng-lun, dat. 1790, in WLHT
– : Hiu-ming ching, dat. 1794, in WLHT
Lü-shi ch'un-ch'iu (Frühling und Herbst des Lü Pu-wei), 3. Jh.v.Chr., Übers. siehe R. Wilhelm
Nan-ching [(Medizin-) Klassiker der schwierigen Fragen], in letzter Fassung ca. 700 n. Chr.
Nei-ching (Huang-ti nei-ching, Innerer Klassiker des Gelben Kaisers); zerfällt in die Teile Su-wen (fundamentale Fragen) und Ling-shu (numinoser Drehpunkt), 761 von Wang Ping kompiliert
Su-wen siehe Nei-ching
Wu Ch'ung-hsü: T'ian-hsien cheng-li (Die rechten Prinzipien der Himmels-Genienschaft), gegliedert in Ch'ien-shuo (einleitende Kapitel) und Chih-lun (direkte Erörterungen), dat. 1639, in WLHT

Westliche Werke und Übersetzungen

Anders, G.: Hiroshima ist überall, Beck Verlag, 1982
Aristoteles: Hauptwerke, Übers. von W. Nestle, Kröner Verlag, 8. Aufl., 1977
Basler Appell gegen Gentechnologie, Rotpunktverlag, 1989
Beckh, H.: Die Sprache der Tonart in der Musik von Bach bis Bruckner, Verlag Urachhaus, 1941
Bock, E.: Wiederholte Erdenleben. Die Wiederverkörperungsidee der deutschen Geistesgeschichte, Fischer TB, 1981
Chien she-yan: Das Verhältnis von Mensch und Welt als Grundproblem der Bildungstheorien von Humboldt, Fink und Chuang Tzu – ein

kulturkritischer Vergleich, Peter Lang Verlag, 1982
Cerutti, H.: China – wo das Pulver erfunden wurde, Verlag NZZ, 1985
Chargaff, E: Das Feuer des Heraklit, Luchterhand, 3. Aufl., 1981
– : Zeugenschaft, Sammlung Luchterhand Verlag, 1990
– : Geist und Natur, Scherz Verlag
Das umstrittene Experiment: Der Mensch, Jungk R. und Mundt H.J. (Hrsg), J. Schweitzer Verlag, 2. Aufl., 1988
Eccles, J. C. siehe auch Popper, K. R.
Eccles, J. C./Robinson, D. N.: Das Wunder des Menschseins, Gehirn und Geist, Piper Verlag, 1986
Ederer, G./Franzen, J.: Der Sieg des himmlischen Kapitalismus. Wie der Aufstieg Chinas unsere Zukunft verändert, Verlag Moderne Industrie, Landsberg 1996
Einstein, A.: Mein Weltbild, Ullstein Verlag, 1989
Ennemoser: Untersuchungen über den Ursprung und das Wesen der menschlichen Seele, Verlag Freies Geislesleben
Franke, O.: Geschichte des chinesischen Reiches, Walter de Gruyter Verlag, 1930–1952
Gotthelf, J.: Wie Uli der Knecht glücklich wird, Sämtl. Werke, Rentsch-Verlag, 1911
Grimmsches Wörterbuch, dtv, 1984
Gulik, S. R. H. van: The Sexual Life in Ancient China, Leiden, 1974
Haeckel, E.: Art forms in nature, Dover Publications, Inc., 1974
Hauschka, R.: Substanzlehre, Verlag Klostermann, 1961
Heisenberg, W.: Der Teil und das Ganze, dtv, 1976
Heitler, W.: Naturwissenschaft ist Geisteswissenschaft, Verlag Die Waage, Zürich 1972
Herbig, J.: Kettenreaktion, Hanser Verlag, 1976 (auch in dtv)
– : Die zweite Schöpfung, Hanser Verlag, 1990
Husemann, F./ Wolff, O.: Das Bild des Menschen als Grundlage der Heilkunst, Verlag Freies Geistesleben, 9. Aufl. 1986
Isidor von Sevilla: Etymologiae, 20 Bde., verf. 600–630
Jenny, H.: Kymatik, Basilius Presse, Bd. 1: 1967, Bd. 2: 1972
Jensen, R.: Umweltschaden AIDS?, Zytglogge-Verlag Bern, 5. Aufl. 1993
Jungk, R.: Heller als tausend Sonnen, Scherz Verlag, Bern 1956
– : Strahlen aus der Asche, Scherz Verlag, Bern 1959
Kandinsky, W.: Rückblick, Baden-Baden 1955

Kelber, W.: Die Logoslehre, Fischer TB, 1986
Klee, P.: Die Ordnung der Dinge, München 1908
Klein, H.: Die Esoterik der Medizinphilosophie Chinas, Ulrich-Burgdorf-Verlag, Göttingen 1986
Kleist, H. v.: Über das Marionettentheater, Insel, 1982
Kretschmer, E.: Körperbau und Charakter, Springer Verlag, 24. Aufl. 1961
La Mettrie, J. O.: L'homme machine, LSR-Verl., Nürnberg 1985
Lauer, H. E. und Widmer, M.: Ignaz Paul Vital Troxler, Verlag Rolf Kugler, 1980
Lehrs, E: Mensch und Materie, Verlag Klostermann, 1966
Lessing, G. E.: Die Erziehung des Menschengeschlechts, Novalis Verlag, 1968
Lin Yutang: Chinesische Malerei – Eine Schule der Lebenskunst, Stuttgart 1967
Liu Hna-yang: Das Große Werk (Übers. d. Chin-hsien ch'eng-lun), übers. v. G. Zimmermann, Origo Verlag, 1987
Menschenzüchtung, das Problem der genetischen Manipulation des Menschen, Wagner F. (Hrsg), Beck Verlag, 2. Aufl., 1970
Monod, J.: Zufall und Notwendigkeit, dtv, 1971
Moody, R. A., Leben nach dem Tod, Rowohlt, 1977
Needham, J.: Science and Civilisation in China, University Press, Cambridge, beg. 1954
– : Wissenschaftlicher Universalismus, Suhrkamp, 1979
– : The Grand Titration, George Allen & Unwin Ltd., London 1969
– et al.: Clerks and Craftsmen in China and the West, University Press, Cambridge, 1970
Panofsky, E.: Renaissance and renascences in western art, Suhrkamp, 1979
Paracelsus: Die Geheimnisse, Knaur Verlag 1990
Patzlaff, R: Bildschirmtechnik und Bewußtseinsmanipulation, Verlag Freies Geistesleben, 1985
Pfrogner, H.: Lebendige Tonwelt, Langen Müller, 1981
– : Zeitenwende der Musik, Langen Müller, 1986
– : Musikgeschichte und ihre Deutung, Karl Alber Verlag, Freiburg 1954
Pirandello, L.: Es geschah an einem Tag, dtv

Popper, K. R./ Eccles, J. C.: Das Ich und sein Gehirn, Piper, 1987
Portmann, A.: Biologie und Geist, Suhrkamp, 1973
– : An den Grenzen des Wissens, Suhrkamp
Preuss, W. H.: Geist und Stoff, Verlag Freies Geistesleben, 1980
Ravetz, J. R.: Science, in Encyciopaedia Britannica, Macropaedia, Vol. 16, 1975
Riemeck, R.: Beispiele Goetheanistischen Denkens/Der Mensch als geistiges Wesen, Verl. Die Pforte, Basel 1974
Schöffler, H. H.: Die Zeitgestalt des Herzens, Verlag Freies Geistesleben, 1975
Steiner, R.: GA 1 = Goethes naturwissenschaftliche Schriften (Sämtliche Einleitungen zu den folgenden 5 Bänden), alle Ausgaben: Rudolf Steiner Verlag, Dornach
– : Ga 1a – e = Goethes naturwissenschaftliche Schriften (5 Bände)
– : GA 4 = Die Philosophie der Freiheit
– : GA 9 = Theosophie (Taschenbuchausgabe)
– : GA 10 = Wie erlangt man Erkenntnisse höherer Welten?
– : GA 13 = Die Geheimwissenschaft im Umriß, 29. Aufl., 1977
– : GA 18 = Die Rätsel der Philosophie
– : GA 21 = Von Seelenrätseln
– : GA 25 = Anthroposophische Leitsätze
– und Wegman, I.: GA 27 = Grundlegendes für eine Erweiterung der Heilkunst nach geisteswissenschaftlichen Erkenntnissen
– : GA 35 = Philosophie und Anthroposophie. Gesammelte Aufsätze 1904–1923
– : GA 40 = Wahrspruchworte
– : GA 45 = Anthroposophie. Ein Fragment
– : GA 55 = Die Erkenntnis des Übersinnlichen in unserer Zeit und deren Bedeutung für das heutige Leben
– : GA 95 = Vor dem Tore der Theosophie
– : GA 101 = Mythen und Sagen. Okkulte Zeichen und Symbole
– : GA 102 = Das Hereinwirken geistiger Wesenheiten in den Menschen
– : GA 107 = Geisteswissenschaftliche Menschenkunde
– : GA 108 = Die Beantwortung von Welt- und Lebensfragen durch Anthroposophie
– : GA 109/111 = Das Prinzip der spirituellen Ökonomie im Zusammenhang mit Wiederverkörperungsfragen

- : GA 119 = Makrokosmos und Mikrokosmos
- : GA 124 = Exkurse in das Gebiet des Markus-Evangeliums
- : GA 128 = Eine okkulte Physiologie
- : GA 137 = Der Mensch im Lichte von Okkultismus, Theosophie und Philosophie
- : GA 196 = Geistige und soziale Wandlungen in der Menschheitsentwickelung
- : GA 197 = Gegensätze in der Menschheitsentwickelung
- : GA 198 = Heilfaktoren für den sozialen Organismus
- : GA 205 = Menschenwerden, Weltenseele und Weltengeist – Erster Teil
- : GA 207 = Anthroposophie als Kosmosophie
- : GA 212 = Menschliches Seelenleben und Geistesstreben im Zusammenhange mit Welt- und Erdentwickelung
- : GA 213 = Menschenfragen und Weltenantworten
- : GA 217 = Geistige Wirkenskräfte im Zusammenleben von alter und junger Generation
- : GA 278 = Eurythmie als sichtbarer Gesang
- : GA 283 = Das Wesen des Musikalischen und das Tonerlebnis im Menschen
- : GA 293 = Allgemeine Menschenkunde als Grundlage der Pädagogik (I)
- : GA 312 = Geisteswissenschaft und Medizin
- : GA 313 = Geisteswissenschaftliche Gesichtspunkte zur Therapie
- : GA 316 = Meditative Betrachtungen und Anleitungen zur Vertiefung der Heilkunst
- : GA 319 = Anthroposophische Menschenerkenntnis und Medizin
- : GA 321 = Geisteswissenschaftliche Impulse zur Entwickelung der Physik, II
- : GA 322 = Grenzen der Naturerkenntnis und ihre Überwindung
- : GA 323 = Das Verhältnis der verschiedenen naturwissenschaftlichen Gebiete zur Astronomie
- : GA 325 = Die Naturwissenschaft und die weltgeschichtliche Entwickelung der Menschheit seit dem Altertum
- : GA 326 = Der Entstehungsmoment der Naturwissenschaft in der Weltgeschichte und ihre seitherige Entwickelung
- : GA 327 = Geisteswissenschaftliche Grundlagen zum Gedeihen der

Landwirtschaft
– : GA 350 = Rhythmen im Kosmos und im Menschenwesen. Wie kommt man zum Schauen der geistigen Welt?

Steiniger, H.: Hauch- und Körperseele und der Dämon bei Kuan-Yin-Tzu, Leipzig 1953

Temple, R. K. G.: Das Land der fliegenden Drachen, G.-Lübbe-Verlag, 1990

Troxier, I.P.V.: Fragmente, Aeppli W. (Hrsg), Dreilinden-Verlag, St. Gallen 1936

– : Logik der Wissenschaft des Denkens und Kritik aller Erkenntnis, 1829

Vorländer, K.: Geschichte der Philosophie, Rowohlt Verlag, 1990

Weizsäcker, C. F. v.: Die Einheit der Natur, Carl Hauser Verlag, München 1971

Wickert, E.: China von innen gesehen, Heyne, 4. Aufl., 1986

Wilhelm, R.: Die Seele Chinas, Reimar Hobbing-Verlag, Berlin 1926

– : Dschuang Dsi, Das wahre Buch vom südlichen Blütenland (Übers. des Chuang-tzu), Diederichs Verlag, 1912

– : Frühling und Herbst des Lü Bu We (Übers. des Lü-shih ch'unch'iu), Diederichs Verl., 1979

– : I Ging, das Buch der Wandlungen (Übers. des I-ching), Diederichs Verlag, o. J.

– : Li Gi, das Buch der Sitte (Übers. des Li-chi), Diederichs Verlag, o. J.

Wong, K. C. und Wu, L. T.: History of Chinese Medicine, Shanghai 1936, Nachdruck, Taipei 1977

Worringer, W.: Abstraktion und Einfühlung, Hartje Verlag, Stuttgart 1975

Zhang Xin-xin/Sang Ye: Pekingmenschen, dtv, 1989

Zimmermann, G.: Die Lehren der taoistischen Meister Wu Ch'ung-hsü und Liu Hua-yang, ADAG Administration & Druck AG, Zürich 1984